Al amigo Carlos Fisas Comella: Historiador, biógrafo, y, sobre todo, gran bibliógrafo. Y a su manera, filósofo.

Con mi admiración,

Francisco Caudet Yarza

LOS MEJORES REFRANES ESPAÑOLES

Compilación de
F. CAUDET

EDIMAT LIBROS

Ediciones y Distribuciones Mateos

Calle Primavera, 35
Polígono Industrial El Malvar
28500 Arganda del Rey
MADRID-ESPAÑA

ISBN: 84-95002-85-X
Depósito legal: M. 7246-1998

Autor: Popular (Recop. Francisco Caudet)
Diseño de cubierta: Juan Manuel Domínguez
Impreso en: COFAS, S. A.

EDMBEMRE
Los Mejores Refranes Españoles

IMPRESO EN ESPAÑA-PRINTED IN SPAIN

PROLOGO

Antes de adentrarnos en este breve prólogo con el que pretendemos ampliar y concretar el uso y significado de la palabra REFRAN, veamos lo que nos dicen respecto a ella, algunos diccionarios consultados:

«NUEVO DICCIONARIO ENCICLOPEDICO UNIVERSAL». (Refrán). *Dicho agudo y sentencioso de uso común.*

«DICCIONARIO ENCICLOPEDICO LAROUSSE». (Refrán). *Sentencia que consta de pocas palabras y es de carácter popular y didáctico.*

.DICCIONARIO ENCICLOPEDICO HACHETTE CASTELL». (Refrán). *Dicho agudo y sentencioso de uso común // Hallar salidas o pretextos para cualquier cosa.*

(Y amplía): Estas sentencias, a menudo de tipo moral, se transmiten oralmente de generación en generación y su recopilación constituye el refranero propio de cada cultura. El refrán consta de dos partes, en la primera se presenta la situación y en la segunda se extraen las conclusiones: *Quien escucha, su mal oye* (vg.). En España es notoria la afición popular por los refranes y dichos de tipo didáctico hasta el extremo de que incluso aparecen en grandes obras literarias. La colección de *Los refranes que dicen las viejas tras el fuego,* fue la primera recopilación española, llevada a cabo por el marqués de Santillana; la obra más completa es el *Refranero español* (1945), de Martínez Kleiser.

«DICCIONARIO IDEOLOGICO DE LA LENGUA ESPAÑOLA (Julio Casares)». (Refrán). *Dicho sentencioso de uso común.*

«ENCICLOPEDIA UNIVERSAL ILUSTRADA ESPASA-CALPE». (Refrán). *Dicho agudo y sentencioso de uso común // Especie de apotegma familiar.*

Como podemos comprobar las exposiciones etimológicas son, obviamente, coincidentes. Y muy concretas. Pero como decíamos en el primer párrafo de este prólogo, nos creemos en el deber y casi la obligación de ampliar una serie de matices que concurren en la palabra refrán y en el empleo de la misma; y de los mismos.

Y antes de pasar a ese punto, amplio si uno se lo propone de las matizaciones, queremos significar tres apartados:

PRIMERO.— Que en la condición de *sentencioso* que hemos visto repetida en las diferentes fuentes consultadas dentro de la definición etimológica de la palabra que tratamos, se encierra la verdadera *identidad* del refrán, la que le aparta de otros dichos populares.

SEGUNDO.— Que a esa *identidad sentenciosa* habría que añadir: «de origen anónimo», para que sus perfiles quedasen delimitados por completo.

TERCERO.— Que son muchos los vocablos (que a lo largo de la historia del refrán) funcionan prácticamente como sinónimos suyos; tales como: *adagio, proverbio, dicho, evangelios chicos, evangelios abreviados* y *paremia* —entre los más actuales—, y ya remontándonos a la Edad Media, podemos verlos definidos también como *retráer, palabra, verbo, ensiemplo, castigo, castigamiento, fabiella, brocárdico,* etc.

Bien, pues. Hechas las aclaraciones pertinentes que anteceden quisiéramos significar, en principio, que el refrán es el exponente más exacto y trascendente-intrascendente, de la filosofía popular. Es un vehículo de cultura y expresión dentro del contexto general de la cultura de un país. Es, si se nos permite, un método sencillo de definir o concretar una situación cuando ésta quiere radicalizarse de algún modo, o cuando al orador sencillo y de pocos recursos se le quedan cortos el diccionario y la gramática a la hora de expresar de una forma contundente aquello que piensa, lo que quiere decir y no sabe decir.

Es indudable la importancia y utilidad de los refranes, tanto en el régimen y conducta de la vida en relación a la sociedad, la familia y el individuo, como en el terreno de la historia y la filología, pudiéndose decir que sin el estudio profundo de la paremiología quedarían sin resolver muchas cuestiones prosódicas, ortográficas y hasta sintácticas, lo mismo que otras relativas a la biografía y a las tradiciones populares. El adecuado empleo de los refranes puede constituir un adorno del estilo, pero hay que huir del abuso de ellos y recordaremos, al efecto, las palabras que el inmortal Cervantes pone en boca de don Quijote: *no parece mal un refrán traído a cuento; pero cargar y ensartar refranes a troche y moche, hace la plática desmayada y baja.*

Como hemos significado en uno de los párrafos anteriores, el «origen anónimo» es inherente al concepto de *refrán*. Ello imposibilita casi siempre rastrear su origen y dilucidar quién fuera el primero (pura utopía) en poner tal o cual refrán en uso. De otro lado, la transmisión verbal del refranero, que sólo de tarde en tarde se halla acogida/recogida en la literatura escrita, contribuye a gravar dicha dificultad.

Lo que sí podemos afirmar con rotundidad es que la existencia del Refranero es tan antigua como nuestra identidad humana y que su génesis se pierde en el mismo punto que la nuestra. En la literatura medieval, a pesar de su carácter didáctico, es frecuente tropezarse con refranes y asimismo pertenece al medioevo la primera colección que de ellos se conserva, atribuida a Santillana. Anteriormente sabemos también que los proverbios vulgares eran comunes entre los latinos y podemos suponer, por ello, que el uso de las sentencias populares tienen su inicio en los remotos momentos de la formación de nuestra cultura occidental.

Creo que existe una pregunta en el aire, tan asumida por todos, que nadie nos la formulamos: ¿Por qué de la supervivencia y actualidad pese a su arcaica procedencia, de los refranes? Bien. Creemos que esa «misteriosa» supervivencia, la actualidad de antiquísimas sentencias, se justifica precisamente por su carácter abstracto y polisémico, que las hace temporales —más que eso, fuera y dentro del tiempo a la misma vez— y con ello impide su pérdida de actualidad. El léxico es sencillo, llano y gráfico, como corresponde al lenguaje popular, pero fuertemente expresivo y se apoya en recursos conceptuales, tan gratos a nuestra idiosincrasia a lo largo de los tiempos, por lo que con frecuencia hallamos en ellos calambures, metáforas, paronomasias, ironía, etc.

En cuanto a las fuentes de que proceden hay que significar que son todas las que conforman nuestra cultura a lo largo de los tiempos: la Biblia, los Padres de la Iglesia, el Catecismo de la Doctrina Cristiana, los sabios de la antigüedad grecolatina, los poemas y cantares populares, la heráldica, la literatura dogmática, los fabulistas, los personajes históricos célebres, la simpatía o antipatía de las localidades y regiones próximas, la paremiología extranjera, la moral, los usos y costumbres sociales de cada época, los apotegmas, aforismos y axiomas cultos, etc.

Hemos hablado con anterioridad (véase el apartado TERCERO de las puntualizaciones al *refrán*) acerca del hecho de que son muchos los vocablos que funcionan (o se utilizan) en la práctica como sinónimos de *refrán*; de entre ellos hemos de referirnos muy concretamente a uno: *proverbio,* el cual, más que utilizarse como sinónimo se suele emplear como sustitutivo identificándolo al *refrán* como si se tratasen de una «misma persona». Por esa razón queremos dejar establecido que, al tratar de *proverbio* o *refrán* hay que hacer, ante todo, una marcada distinción entre el proverbio con significación de dicho popular (refrán), y el proverbio que podríamos definir como literario (axioma), pues el segundo es producto de la reflexión y su forma final es el resultado de una cultura no vulgar, mientras que el primero es ingenuo y de origen espontáneo, habiendo nacido al calor de un suceso o estado transitorio que impresionó la imaginación. Hay un gran número de dichos en todas las literaturas que no han pasado a la categoría de proverbio por faltarles el elemento de la popularidad; para llegar a tal categoría, el dicho, o ha de haber nacido entre la masa del pueblo o haber obtenido la aceptación de aquél. Esta aceptación o aprobación da al proverbio una profunda influencia, aún entrañando a veces una falsa moralidad. Podrá suceder que un refrán, aun no incorporando un principio verdaderamente ético, sea un reflejo de lo que el pueblo tiene por verdadero y de su ideal de vida y conducta.

Desde una perspectiva histórica (o cronológica) podemos decir que la «fiebre paremiológica» o «fiebre de los refranes», alcanza sus máximas cotas en el último cuarto del siglo XIX y primeros años del XX. Dejando a un lado la inclusión de refranes populares que los creadores llevaron a cabo en sus obras, asombra la ingente proliferación de compulaciones refraneras, temáticas y generales, que en esa época señalada se dieron a la imprenta. En este particular dos nombres brillaron con luz propia: el primero JOSE MARIA SBARBI, entre cuyas publicaciones merecen especial recuerdo los diez volúmenes de *El Refranero Español, Parte*

MONOGRAFÍA

SOBRE LOS

REFRANES, ADAGIOS

Y PROVERBIOS CASTELLANOS

Y LAS OBRAS Ó FRAGMENTOS

QUE EXPRESAMENTE TRATAN DE ELLOS EN NUESTRA LENGUA

OBRA ESCRITA POR

DON JOSÉ MARÍA SBARBI

PRESBÍTERO

PREMIADA POR LA BIBLIOTECA NACIONAL

EN EL CONCURSO PÚBLICO DE 1871

É IMPRESA Á EXPENSAS DEL ESTADO

MADRID

IMPRENTA Y LITOGRAFÍA DE LOS HUÉRFANOS

Calle de Juan Bravo, número 5.

MDCCCXCI

Recopilado y Parte Compuesto, que entre 1874 y 1878 vio la luz en Madrid, donde editó obras curiosas y raras, ricas en paremias, y las más notables compilaciones de refranes de nuestros autores del Siglo de Oro; no menor mérito tiene su repertorio bibliográfico de obras que incluyen o tratan de nuestros refranes, premiada por la Biblioteca Nacional en 1871 y publicada en 1891 con el siguiente título: MONOGRAFIA SOBRE LOS REFRANES, ADAGIOS Y PROVERBIOS CASTELLANOS Y LAS OBRAS O FRAGMENTOS QUE EXPRESAMENTE TRATAN DE ELLOS EN NUESTRA LENGUA (reproducimos la primera págian de este volumen, correspondiente a su primera edición); por último, es necesario dejar constancia de su interesantísimo DICCIONARIO DE REFRANES, ADAGIOS, PROVERBIOS, MODISMOS, LO-

CUCIONES Y FRASES PROVERBIALES DE LA LENGUA ESPAÑOLA, aparecido póstumamente en Madrid (2 volúmenes) en el año 1922, al cuidado de Manuel José García. Si interesante es la tarea de Sbarbi, asombrosa es la labor de otro estudioso y colector de nuestra paremiología, Francisco RODRIGUEZ MARIN, fecundísimo en todas las erudiciones literarias, quien se dedicó primorosa y concienzudamente a recolectar el mayor número posible de este tipo de sentencias, entresacándolas de sus innumerables lecturas de los clásicos no menos que de las conversaciones del castizo pueblo llano de nuestras tierras. Con este tema compuso y leyó en Sevilla, en su Academia de Buenas Letras, el interesante discuros «Los refranes en general y de los españoles en particular», pero donde su infatigable deseo hacia esos asuntos se puso de manifiesto fue en sus sucesivos catálogos de refranes: *Más de 21,000 refranes castellanos no contenidos en la copiosa colección del Maestro Gonzalo de Correas* (Madrid 1926); *Doce mil seiscientos refranes más no contenidos en la Colección del Maestro Gonzalo de Correas, ni en «Más de 21.000 refranes castellanos...»* (Madrid 1930); *Los 6.666 refranes de mi última rebusca* (Madrid 1934); *Todavía 10.700 refranes más* (Madrid, 1941), etc.

Existen otros muchos paremiólogos que merecen especial mención por su tarea llevada a término durante el siglo actual, tales como Julio CEJADOR, Melchor GARCIA MORENO, Gabriel María VERGARA MARTIN, José GELLA ITURRIAGA, A. CASTILLO de LUCAS, Nieves de HOYOS SANCHO, Luciano CASTAÑON, Fernando ZUBIRI VIDAL, Samuel FEIJOO, Pablo LEON MURCIEGO, José María IRIBARREN, María Pilar CUARTERO SANCHO, Luis RUBLUO, José MARTINEZ PEREZ, etc.

Bien. Como final a este prólogo (en el transcurso del cual creemos haberle ampliado al lector, no sólo el significado y consecuencias de la palabra REFRAN, y de lo que son los refranes por sí mismos, sino también haberle ofrecido un breve repaso histórico y unas muestras concretas de la importancia de algo que consideramos trivial por estar acostumbrados a ello como uno más de los elementos cotidianos que nos rodean) pasaremos ya a nuestra selección del refranero español. No sin antes significarles que con ello no pretendemos más cosa que propagar el conocimiento de algo tan propio y genuino como son los refranes, quedando al margen de nuestra línea de trabajo cualquier intento erudito o innovador.

Esperamos haber conseguido nuestro propósito.

RECOPILADOR Y EDITOR

A

1 Abanico calañés cuesta dos cuartos o tres.
2 Aprendiz de muchos oficios, maestro de maldita cosa.
3 Albarcas, borona y mujer, cerca de casa están bien.
4 Albarcas y coladores, de abedul son las mejores.
5 A bodas y niño bautizado, no vayas sin ser llamado.
6 Abogadito nuevo, perdido el pleito.
7 Abril frío, poco pan y mucho vino.
8 A caballo regalado, no le mires el dentado.
9 A cada puerta, su dueña.
10 A casa de tu tía, mas no cada día.
11 A casas viejas, puertas nuevas.
12 A cautela, cautela y media.
13 A comer, sé tú el primero; a pelear ni el postrero.
14 A chica cama, échate en medio.
15 A dineros dados, brazos quebrados.
16 A falta de pan, buenas son tortas.
17 Abracijos no hacen hijos, pero son preparatijos.
18 Abrazo flojo, amor poco; abrazo apretado, ese sí que es abrazo.
19 ¡A buena hora mangas verdes!
20 A buen entendedor, pocas palabras.
21 A cada cual lo suyo, y a Dios lo de todos.
22 A cada pajarillo le gusta su nidillo.
23 A cada pez le llega su vez.
24 Acá y allá, Dios dirá.

25 Aceite y romero frito, bálsamo bendito.
26 A cena de vino, desayuno de agua.
27 A cuenta de los gitanos hurtan muchos castellanos.
28 Acuérdate, nuera, de que serás suegra.
29 Acuérdate, suegra, de que fuiste nuera.
30 A Dios rogando y con el mazo dando.
31 Adonde las dan, allí las toman.
32 ¿Adónde vas, Vicente? Adonde va la gente.
33 A enemigo que huye, golpe de gracia.
34 A ese andar, llevaros mi haca,
35 A falta de gallina, bueno es caldo de habas.
36 A gran chatera, gran pechera.
37 A grandes males, grandes remedios.
38 A gran pecado, gran misericordia.
39 Agua de lejos, no apaga fuero.
40 Agua estancada, agua envenenada.
41 Agua fría y pan caliente, mata a la gente.
42 Agua mansa, traidora y falsa.
43 Agua, poca; y jamón, hasta la boca.
44 Agua pasada no mueve molino.
45 Agua que huela, no la bebas.
46 Agua que no has de beber, déjala correr.
47 A hoy, lo veo; en mañana, poco creo.
48 Ajos, de Quero, y berenjenas de Toledo.
49 A la buena mujer, poco freno basta.
50 A la cama no te irás sin saber una cosa más.
51 A la fuerza, no hay razón que la venza.
52 Agua de Mayo, pan para todo el año.
53 Agua de Mayo, vale para todo el año.
54 A la guerra, con la guerra.
55 A la hija muda, su madre la entiende.
56 A la luz de la tea no hay mujer fea.
57 A la mesa me senté, y aunque no comí, escoté.
58 Al amo que honra, el criado bien le sirve.
59 A la mujer casada, el marido le basta.
60 A la mujer muy casera, el marido bien la quiera.
61 A la mujer y al aguardiente, ¡de repente!
62 A la mujer y al ladrón, quitarles la ocasión.
63 A la puta y al barbero, nadie los quiere viejos.

64 A la que bien baila, poco son le basta.
65 A la que quiere ser mala, poco aprovecha guardarla.
66 A la que tenga más de treinta, no la pretendas.
67 A las andas volví, pronto me arrepentí.
68 A las diez en la cama estés; si puede ser antes, que no sea después.
69 A la sombra de un hilo, se la pega una mujer a su marido.
70 Al bueno buscarás y del malo te apartarás.
71 Al buen segador, nunca se le olvida la hoz.
72 Al buen trabajor, todo le vale.
73 Alcalde, ni de balde.
74 Al desagradecido, desprecio y olvido.
75 Al desdén, con el desdén.
76 Al diablo y a la mujer nunca les falta que hacer.
77 Alegría no comunicada, alegría malograda.
78 Alegrías y pesares te vendrán sin que los buscares.
79 Al endeble todos se le atreven.
80 Al engaño, con engaño.
81 Al espantado, la sombra le basta.
82 Al fregar de los platos sólo acuden los mentecatos.
83 Algo busca en tu casa quien te hace visitas largas.
84 «Algo es algo», dijo un calvo. Y se encontró un peine sin púas.
85 «Algo es algo». Y roía la correa el galgo.
86 Algo es mierda, pues estercola la tierra.
87 Al hombre de trato llano, gusta darle la mano.
88 Al hombre se le mide de cejas arriba.
89 Al malo lo mejora el palo.
90 Al mal pagador, plazo corto.
91 Al mejor nadador se lo lleva el río.
92 Al miserable y al pobre todo les cuesta el doble.
93 Al niño, corrígele con cariño.
94 A lo dado, no le mires el pelo.
95 A lo hecho pecho.
96 A lo que has de negarte, niégate cuanto antes.
97 A lo que no puede ser, paciencia.
98 A los locos, se les da la razón.
99 A los tuyos, con razón o sin ella.
100 Al perro flaco, todo son pulgas.

101 A los hombres, querellos; pero que no lo sepan ellos.
102 A los tontos y porfiados, la mejor bofetada es dejarlos.
103 A los treinta doncellez, muy rara vez.
104 Al papel y a la mujer hasta el culo se le ha de ver.
105 Al partir las tierras, cata los hermanos en guerra.
106 Al perro, échale un hueso, y amansará con eso.
107 Al que no fuma ni bebe vino, le huele la boca a niño.
108 Al que nunca bebe vino no le fíes ni un comino.
109 Al que te puede tomar lo que tienes, dále lo que te pidiere.
110 Al ratón que no sabe más de un agujero, el gato le pilla presto.
111 Al revés te lo digo, para que me entiendas.
112 Al saber le llaman suerte.
113 Al romero que se le seca el pan en el zurrón, no le tengas duelo.
114 Al sonar el pedo, sólo queda un rostro serio.
115 Al son que te tañan, a ése baila.
116 Allí estaba quien lo vio, pero no era yo.
117 A maestro de espada, aprendiz de pistola.
118 A malos tragos, buenos tragos.
119 A mal tiempo, buena cara.
120 Amante atrevido, de la amada más querido.
121 Amar es tiempo perdido, si no se es correspondido.
122 A marido ausente, amigo presente.
123 A más amor, más pudor.
124 A más años, más pecados.
125 A más beber, menos comer.
126 A más doctores, más dolores.
127 A más no poder, acuéstome con mi mujer.
128 A más oro, menos reposo.
129 A más vivir, más sufrir.
130 Ambicioso subido, pronto caído.
131 A mi amigo quiero, por lo que de él espero.
132 Amigos verdaderos, un palo y un perro.
133 Amistad, con todos; confianza, con pocos.
134 Amistades lisonjeras, no las quieras.
135 Amistad que dice «no», amistad que se perdió.
136 A mocedad viciosa, vejez penosa.
137 Amor, amor, malo al principio y al fin peor.

138 Amor, con amor se cura.
139 Amor, con amor se paga; y lo demás, con dinero.
140 Amor de madre, ni la nieve le hace enfriarse.
141 Amor de mujer y halago de can, no darán si no les dan.
142 Amor de niña, agua en cestilla.
143 Amor de puta y vino de frasco, a la noche gustosos, y a la mañana dan asco.
144 Amor de vieja, si es que se toma, presto se deja.
145 Amores, dolores y dineros, no pueden estar secretos.
146 Amores queridos, han de ser reñidos.
147 Amor loco, si ella es mucho y tú eres poco.
148 Amorosos juramentos, se los lleva el viento.
149 Amor, viento y ventura, poco dura.
150 Amor que no se atreve, despréciamlo las mujeres.
151 Amor y dinero nunca fueron compañeros.
152 Amor y viento, por uno que se va vienen ciento.
153 A mucho hablar, poco acertar.
154 A mucho hablar, poco obrar.
155 A nadie has de decir cuánto tienes, dónde lo tienes, ni adónde piensas ir.
156 A nadie le amarga un dulce, aunque tenga otro en la boca.
157 A nadie le parece poco lo que da, ni mucho lo que tiene.
158 Andando se quita el frío.
159 Andaluz con dinero y gallego con mando, ya estoy temblando.
160 Andar, andar, que el rabo está por desollar.
161 Andaos a reinas y moriréis virgen.
162 Andar bien vestida hace a la moza garrida.
163 Andar derecho y mucho beber, no puede ser.
164 Andar probando, como cuchillo de melonero.
165 Andeme yo caliente, y ríase la gente.
166 Angelitos al cielo, y a la panza los buñuelos.
167 A ninguno le hiede su mierda, sino la ajena.
168 A no poder, en balde es querer.
169 Ante el menesteroso no te muestres dichoso.
170 Antes cabeza de ratón que cola de león.
171 Antes de decir de otro: «cojo es», mírate tú los pies.
172 Antes de hacer bondades, mira a quien se las haces.
173 Antes de hacer nada, consúltalo con la almohada.

174 Antes de mil años, todos seremos calvos.
175 Antes di que digan de ti.
176 Antes huir que morir.
177 Antes fiarás del terrón, que del señor.
178 Antes muerte que vergüenza.
179 Antes mujer de un pobre que manceba de un conde.
180 Antes que armas tomar, todo se ha de tentar.
181 Antes que emprendas, mide tus fuerzas.
182 Antes de que tomes casa en que morar, mira la vecindad.
183 Antes toman al mentiroso que al cojo.
184 Antes verdugo que ahorcado.
185 A nuevos tiempos, usos nuevos.
186 Año bisiesto, año siniestro.
187 Año de almendras, año de mierda.
188 Año de nieves, año de bienes.
189 Año de nieves, año de aceite.
190 Año bisestil y año de pares, año de azares.
191 Año bisestil, año vil.
192 Año bisiesto, o hambre o peste.
193 Año bisiesto, entre el hambre en el cesto.
194 Año bisiesto, pocos huevos en el cesto.
195 Año bisiesto, todas las frutas caben en un cesto.
196 Año bisiesto, vende la hoja y quema el cesto.
197 Año bisiesto, ni cuba ni cesto.
198 Año bisiesto, ni viña ni huerto.
199 Año bisiesto, echan en ganados el resto.
200 Año bisiesto, gasta tu dinero en ganados y no en sembrados.
201 Año de pares, año de pesares.
202 Año de pares, año de novedades.
203 Año de pares, año de trujales.
204 Años pares, abrir los costales; años nones, pocos montones.
205 Año tardío, año medio vacío.
206 Años y vidas, componen villas.
207 Año y vida aumentan familia.
208 Año y vida pueblan villa.
209 Años de nones son los mejores.
210 Años de nones son los que llenan los trojes.

211 Años de nones, muchos montones.
212 Año de siete, deja España y véte.
213 El año come mucho.
214 Un año se va y otro viene; lo contará el que lo viere.
215 Años y trabajo ponen el pelo blanco.
216 A otro perro con ese hueso.
217 A palabras necias oídos sordos.
218 A piloto diestro, no hay mar siniestro.
219 A poca oferta, buena demanda.
220 A poco pan, tomar primero.
221 Aprendiz de mucho, maestro de nada.
222 Aquel es hombre, que corresponde al nombre.
223 Aquel es tu hermano que te quita el trabajo.
224 Aquello es bueno que bien acaba.
225 Aquellos son ricos que tienen amigos.
226 A quien a soplos enfría la comida, todos le miran.
227 A quien bien te quiere, visítale poco, para que te desee.
228 A quien codicia lo ajeno, quitarle lo suyo es bueno.
229 A quien come muchos manjares, no faltarán enfermedades.
230 «A quien dan, no escoge». Y eran cuchilladas.
231 A quien debas contentar, no procures enfadar.
232 A quien dices tu secreto haces tu dueño.
233 A quien Dios quiere bien, el viento le junta la leña.
234 A quien Dios se la dio, San Pedro se la bendiga.
235 A quien Dios quiere para rico, hasta la mujer le pare hijos de otro.
236 A lo que Dios hace no hay que asquillarse.
237 Al salvo, Dios le salva.
238 A lo que manda Dios oreja de liebre.
239 Al diablo mismo, Dios fue quien lo hizo.
240 A quien labora, Dios lo mejora.
241 A quien Dios quiere, a otro no ha de menester.
242 A quien habló, Dios le oyó.
243 A quien bien cree, Dios lo provee.
244 A quien Dios amó, en el rostro se lo mostró.
245 A quien Dios ama, la casa le cata.
246 Al fin, final, amar a Dios es lo principal, y reírse de todo lo ál.
247 A toda ley, ama a tu Dios y sirve a tu rey.

248 A quien teme al Dios de los cielos, nada le asusta debajo de ellos.
249 Acójome a Dios que vale más que vos.
250 A Dios de rodillas; al rey de pie, y al demonio en el canapé.
251 Alzar las manos, solamente a Dios soberano.
252 A Dios, lo mejor.
253 A Dios lo mejor del mundo, pues es Señor sin segundo.
254 Al Señor, la flor de la flor.
255 A quien con Dios está, Dios no le abandonará.
256 A quien el vino plaz, Dios le quite el pan.
257 A quien en su casa era un diablo, cuando se ausenta tiénenlo por un santo.
258 A quien espera, su bien llega.
259 A quien madruga, Dios le ayuda.
260 A quien le dan el pie, se toma la mano.
261 A quien mucho come, a los hocicos le sale.
262 A quien fue cocinero antes que fraile, en cosas de cocina no le engaña nadie.
263 A quien mucho miente, le huye la gente.
264 A quien mucho tememos, muerto le queremos.
265 A quien mucho tiene, más le viene.
266 A quien no quiere caldo, tres tazas y la última rebosando.
267 A quien no teme, nada le espanta.
268 A quien paga adelantado, mal le sirve su criado.
269 A quien se casa viejo, muerte o cuernos.
270 A quien soledad quiere, todo le estorba.
271 A quien te engañó una vez, jamás le has de creer.
272 A quien te hizo una hazle dos, aunque no lo manda Dios.
273 A quien tiene malas pulgas, no le vayas con burlas.
274 Aragoneses y navarros, en cuanto a tercos, primos hermanos.
275 Aramos, dijo la mosca, y estaba en el cuerno del buey.
276 Arbol copudo, da sombra aunque no dé fruto.
277 Arca cerrada con llave, lo que encierra no se sabe.
278 Arco iris, o pronto llueve o aclarará en breve.
279 A rey muerto, rey puesto.
280 A río revuelto, ganancia de pescadores.
281 A quien buenos riñones tiene, lo mismo se le da por lo que va como por lo que viene.

282 Aun para ser pobre es menester caudal.
283 Arrimarse a la boca del lobo es de hombre bobo.
284 A secreto agravio, secreta venganza.
285 Así en el ojo al besugo, como al enfermo en el pulso.
286 Asì se mete, como piojo en costura.
287 Asno, juez y nuez, a golpes dan sus frutos.
288 A sordos y ciegos hacen testigos el dinero.
289 A su costa aprende el necio, y a costa del necio el cuerdo.
290 ¡Atacad y venceremos!
291 A tal señor, tal honor.
292 A tu hijo dale oficio; que el ocio es padre del vicio.
293 A la tercera va la vencida.
294 A tu mujer, por lo que valga, y no por lo que traiga.
295 A un clavo ardiendo se agarra el que se está hundiendo.
296 A un fresco, un cuesco.
297 Aún no eres bienaventurado si del pueblo no eres burlado.
298 Aunque esté echado el cerrojo, duerme con un solo ojo.
299 Aunque me ves tan largo, tan largo, maldita la cosa que valgo.
300 Aunque se perdieron los anillos, aquí se quedaron los dedillos.
301 Aunque tengo malas piernas, bien visito las tabernas.
302 Ausencia al más amigo, presto le pone en olvido.
303 Avaricia de tío, hacha de sobrino.
304 A veces, el flaco derriba al fuerte.
305 Ave por ave, el canero si volare.
306 Ave que vuela, a la cazuela.
307 A virgo perdido, nunca le falta marido.
308 Ayer entró rogando, y hoy entra mandando.
309 Ayer para mí, hoy para ti.
310 Ayer putas y hoy comadres, según de donde sopla el aire.
311 Ayunen los Santos, que no tienen tripas.
312 Azote de madre, ni rompe hueso ni saca sangre.
313 A las veces, el que escarba, lo que no quisiera halla.
314 A la una, que bien que mal, en cada casa comido han.
315 A la vejez, viruelas.
316 Alañiles y huéspedes, sólo cuando se van bien parecidos.
317 Al bien, buscarlo; al mal, esperarlo.
318 Al buen día, mételo en casa.
319 Alcanza, quien no cansa.

320 Al conejo y al villano, despedazarlo con la mano.
321 Al hombre pobre no le salen ladrones.
322 Allá como allá, acá como acá.
323 Al que a buen árbol se arrima, buena sombra le cobija.
324 Al que no tiene, el rey le hace franco.
325 Al que quiere saber, mentiras a él.
326 Al que te quiere mal, cómele el pan; y al que ríe también.
327 Aquellos polvos traen estos lodos.
328 Aquella es bien casada, que no tiene suegra ni cuñada.
329 Aún está la pelota en el tejado.
330 Aún no somos y ya pringamos.
331 Al mal aire darle calle.
332 A lo que el Rey manda y Dios ofrece, hay que hacerse.
333 Al son que me hicieres, a ese bailaré.
334 Al son que me tocan bailo.
335 Acomete quienquiera; el fuerte espera.
336 Acometer hace vencer.
337 Abejas, benditas, santos abejares, dan miel a los hombres, cera a los altares.
338 Abejitas, santas sois vos, que hacéis miel para los hombres y cera para Dios.
339 Abejas sin comida, colmenas perdidas.
340 Abejas sin regina, colmena en ruina.
341 Abejas y ovejas, en sus dehesas.
342 Abeja y oveja, y piedra que trebeja, y péñola tras oreja, y parte en Igreja, desea a su hijo la vieja.
343 A quien tiene abejas, nunca le falta un buen postre en la mesa.
344 Abogacía, que no zorrocía.
345 Abogacía, que una boga y otro cía.
346 Abogado joven, pleito perdido.
347 Abogado novato, Dios te asista, entre parientes, pobres, putas y petardistas.
348 Abogado madrigado, hombre de cuidado.
349 Abogado muy ladino, gusta más de andarse por trochas que por caminos.
350 Abogado que por el pleito se desvela, estudia calles, callenojes y callejuelas.
351 Abogado sin conciencia, merece gran sentencia.

352 Abogado sin ciencia y sin conciencia, merece sentencia y penitencia.

353 Abogados en el lugar, donde hay bien meten mal.

354 Algunas veces, al labrador, por mucho estercolar, no le va mejor.

355 «Al segar serán bien pagado», dice al estercolador su sembrado.

356 Antes falta la palabra en la plaza, que el estércol en la haza.

357 A toda ley, boñiga de buey; y si es flaca, boñiga de vaca.

358 A falta de reja, culo de oveja.

359 Abrígate por febrero con dos capas y un sombrero.

360 Anda abrigado, come poco y duerme en alto, si quieres vivir sano.

361 Abriga bien el pellejo si quieres llegar a viejo.

362 Anda caliente, come poco, bebe asaz, y vivirás.

363 Al hombre aguado mirarlo de medio lado.

364 Achaques al viernes por comer carne.

365 Ahí lo tienes, si te condenas que te condenes.

366 A Santa María, no te cates vigilia.

367 A la Santa la bubuta canta.

368 Abuelos y tíos cuando están tendíos.

369 Al hijo del azor no le falta carne.

370 Al pie del monte se ahuma el capote.

371 A ave que va de paso, tamarazo.

372 Abusar es mal usar.

373 Abusar no es usar, si no mal usar.

374 Abuso no quita uso.

375 A la bestia cargada el sobornal la mata.

376 A la borrica arrodillada, doblarle la carga.

377 Acogí al ratón e mi agujero y tornóseme heredero.

378 Aceite, y vino amigo, antiguo.

379 Aceite, hierro y sal, mercaduría real.

380 Aceite de oliva, todo mal quita.

381 Aceite y vino, y amigo, en lo antiguo; y añejo el tocino.

382 Aceituna cañivana, de aceite corta y de alvejín larga.

383 Aceituna cordobí para boca toledana no vale un maravedí.

384 Aceitunas agrias, el padre las comió y el hijo las cagó.

385 Aceitunas amargas, pan en ellas.

386 Aceitunas amargas, con vino se pasan.
387 Aceitunas y pan, y queso, eso tiene la corte en peso.
388 Aceitunas zapateras, ¡fuego en ellas!
389 Aceituna, una.
390 Aceituna, una es oro, dos plata, y la tercera mata.
391 Aceituna, una docena de docenas.
392 Aceituna, una; y si es buena, una docena.
393 Aceitunas, una o dos; y si tomas muchas válgate Dios.
394 Aceitunas, una; y si no son buenas, ninguna.
395 Agua y luna, tiempo de aceituna.
396 A últimos de noviembre, coge tu oliva siempre.
397 Acelgas a medio día y a la noche acelgas, mala comida y mala cena.
398 Acelgas a mediodía y a la noche acelgas, mal me andarán las piernas.
399 Acelgas benditas, de día los tronchos, y de noche las hojitas.
400 Aceptar un don, requiere discreción.
401 Acoge lo provechoso y no admitas lo dañoso.
402 A lo dado, no le mires el pelo.
403 A una toma, ¿quién no se asoma?
404 Acertar a la primería no se ve todos los días.
405 Acertó a mear el buey en la calabaza.
406 A las veces con tuerto, el hombre hace derecho.
407 Acertar, errando, sucede de cuando en cuando.
408 A falta de caballos, troten los asnos.
409 Andallo, mi vida, andallo; quien no puede a pie que vaya a caballo.
410 Algo es algo; menos es nada.
411 «Algo es algo». Y comía hielo.
412 «¡Algo se pesca!» Y llevaba una rana en la cesta.
413 Alza el rabo, Menga, pues no hay quien la tenga.
414 A mal año, tarria de seda.
415 A mengua de moza, buena es Aldorza.
416 A mengua de carne, buenos son pollos con tocino.
417 A mengua de pan, buenas son tortas.
418 Agua beba quien vino no tenga.
419 A cazuela chica, cucharica.

420 Acusóle porque pisó el sol.
421 A bestia loca, recuerdo modorro.
422 A mula guiñosa recuerdo borracho.
423 A mula gorda, suelta gorda.
424 A mal pie, vicario de pierna.
425 Al sapo, tierra.
426 A tambor mayor, diana no.
427 A cada paje, su ropaje.
428 A ropa de terciopelo, dos dueñas y su escudero.
429 Al comer, al tajadero; al cargar, al cabestrero.
430 Al pasar el río vale más la cuerda que el trigo.
431 Al aguador, su cuba, y no la borla al doctor.
432 Adivina, adivinador, ¿uvas de mi majuelo que cosa son?
433 Arca, arquita, de Dios bendita, ábrese y cierra y nunca rechina.
434 Así usa lo tuyo, que no cures de lo ajeno.
435 A quien has acallado no le hagas llorar.
436 Alabar y callar para medrar.
437 A los galgos del rey no se les escapa liebre alguna.
438 A veces logra una flor lo que un diamante no.
439 A lisonjeros dichos no prestes oídos.
440 A persona lisonjera no le des oreja.
441 Amistades lisonjeras, no las quieras.
442 Amistades lisonjeras te harán más malo que eras.
443 A persona lisonjera, ni oírla siquiera.
444 A quien dice mal, uno; al lisonjero, ninguno.
445 A honra demasiada, interés hay encubierto.
446 Algo debe de querer, quien te hace fiestas que no te suele hacer.
447 Al niño besa quien besar a la madre quisiera.
448 Amigo lisonjero, festeja a tu mujer o a tu dinero.
449 Adulador, engañador; y al cabo, traidor.
450 Antifaz embustero es la cara del lisonjero.
451 Ahora adulador, mañana traidor.
452 Adulándote, necio y malo, te hará tu amigo; censurándote, sabio y bueno te hará tu enemigo.
453 Alabanzas y regalos, tratos malos.
454 Adulador; él es tu enemigo peor.

455 Al negro llaman Juan Blanco.
456 Al santo, por la peana.
457 A la que a su marido encornuda, Señor y tú la ayuda.
458 Al bueno por amor y al malo por temor.
459 Aviniente y crudo, que así lo quiere el cornudo.
460 ¡Ay, caderas hartas de parir, y ninguna de mi marido malogrado!
461 Al bueno porque te honre y al malo porque no te deshonre.
462 Arte para lograr es el dulce hablar.
463 Aunque otra sea tu mente, de buenas palabras págase la gente.
464 Afeita un cepo, y parecerás mancebo.
465 Afeita un cepillo, y parecerás bonillo.
466 Al hombre mujeriego, mil perdones; al machiego, mil baldones.
467 ¡Abre el ojo que asan carne!
468 Al cabo de la jornada, no tener nada.
469 Adonde el corazón se inclina, el pie camina.
470 Afición que más daña que aprovecha, en seguida la desecha.
471 A dos días buenos, cientos de duelos.
472 A osadas, que quien lo dijo no mintió.
473 A cada día bástale su malestía, y a cada momento, su pensamiento.
474 ¡Ay del ay que al alma llega, y en llegando al alma, allí se queda!
475 ¡Ay del ay que llega al alma, y en llegando, allí se para!
476 A quien se siente en cada pena, nunca le falta qué le duela.
477 Al triste, el puñado de trigo se le vuelve alpiste.
478 Al afligido, su trabajo basta sin que otros le añadan.
479 Al hombre afligido no le des más ruido.
480 Acabóse la paja y murió el burro que la tronzaba.
481 Agrada, quien manda.
482 Antes huirás del señor que del terrón.
483 A costa de los campos viven en los pueblos millones de vagos.
484 Alzada de enero, ha de ser para buena.
485 Alzada de abril y binada de mayo, cedacico para otro año.
486 Alzando en adviento, se alza y se abona a un tiempo.

487 Alza en blando, bina en duro, y no verás a tu suegro sañudo.
488 Alza en lodo y siembra en polvo.
489 Alza yunto, bina más, tercia ralo, y cogerás.
490 Agua, candela y la palabra de Dios, ningún hombre de bien las negó.
491 Agua en cesto se acaba presto.
492 Agua vertida, mujer parida.
493 Agua enferma, ni embeoda ni endeuda.
494 Agua no emborracha, ni enferma ni entrampa.
495 Agua no quebranta hueso.
496 Agua en ayunas, o mucha o ninguna.
497 Agua tras las bellotas, sabe a gloria.
498 Agua de sierra, y sombra de piedra.
499 Agua de lluvia, siempre delgada y nunca sucia.
500 Agua de fuente, sana y transparente; agua de laguna, enfermiza y turbia.
501 Agua limpia, de fuente viva.
502 Agua manantial, no hay otra tal.
503 Agua que corre, nunca mal coge.
504 Agua corriente, agua inocente.
505 Agua corriente, mierda no consiente.
506 Agua corriente no daña el diente.
507 Agua corriente, no mata a la gente; agua estancá, la matará.
508 Agua corriente, no mata a la gente; agua sin correr, puede suceder.
509 Agua corriente sana a la gente.
510 Al agua corriente y al cristal, no se le pega ná.
511 Agua encharcada, hervida después de colada.
512 Agua podrida, colada y hervida.
513 Agua hervida, es media vida.
514 Agua cocida, sabe mal pero alarga la vida.
515 Agua cocida, saludable y desbrida.
516 Agua de avenida no debe ser bebida.
517 Agua que a algo huele o a algo sabe, que otro la trague.
518 Agua que huela, no bebas.
519 El agua que pasa por muchos atanores, no es de las mejores.

520 El agua cara siempre es mala.
521 Agua de navazo, ensancha la barriga y estrecha el espinazo.
522 Agua de navazo, mala para hombres y mala para el ganado.
523 Agua detenida, agua podrida.
524 Agua detenida, no debe ser bebida.
525 Agua estancada, agua encenagada.
526 Agua estancada, agua envenenada.
527 Agua estancada, no vale nada.
528 Agua estantía, mala bebía.
529 Agua estantía, renacuajos cría.
530 Agua turbia no hace espejo.
531 Agua que haya de beber no la enturbiaré.
532 Agua fría y pan caliente, nunca hicieron buen vientre.
533 Agua fría y pan caliente, mata a la gente.
534 Agua fresca la da el jarro, no de plata, sino de barro.
535 Agua tibia, media vida.
536 Agua caliente, salud para el vientre.
537 Agua escalentada, más presto es resfriada.
538 Aguadores y taberneros, del agua hacen dineros.
539 Aguardiente arrancarrejas, no lo bebas.
540 Aguardiente, en tienda; y vino, en taberna.
541 A la leche, nada le eches; pero le dice la leche al aguardiente: «¡Déjate caer, valiente!».
542 Aguja, sastre y dedal, os darán por medio real.
543 Aguja calumbrienta, no estarás en mi herramienta.
544 Aguja que doble, para sastre pobre.
545 Aguja fina saca espina.
546 «Abajo está lo bueno», dice la colmena al colmenero.
547 Al hondón está la miel.
548 Al principio, marido, se ha de ahorrar, que no al cogugar.
549 A buen andar o mal andar, comer y guardar.
550 A padre guardador, hijo despendedor.
551 Al padre endurador, hijo gastador.
552 A padre generoso, hijo desperdiciado.
553 Allega, allegador, para buen derramador.
554 Ahorra, ahorrador; que ya vendrá el derrochador.
555 Ahorra el ahorrador, para que gaste el gastador.

556 Ahorras y más ahorrar, que contigo vive quien lo ha de derrochar.
557 Ajas (ajos), y pajas, y medra (mierda) de grajas.
558 Ajo dulce no hay.
559 Ni ajo dulce, ni leño sin humo.
560 Ajo que del dornillo salta, al diablo vaya.
561 Ajo que salta del mortero ya no lo quiero.
562 Allá os espero, al freír los ajos.
563 Ajo hervido, ajo perdido.
564 A quien ajo come y vino bebe, la víbora no le muerde.
565 Tres ajos de los Quero, rellenan un mortero.
566 Ajos de Quero, y berenjenas de Toledo.
567 Al que trabaja y anda desnudo, ajo y vino puro.
568 Ajo pío y vino puro, pasar el puerto seguro.
569 Ajo y vino puro, y luego verás quien es cada uno.
570 Ajo, sal y pimiento, y lo demás es cuento.
571 Ajo y cebollino, para con vino.
572 Al desganado, darle ajos.
573 Ajo, ¿por qué no fuiste bueno? Porque no me halló San Martín puesto.
574 Ajo, ¿por qué no medraste? Porque para San Martín no me sembraste.
575 A las cosas menudas, el alguacil acuda; y a las grandes, el señor alcalde.
576 A pueblo muerto, alcalde tuerto.
577 Alcalde de aldea, el que lo quiere, ése lo sea.
578 Alcalde de aldea, yo no lo sea.
579 Alcalde de aldea, prende y no suelta.
580 Alcalde de aldea, si sale cruel, Dios nos libre de él.
581 Alcalde de monterilla, ¡ay de aquel que por su acera pilla!
582 Alcalde nuevo, cárcel llena.
583 Alcaldes y zapatos nuevos, pasados los primeros días aprietan menos.
584 Alcalde cruel, nadie dice bien de él.
585 Alcalde que por momentos se dispara, háganle arrimar la vara.
586 Alcalde tonto sentencia pronto.
587 ¡Alcaldillo, al cardillo!
588 El alcalde come de balde.

589 Aun no es alcalde y ya quiere comer de balde.

590 Al alcornoque no hay palo que lo toque, si no es la carrasca, que le casca.

592 Aldeana es la gallina, y cómela el de la villa.

593 El aldeano, darte ha una taza de vino, y beberse ha cuatro.

594 Alegrías, albarderos que bálago s'arde.

595 Alegrías en la villa, que hay berenjenas en la plaza.

596 Alegría amagada, candela apagada.

597 Alegría que es fuerza que se pierda, ¿qué importa que no venga?

598 Alegría y tristeza muerte acarrean.

599 Alegría y pobreza, y no pesares y riquezas.

600 Alegría, belleza cría.

601 Algas derechas levante en el puerto.

602 Alguacil descuidado, ladrones cada mercado.

603 Alguacil que no es sutil, no sirve para alguacil.

604 A la mujer y a la mula, por el pico la hermosura.

605 A mi mujer bermeja, por el pico le entra, que no por la oreja.

606 A la dama hermosa, por el pico le entra la rosa.

607 Alpargatas con cintas de color; o no hay zapatos nuevos o sobra presunción.

608 Altramuces, cuando secos, amargos, y cuando remojados, dulces.

609 A quillotro aquillotrado, nunca le falló velado.

610 A cuesta de barbaluenga, mantiene a su cuyo Menga.

611 A muerto marido, amigo venido.

612 Antes mujer de Juan Terrón, que querida de un señorón.

613 Antes mujer de quien nada es, que manceba de algún marqués.

614 Antes mujer de un pobre que manceba de un conde.

615 Aurora rubia, o viento o lluvia.

616 Amarillo color, desesperación.

617 Alas tenga yo para volar, que cebo no me ha de faltar.

618 Alas tenga yo para volar, que no me faltará palomar.

619 Amigo, ¿para qué buscas mejor pan que de trigo?

620 ¿A qué buscar pan de trastrigo, siendo tan bueno el de trigo?

621 Asaz puede de poco quien nos amenaza a otro.

622 A la orilla del río te espero, galapaguero.

623 Andaré el tiempo, y vernos hemos.
624 Atrás viene quien las endereza.
625 Algún día será la mía.
626 A do te duele, ¡ahí te daré!
627 Amenaza el miedo, que no el denuedo.
628 Amaga allá y danos acá.
629 Amagar y no dar es pecado mortal.
630 Amagar y no dar, es apuntar y no tirar.
631 Amagar y no dar es temblar y no tocar.
632 Amargar y no dar, es henchir la boca y no soplar.
633 Amagar y no dar, es las moscas espantar.
634 Amenazados comen pan.
635 Amigos como la tierra y el agua.
636 Amigos que se conocen, de lejos se saludan.
637 Amigo leal, castillo real.
638 Allí hay verdadera amistad do hay dos cuerpos y una voluntad.
639 Amigo leal y franco, mirlo blanco.
640 Amigos buenos y mirlos blancos, son harto raros.
641 Antes encontrarás burro con cuernos que amigo perfecto.
642 Amistad de boca, larga parola y cerrada la bolsa.
643 Amistad de boquilla, no vale una cerilla.
644 Amigo falso, vino emponzoñado.
645 «Amigo, amigo», y agraz en el ojo.
646 A mi amigo soy leal, hasta salir al umbral.
647 Amigo traidorcillo, más hiere que un cuchillo.
648 Amigos y mulas fallecen a las duras.
649 Amigos y relojes de sol, sin nubes, sí; con nubes, no.
650 Amigo de muchos, amigo de ninguno.
651 Amistad de todos y de ninguno, todo es uno.
652 Amistad prendida con alfileres, la que se desprende cuando la quieres.
653 Amigo lejos, amigo muerto.
654 Amigo en duda, quien te aconseja, y pudiendo, no te ayuda.
655 Algo bueno trae la adversidad consigo; que ahuyenta a los falsos amigos.
656 Algo bueno trae la adversidad consigo; que sabe el hombre si le queda algún amigo.
657 Al amigo que no sea de ley, plántalo en lo del rey.

658 Amigo que no te es fiel, cágate en él.
659 A quien te deja en cuita, no le quieras en trebejo.
660 Al falso amigo hazle la cruz como al enemigo.
661 Amistad que no lo es, da con ella al través.
662 Al amigo que no es cierto, con guiñe de tuerto.
663 Amigo que es amigo de mi enemigo, no es mi amigo.
664 Al amigo de mi amigo, puede no ser mi amigo.
665 A quien hubieres vencido no le tengas por amigo.
666 Amigo traidor, una buena cuerda, y colgado al sol.
667 Al amigo falso, tómelo el cadalso.
668 Amigo falso, buena pieza para el cadalso.
669 Al rico, los amigos le son enemigos.
670 Amigo no de mí, sino de lo mío, lléveselo el río.
671 Amigos bie, pero si perder.
672 Amigos; pero el burro, a la linde.
673 Amigos somos; pero los peces, aparte.
674 Amigo que quiere mi capa, es ladrón de solapa.
675 Amigos que no dan y parientes que no lucen, a pelotazos que los desmenucen.
676 Amigo en bonanza, pero que anda.
677 Amigo de taza de vino, es amigo suyo y no mío.
678 Amigo de montaña, quien lo pierde lo gana.
679 Amigo de mesa, poca firmeza.
680 Amistad de pasera, no es verdadera.
681 Amigo de mesa y mantel, no te fíes de él.
682 Amigo por su interés, amigo tuyo no es.
683 Amistad por interés, hoy es y mañana no es.
684 Amistad por interés, no dura, porque no lo es.
685 Amigo de gancho, no en mi rancho.
686 Amistad verdadera o fingida, el tiempo la examina.
687 A tu amigo, dile la mentira; si te guarda poridad, dile la verdad.
688 Amigo sin aprobación, no sé si es de oro o de latón.
689 Amiguitos por probar, meloncitos por calar.
690 Amistad no probada, ni es amistad ni es nada.
691 Al amigo, cuando lo pruebas, ¡qué chasco te llevas!
692 Al amigo, nunca lo pruebes.
693 Amigo probado, casi siempre oro falso.
694 Amigo probado, probador desengañado.

695 Amigo que probaste, chasco que te llevaste.
696 Amigo cierto, el probado en el hecho.
697 Al buen amigo le prueba el peligro.
698 Aquel es tu amigo, que te quita de ruido.
699 Al amigo que es vicioso, tratarlo poco.
700 Amigo indiscreto, ni es buen amigo ni guarda secreto.
701 Amigos hay buenos para en plaza y malos para en casa.
702 Amigos pelilleros, no los quiero.
703 Amigo tarambana, quien lo pierde, eso gana.
704 Amigo viejo vale más que el dinero.
705 Amigo nuevo y casa vieja, para otro los deja.
706 Amistades y tejas, las mejores, las más viejas.
707 Amigos, viejos; y cuentas, nuevas.
708 Amigo, viejo; tocino y vino, añejo.
709 Amigo viejo y vino añejo.
710 Amigo y vino, el más antiguo.
711 Amigo y vino nuevo, aunque bueno sea, no lo es como el viejo.
712 Amigo y vino nuevo, no lo pruebo.
713 Amigo, mientras te lo digo; que una hora después, otra cosa es.
714 Amistades arrechuchadas, duran dos semanas.
715 Amistades de arrechucho, no duran mucho.
716 Amistades que con arrechucho empiezan, salen como entran.
717 Arrechuchadas amistades, de prisa entran y de prisa salen.
718 Amistades nuevas olvidan viejas.
719 Amigo no fue el que lo dejó de ser.
720 ¿Amigo? ¿Amigo? Llámale conocido y va bien servido.
721 Amigos y compadres búscalos entre tus iguales.
722 Amistad de hombres leales sólo perdura entre iguales.
723 Amistad durable, entre dos iguales.
724 Amistad entre desiguales, poco dura, y menos vale.
725 Amistad entre desiguales, uno es señor y el otro servidor.
726 Amigos hay pesados y enemigos ligeros.
727 Amigo de uno y enemigo de ninguno.
728 Amistad con todos, comunidad con nadie.
729 Amistad con todos, confianza con pocos.
730 Amistad de cuatro, junta el diablo, si es de bellacos.

731 Aquel danza bien que en la sala amigos tién.
732 Aunque tu amigo sea de miel, no te lo chupes.
733 A amistades que son ciertas, siempre las puertas abiertas.
734 Amistad, pero sin mucha familiaridad.
735 Amigos verdaderos no hagan trato de aparceros.
736 Al buen amigo no le encubras secreto, que das causa de perderlo.
737 Al buen amigo, con tu pan y con tu vino.
738 Al buen amigo con tu pan y con tu vino; al malo, con tu can y con tu palo.
739 Al amigo que en apuro está, no mañana sino ya.
740 Al amigo y al pariente, un real más de lo corriente.
741 Al buen amigo, con tu bolsillo, al mal amigo, con el palo.
742 Al amigo, conocerlo y no perderlo.
743 Amigo y caudal, más fácil de ganar que de conservar.
744 Al amigo, con su vicio.
745 Al amigo tuyo, con el vicio suyo.
746 Aquel es tu amigo, que no te es muy vecino.
747 Amistades conserva la pared medianera.
748 Amigo hasta el altar, es amistad.
749 Amistad fuerte llega más allá de la muerte.
750 Amistad que no fue duradera, no fue verdadera.
751 Amigo enojado, enemigo doblado.
752 Amigo y vino, a veces derecho y a veces torcido.
753 Amistad que no te acomoda, descósela y no la rompas.
754 Amigos reñidos, nunca más buenos amigos.
755 Amistad que murió, nunca renació.
756 Amistad que se quebró, ¿para qué la quiero yo?
757 Amistad que se rompe no era de bronce.
758 Amigo quebrado, soldado, más nunca sanado.
759 Amistad quebrada, soldada, más nunca sana.
760 Amistad y aljofaina cascada, soldada, más nunca sana.
761 Amistad quebrada, nunca bien soldada.
762 Amistad y taza lañadas, sirven para poco o nada.
763 Amigo reconciliado, chocolate recalentado.
764 Amigo reconciliado y caldo recalentado, pierden el sabor.
765 Amigo reconciliado, harnerillo agujereado.
766 Amistad reconciliada, taza rota y mal pegada.
768 Amigo de uno se es una vez, no diez.

769 Amigo reconciliado, mira de medio lado.
770 Amigos reconciliados, enemigos disimulados.
771 Amigo reconciliado, tan temible es como el Diablo.
772 Al amigo reconciliado, con un ojo abierto y el otro cerrado.
773 Amistad rehecha, siempre vive en sospecha.
774 Amor y más amor, tan sólo a Nuestro Señor.
775 Amor fuerte dura hasta la muerte.
776 Amor fuerte, ni en vida ni en muerte.
777 Amores, diablos y dineros, no son muy sacaderos.
778 Amores, diablos y dineros, son muy malos de sacar.
779 Amor, opinión y fortuna, corren la tuna.
780 Amor, viento y ventura, poco dura.
781 Amor y ventura todo es coyuntura.
782 Amor y viento, por uno que se va, vienen ciento.
783 Amor de monja, fuego de estopa.
784 Amor de monja, fuego de estopa, y zumo de culo, todo es uno.
785 Amor de niña, agua en cestilla.
786 Amor trompero, cuantas veo tantas quiero.
787 Amor mesonero, cuantas veo tantas quiero.
788 Amor de alojado, pronto nacido pronto olvidado.
789 Amor forastero, amor pasajero.
790 Amor forastero, poco duradero.
791 Amor de corneta, de diana a retreta.
792 Amor de estudiante, amor inconstante.
793 Amores nuevos, casa con pecheros.
794 Amores nuevos, olvidan viejos.
795 Amor nuevo, olvida al primero.
796 Amor quita amor.
797 Amor nunca se está en tu ser; o ha de menguar o ha de crecer.
798 El amor es unas veces andador, otras volador.
799 Amor que como entra sale, nada vale.
800 Amor de boca, bicoca; amor de corazón, verdadera pasión.
801 Amor y amigo de verba, amigo y amor de mierda.
802 Amor, al buen amador nunca demanda pecado.
803 Amor desordenado, raíz de todo pecado.
804 Ande la lengua y estén las manos quedas.
805 A más amor, más pudor.

806 Anica la del peso, que a ducado daba el beso.
807 Amantes y ladrones, gustan de la sombra y los rincones.
808 Amor comprado, dale por vendido.
809 Amor de burro, bocados, coces y rebuznos.
810 Amor es una jaca que no sufre ancas.
811 Andaos a enamorar quebraros han la cabeza, y moriréis besado.
812 Al amor y al gazpacho, fuego borracho.
813 Amor, con amor se cura.
814 Amor hace la llaga, y él, la sana.
815 Amor, amor, palabra dada, el hecho malo, el fin peor.
816 Amor, amor, malo el principio y el fin peor.
817 Al principio o al fin, los amores salen al gallarín.
818 Amor, en todo el mundo vencedor.
819 Amor grande, vence mil dificultades.
820 Al amor no hay fuerza que le resista.
821 Amor y temor, del carro humano son el timón y el aguijón.
822 Amor y fortuna, no tienen defensa alguna.
823 Amor y muerte, nada más fuerte.
824 A quien más se resiste, con más fuerza el amor embiste.
825 Asna con pollino, no va derecha al molino.
826 Allá irá la soga, tras el calderón.
827 Allá se ponga el sol, do tengo el amor.
828 Allá el sol se me ponga, donde me está esperando una buena moza.
829 Allá los ojos se van donde los amores están.
830 Amor sin sacrificio, más que a amor tira a fornicio.
831 Amar sin padecer, no puede ser.
832 Amor sin dolor no es verdadero amor.
833 Amigo de amores, amigo de flores.
834 Arboles y amores, mientras tengan raíces tendrán frutos y flores.
835 Amar a uno, Dios lo dispuso; amor a dos, lo prohíbe Dios.
836 Amor secreto, sabio, solo, solícito y perfecto.
837 Amor y señoría no sufren compañía.
838 Amar y reinar no sufren par.
839 Amor no sufre segundo.
840 Amor engendra temor.
841 Amarás y temerás.
842 Amarás y no te dormirás.

843 Amor todo lo perdona.
844 A mucho amor, mucho perdón.
845 Al buen amar nunca le falta que dar.
846 Amor y dinero nunca fueron compañeros.
847 Ando enamorado, y no tengo blanca ni cornado.
848 Ama y guarda.
849 Abadejo y amor de viejo, todo es abadejo.
850 Amor no mira el linaje, ni fe, ni pleito, ni homenaje.
851 Amor, gran igualador.
852 Amante harto encogido, pronto sustituido.
853 Amante que no se atreve, pella de nieve.
854 Amante vergonzoso, hácese a la amada sospechoso.
855 Amor encogido, mal correspondido.
856 Amor irresoluto, mucha flor y poco fruto.
857 Amor muy comedido, en poco es tenido.
858 Amor que no es atrevido, nunca logra sino olvido.
859 Amor que no es osado, amor poco estimado.
860 Amor loco, yo por vos, y vos por otro.
861 A amor mal correspondido, ausencia y olvido.
862 Amar, horas perdidas, sino son correspondidas.
863 Amor primero no es olvidadero.
864 Amor primero, nunca olvidado; pero no postrero.
865 Amor primero, amor postrero.
866 Aquel que ama, él mismo se ata y se mata.
867 Amores en mujer fea, ningún cristiano los vea.
868 Amar y saber, todo no puede ser.
869 Amor mucho, hace de un hombre un rucho.
870 Amor y buen consejo, no caben en un pellejo.
871 Amor y prudencia mal congenian.
872 Al amor lo pintan ciego.
873 A buen tiempo, amor ciego.
874 Amor y majestad no caben en un sujeto ni en un asiento.
875 Amor y majestad no hacen hermandad.
876 Amor y gravedad no hacen hermandad.
877 Amor y vino, sin desatino.
878 Amor, dinero y cuidado, nunca fue disimulado.
879 Amor, tos y fuego, descúbrese luego.
880 Amor, tos, humo y dinero, no se pueden encubrir mucho tiempo.
881 Amor, fuego y tos, descubren su poseedor.

882 Amor, tos y dinero, llevan cencerro.
883 Amor y tose bien se conoce.
884 Amor y calentura en la boca se asegura.
885 Amores queridos deben ser reñidos.
886 Amor y guerra tienen batallas y sorpresas.
887 Amante ausentado, luego olvidado.
888 Amor es demencia, y su médico, la ausencia.
889 Amor no sufre ausencia.
890 Amor requiere presencia y no sufre ausencia.
891 ¡Ay del amante ausentado, a los quince días reemplazado!
892 Aunque más me diga, diga, quien bien ama tarde olvida.
893 Amor que conoce olvido, no fue amor sino salpullido.
894 Amor que llega al olvido, amor no ha sido.
895 Aborrecer tras haber querido, mil veces ha sucedido.
896 Aquella llamo yo dueña que tiene harina en la duerma.
897 A mozo alcucero, amo roncero.
898 A ama gruñona, criada rezongona.
899 Amo bravo y mozo harón, a cada rato cuestión.
900 Amo bravo y mozo harón, pedernal y eslabón.
901 Al amo listo y avisado nunca le engaña el criado.
902 Amor de señor, amor de hurón.
903 Amor de señor, no es posesión.
904 A hacienda perdida, amo nuevo.
905 A misa temprano nunca va el amo.
906 Aguas rojas, anguila segura.
907 Año de nones, muchos montones.
908 Al hombre quiero yo ver; que los vestidos son de lana.
909 A cualquier trapo con tirilla le llaman camisa.
910 A gana de comer, no hay mal pan.
911 A gana de comer no hay mal pan, ni agua mala a gran sed.
912 Apetito agudo, no deja grudo ni menudo.
913 A buenas ganas, huelgan las salsas.
914 Aprendiz de muchas ciencias, maestro de mierda.
915 Aprendiz que aprende mal, nunca buen oficial.
916 Aprende con arte e irás adelante.
917 Apunta y da, y la cuenta te saldrá; da y apunta, y no te saldrá nunca.
918 Asienta y paga, cobra y asienta, y te saldrá bien la cuenta.
919 Ara mucho y siembra poco.

920 Ara con hueso y sube en corazón.
921 Arada en agosto, estercolada da en rostro.
922 A San Andrés, no ararle los pies.
923 Ara con helada, y matarás la grama.
924 Ara con enjuto y por mojado, si no has de pedir prestado.
925 Ara por enjuto y por mojado, y no comerás pan fijado.
926 Ara por mojado y por enjuto, y no besarás a tu vecino el culo.
927 Ara por blando y duro, si no quieres besar a tu suegro en el culo.
928 Arador en palam, no le saca toda barba.
929 A buena barbechera, mejor sementera.
930 Ara bien; cogerás trigo.
931 Ara bien y hondo, y cogerás trigo abondo.
932 Ara yunto y hondo, y cogerás abondo.
933 Ara yunto y hondo, y siembra claro, y te reirás en el verano.
934 Ara hondo y yunto, y cogerás fruto.
935 Ara bien y cogerás pan.
936 Ara bien y con afán, cogerás mucho pan.
937 Ara bien y cogerás; ora bien y te salvarás.
938 Arame mucho y bien, que yo te lo pagaré.
939 Ara bien y no te alabes, estercuela y no señales.
940 Apártate de mí, y daré por ti y por mí.
941 Arbol bajo, bien frutea; árbol alto, lo que el álamo.
942 Arbol que no frutea, bueno es para leña.
943 Arbol que no frutea, para la chimenea.
944 Arbol sin flor, día sin sol.
945 Arbol sin fruto, dígote leña.
946 Arbol sin corteza, parece mal y pronto seca.
947 Arco de tejeo, recio de armar, y flojo de dejo.
948 Arco en el cielo, agua en el suelo.
949 Arco, mañana charco.
950 Arco a la matina, apareja la gabardina.
951 Arco de maitino, vístete de capuchino.
952 Arco de prima, pónte la capuchina.
953 Arco iris al amanecer, agua antes de anochecer.
954 Arco iris al mediodía, llueve todo el día.
955 Arco a la sera, buen tiempo espera.

956 Arco a la sera, buena noche espera.
957 Arco por la tarde, buen tiempo aguardes.
958 Arco en tarde no viene en balde.
959 Arco iris al anochecer, buen tiempo al amanecer.
960 Arco en la Bellesa, agua cierta.
961 Arco Iris al Levante, levanta el tiempo al instante.
962 Arco a la acera, buen tiempo espera.
963 Arco en la sierra, agua en la tierra.
964 A la leña tuerta, se le busca la vuelta.
965 A veces miran más a las armas que a las barbas.
966 Armas de fuego, alejarlas; que el Diablo suele cargarlas.
967 Arma ligera, muerte cualquiera.
968 Arma que hiere, por roma que sea, buena punta tiene.
969 Armas y dineros quieren buenas manos para tenerlos.
970 Armas y dineros quieren buen dueño.
971 Armas y dineros, en malas manos van a menos.
972 Armas y dinero, ni no los sé manejar, ¿para qué los quiero?
973 Armas y dineros son vanos, si no están en buenas manos.
974 Armas y dados, hasta jugarlos.
975 Arriero de una bestia no gana lo que cuesta.
976 Arriero y las haldas rotas, ¡en pelotas!
977 ¡Así y tó, arroz!
978 Arriba, arriba, Juan García; abajo, abajo, Juan Gargajo.
979 Asiéntate en tal lugar que nadie te pueda echar.
980 Asno prieto boquiblanco, asno bellaco.
981 Asno cojo, más habrás de madrugar.
982 A buey viejo, cencerro nuevo.
983 A mula vieja, cabezadas nuevas.
984 A puertas viejas, aldabas nuevas.
985 Anillo en nariz de puerco.
986 Así le está como la silla al asno.
987 A lo feo, lo negro lo hace más feo.
988 Atender y entender, para aprender.
989 A los osados ayuda la fortuna.
990 Al hombre osado, la fortuna le da la mano.
991 A virtud atrevida, a veces buena salida.
992 A los pequeños, la osadía los afirma.
993 A quien osadía tiene, Dios le da gracia y vence.
994 A quien se aventura, Dios le ayuda.

995 Al mayor temor, osalle.
996 Atún de ijada, comida regalada.
997 Atún de ijada, mejor es que pescada.
998 Atún de ijada y salmón, muchas cosas son.
999 Ahora que te veo no me acuerdo; que si no te encontrara, no me acordara.
1000 A muertos y a idos, no hay amigos.

B

1001 Buena olla, mal testamento.
1002 Bueno es tener amigos, aunque sea en el infierno.
1003 Buenos son barbos, cuando no hay truchas a mano.
1004 Buenas acciones valen más que buenas razones.
1005 Buenos y tontos se confunden al pronto.
1006 Buenas palabras y buenos modales todas las puertas abren.
1007 Bueno y breve, bueno dos veces.
1008 Buenas palabras y buenos modos dan gusto a todos.
1009 «¡Buen principio de semana!» Y lo ahorcaban en lunes.
1010 Buenas palabras, y otras malas.
1011 ¡Buen puñado son tres moscas!
1012 Buenas y malas artes hay en todas partes.
1013 Buey suelto, bien se lame.
1014 Buen mercado, con el necesitado.
1015 Burro adornado, busca mercado.
1016 Bueno, aunque sea pobre, vale más que rico y noble.
1017 Bueno es beber, pero nunca hasta caer.
1018 Burro que tropieza dos veces en un mismo canto, es burro doblado.
1019 Buena muerte es buena suerte.
1020 Boca de fraile, sólo el pedir la abre.
1021 Boca brozosa cría mujer hermosa.
1022 Buena cara y malos hechos, a cada paso los vemos.
1023 Bien se sabe atrever quien nada tiene que perder.

1024 Bromas y sales, con nuestros iguales.
1025 Bien sabe lo que se come con hambre.
1026 Breve habla el que es prudente.
1027 Bien predica quien bien vive.
1028 Bien predica el ayunar quien acaba de almorzar.
1029 Breva verde y moza de mesón, palpándolas llegan a maduración.
1030 Bostezo luego, o hambre o sueño.
1031 Bien ama quien nunca olvida.
1032 Beso y no alargarse a más, pocas veces o jamás.
1033 Borrón y cuenta nueva, la cuenta pasada aprueba.
1034 Besar sin otro pecar por maravilla lo has de contar.
1035 Bendita sea el agua por sana y por barata.
1036 Boca española no se abre sola.
1037 Boca de verdades, temida en todas partes.
1038 Beldad y hermosura, poco dura; más vale la virtud y la cordura.
1039 Bandera vieja honra a quienes la llevan.
1040 Barbero que no sea parlero, no lo hay en el mundo entero.
1041 Barriga llena, no cree en hambre ajena.
1042 Bastante me ayuda quien no me estorba.
1043 Beato y tuno, todo es uno.
1044 Bebe de río por turbio que vaya, come carnero por caro que salga, casa con doncella por años que haya.
1045 Beberás y vivirás.
1046 Beber con medida alarga la vida.
1047 Beber y comer buen pasatiempo es.
1048 Bebido con buenos amigos, sabe bien cualquier vino.
1049 Bachiller de tibiquoque.
1050 Bachiller en cánones, porro en todas partes.
1051 Bachiller, y no en artes, más necio que antes.
1052 Bachiller en artes, tan necio como antes.
1053 Bachiller en artes, burro en todas partes.
1054 Bachiller, bala, chilla, y sabe leer.
1055 Bachiller y nada saber, todo a uno viene a ser.
1056 Bachiller en Medicina, confunde el vino con la orina.
1057 Bachiller en Cabra (Córdoba) y abogao en Graná.
1058 Bachiller por Cabra auqnue la boca no abra.
1059 Bachiller por Osuna, cosa ninguna.

1060 Bailar sin pecar, cosa imposible será.
1061 Bailar sin son, o es gran fuerza o gran afición.
1062 Baile que en burla empieza, acaba en boda.
1063 Barba espesa, honra; barba rala, deshonra.
1064 Barba ruja, presto puja.
1065 Barba de tres colores, no la traen sino traidores.
1066 Barba roja y mal color, debajo del cielo no le hay peor.
1067 Barba rubia, desde lejos la saluda.
1068 Barbero, loco o parlero.
1069 Barbero mozo, y médico viejo, y siempre son parleros.
1070 Barbero loco no quiere mi madre, ni yo tampoco.
1071 Baña bien y estira el cuero y serás un gran barbero.
1072 Barba bien bañada, medio rapada.
1073 ¡Basta un barbero en un linaje!
1074 Bacía en puerta, barbero en tienda.
1075 Barbo mal pescado, que frito, que cocido, que asado.
1076 Batatas malagueñas, las mejores, las más pequeñas.
1077 Bautizo *cagao*; si cojo el chico lo echo al *tejao*.
1078 Bien convida quien presto bebe.
1079 Beberé y acordaré.
1080 Bebo poco y quiérolo bueno; un azumbrito me dura un día entero.
1081 Beber por jarra penada no me agrada.
1082 Bebe el vino en cristal o en vidrio; y si el vino es generoso, en cristal precioso.
1083 Bebe por calabaza y no te pondrán tacha.
1084 Bebiendo por la bota, parecerá que bebes una gota.
1085 Bueno es el vino cuando el vino es bueno; pero si el agua es de una fuente cristalina y clara, mejor es el vino que el agua.
1086 Beber, y perder asnos.
1087 Bebe el agua a chorro y el vino a sorbos.
1088 Bebe el vino con discreción, y no a boca de canjilón.
1089 Bebe, que te rías del vino, y déjalo, antes que se ría de ti el vino.
1090 «Beber con medida, me alarga la vida». Y era su costumbre beberse cada día un azumbre.
1091 Bebes vino, no bebas el seso.
1092 Bebe, y ata la bota.

1093 Bien ajeno es la hermosura, y, sobre ajeno, poco dura.
1094 Bondad con hermosura poco dura.
1095 Belleza sin talento, veleta sin viento.
1096 Belleza y tontería, siempre en compañía.
1097 Bien asienta con la hermosura el reposo.
1098 Belleza y riqueza juntas, casi nunca.
1099 Belleza a los sesenta doila al diablo.
1100 Bellezas hay muy estimadas, que por dentro no valen nada.
1101 Belleza y riqueza requieren guardián.
1102 Bel hombre, no es todo pobre.
1103 Buey hermoso no es para trabajo.
1104 Bellotas y tostones hacen malas labores.
1105 Bellotas y castañas hacen malas hilancias.
1106 Berenjenas a Almagro.
1107 Beso pon, que beso quites.
1108 Besos a menudo, mensajeros son del culo.
1109 Besar y retocar, fruta es de palacio.
1110 Besóme el colmenero y a miel me supo el beso.
1111 Boca besada pierde poco o nada.
1112 Boca besada, poco o nada pierde, si no fuera por lo que detrás del beso viene.
1113 Boca con boca pronto se desboca.
1114 Besos no rompen huesos, pero atraen camino para otros excesos.
1115 Besos y abrazos no hacen muchachos; pero son barbechos para el año que viene.
1116 Besos y abrazos no hacen muchachos; pero tocan a vísperas.
1116 Buen pie y buena oreja, señal de buena bestia.
1117 Bien que Dios aleja no vale una lenteja.
1118 Bien que de Dios no viene se deshace como la nieve.
1119 Bueno es el mal que fue ocasión del bien.
1120 Boca pajosa cría cara hermosa.
1121 Bodega de buen olor, no ha menester pregón.
1122 Bueno es ser bueno, pero es mejor serlo y parecerlo.
1123 Bondades vencen señales.
1124 Buen corazón vence mala andanza.
1125 Bendito es le vientre que del bien le viene miente.
1126 Bueno es bueno.

1127 Buenos, los menos; a los más, cerdear los verás.
1128 Bocarte en la primavera, bonito por dondequiera.
1129 Boquerones de Málaga, bocado para el papa.
1130 Beber aquí, beber allí, a la noche borrachín.
1131 Borrachera pintona, todavía no es mona; pero ya lo va siendo la de «escucha y perdona».
1132 Boda sin borracho, téngolo a milagro.
1133 Bendito sea Dios, muchachos, que ya se murió mi padre, que no me enviará más por vino a la taberna.
1134 Bendito sea el mal que con dormir se quita.
1135 Bendito y alabado; que amanezco vestido y calzado.
1136 Borracha estáis Marigarcía; la voluntad de Dios sea cumplida.
1137 Borracha estáis Marigarcía; es el pan nuestro de cada día.
1138 Bien haya la beoda, que siempre tiene que beba.
1139 Buena está Marta, cuando da la paz a vísperas.
1140 Bueno va el romero cuando olvida el borbón.
1141 Bartolo me llama borracho, y hecho un zaque lo llevan entre cuatro.
1142 Borrachez de agua; que la de vino es cara y sale a la cara.
1143 Bostezo luengo, hambre o sueño, o ruindad que tiene en el cuerpo su dueño.
1144 Boca que bosteza, estómago que hambrea.
1145 Bota sin vino, cuero la digo.
1146 Bota sin vino no vale un comino.
1147 Bota sin vino, olla sin tocino.
1148 Bota vacía la sed no quita.
1149 Botija nueva hace el agua fresca.
1150 Bueyes y gañanes, de su paso no salen.
1151 Buey muerto vaca es.
1152 Bueyes, ovejas, gallinas y abejas.
1153 Buey longo, y rocín redondo.
1154 Buey corvo y asno combo.
1156 Buey corvo, asno combo, y caballo hondo.
1157 Buey con rayas y quintero, gañán con barbas.
1158 Buey rabón, harto de paja y no quiere comer.
1159 Buey amarillento, poco andar y mucho pienso.
1160 Buey viejo, surco derecho.
1161 Buey viejo, firme huella.

1162 Buey viejo, paso seguro.
1163 Búho que come no muere.
1164 Bula del Papa, ponla sobre la cabeza, y págala de plata.
1165 Buitres y milanos, primos hermanos.
1166 Bulda no, que sacan prendas.
1167 Burlas de manos, burlas de villanos.
1168 Burlas que dinero cuestan son malas veras.
1169 Burlas verdaderas, peores son que agrias veras.
1170 Burlillas que pueden volverse veras, no las quieras.
1171 Bromeando, bromeando, amargas verdades se van soltando.
1172 Bromas pesadas nunca sean dadas.
1173 Bromas pesadas sólo al que las da le agradan.
1174 Burla con daño no cumple el año.
1175 Burla con daño no cumple el año; burla con boca, con mano no toca.
1176 Burlas suaves traen burlas graves.
1177 Bromas y aceitunas pocas o ninguna.
1178 Bromitas, poquitas.
1179 Burlas, pocas o ninguna.
1180 Burlillas y cosquillas, poquillas.
1181 Bromas y sales, con nuestros iguales.
1182 Burlillas, ni hacellas ni recibillas.
1183 Buscadlo, amigo; más si fuera perro ya os habría mordido.
1184 Buscándola ando la mala de la rueca, y no la hallo.
1185 Buscar el virgo entre las pajas.
1186 Bendito sea el agua por sana y por barata.
1187 Bebí agua del hinojal; súpome bien, e hízome mal.
1188 Bendición de parra y olivo, y de oveja harta de espiga de trigo.
1189 Bendito el carro, bendito el buey, y bendita la mata a quien la quier.
1190 Bendita sea la madre que te parió.
1191 Bajas tú o suben ellos, los amigos has de perdellos.
1192 Burró pequeñín, siempre es nuevecín.
1193 Burra vieja, darte ha la pelleja.
1194 Burro negro y mula falsa, ponen rica la casa.
1195 Borriquillo moruno, vivo cual ninguno.
1196 Burros orejicortos, novecientos de cada millar, y orejilargos los demás.

1197 Burro espacioso, cabe casa agucioso.
1198 Burro harón, hacia el pesebre es trotón.
1199 Burros o coces, arrieros a palos y a voces.
1200 Burro amapolero, es caro por cualquier dinero.
1201 Burro amapolero, ni de balde lo quiero.
1202 Burro de villano, andadura de mula en verano.
1203 Burro apeado no salta vallado.
1204 Burro amarrado, leña segura.
1205 Bien es asno quien asno tiene; más asno es quien no lo tiene.
1206 Burro pelado a trasquilones, a los diez días no se le conoce.
1207 Buen palmito y buena estatura suertes son de ventura.
1208 Bordón del alma, el ayuno de los siete viernes de entre Pascua y Pascua.

C

1209 Caballo viejo para cabalgar; leña vieja para quemar; vino añejo para beber; amigos viejos para conversar y libros viejos para leer.

1210 Caballo de regalo, para la vista bueno; para el trabajo malo.

1211 Caballo de regalo suele parar en rocín de molinero.

1212 Caballo de regalo ténlo por bueno aunque sea malo.

1213 Caballo por mayo, y eso sí que me lo hallo.

1214 Caballo si le hallo; y eso, en el mes de mayo.

1215 Caballo que no sale del establo, siempre relincha.

1216 Caballo trabado, caballo capado.

1217 Caballo sin espuela, barco sin remos ni vela.

1218 Caballo que llevó los atabales, no temas que ningún ruido lo espante.

1219 Coces de garañón, para la yegua cariños son.

1220 Coz de caballo es dolorosa, coz de burro es deshonrosa.

1221 Caballo mujer y escopeta son prendas que no se prestan.

1222 Caballo bonito, corto y gordito.

1223 Caballo alazán, no esté contigo en San Juan.

1224 Caballo alazán, caballo perro.

1225 Caballo argel, ni en él, ni a par dél.

1226 Caballo argel, ni con él, ni cabe él.

1227 Caballo argel, guárdate dél.

1228 Caballo argel, no des ni un real por él.

1229 Caballo de bien andanza, calzado de pie de cabalgar, y de la mano de la lanza.
1230 Calzado de cautro, caballo de mentecato; calzado de tres, caballo de rey.
1231 Caballo castaño oscuro, bueno para lo plano y lo duro.
1232 Caballo zaíno o morcillo, o ciego o flojillo.
1233 Caballo castaño oscuro para el dueño es muy seguro.
1234 Caballo ruán, mucho le loan y pocos le han.
1235 Caballo ruán, muchos le tienen y pocos le loan.
1236 Caballo rucio rodado, antes muerto que cansado.
1237 Caballo hovero, a puerta de rey o gran caballero.
1238 Caballo hovero, a puerta de albéitar o gran caballero.
1239 Caballo hovero ni regalado lo quiero.
1240 Caballo que bebe en blanco, pronto cojo o manco.
1241 Caballo que vuela, no quiere espuela.
1242 Caballito, ¿cuánto vales? Cien reales. Corre bien, que bien los vales.
1243 Caballo que mal corre, si no puede galopar, que trote.
1244 Caballito de bamba, que ni come, ni bebe, ni anda.
1245 Caballito de cartón, ni andante, ni galopante, ni trotón.
1246 Caballo que al ver la yegua no relincha, merece albarda, y no silla.
1247 Caballo que se levanta de manos, quiere reventar algún cristiano.
1248 Caballo de andadura, poco dura.
1249 Caballo que al trote arranca, pronto para.
1250 Caballo corriente, sepultura patente.
1251 Caballo corredor, hombre reñidor, vaso de vidrio y tinaja de buen tinto, la vida tienen en peligro.
1252 Caballo que alcanza, pasar quiere.
1253 Caballo que alcanza, o revienta o pasa.
1254 Caballo que bien anda, cualquier lo manda.
1255 Caballo que no da carrera, en el cuerpo se la encuentra.
1256 Caballo viejo no aprende trote nuevo.
1257 Caballo viejo no muda de andadura.
1258 Caballo y yegua, cabálgalos en la crucera; asno y mulo, cabálgalos al culo.
1259 Caballo o yegua, móntalo en la parte media; jumento o mulo, junto al culo.

1260 Celemín por celemín, dé trigo a mi rocín.
1261 Chico caballo, presto almohazado.
1262 Caballo de heno, caballo de nada; caballo de paja, caballo de campaña.
1263 Cabello crespo, calvo presto.
1264 Cabello luengo, corto el seso.
1265 Cabello largo, meollo corto.
1266 Cabezas grandes, talento chico.
1267 Con aceite de bellotas sale el pelo hasta en las pelotas.
1268 Cabellera y crencha partida, gala cumplida.
1269 Cabeza casposa no es piojosa.
1270 Cabeza chica nunca es calva.
1271 Cabeza grande, a serrín y aire.
1272 Cabeza grande, poco seso y mucho aire.
1273 Cabeza grande, cerebro flaco.
1274 Cabeza grande, muchos mocos y talento poco.
1275 Cabeza grande poco vale.
1276 Cabeza grande y gran cabeza, son dos cosas muy diversas.
1277 Cabra que tira al monte no hay cabrero que la guarde.
1278 Cabra en sembrado peor que nublado.
1279 Cabras en viña, peor que la peor pedrisca.
1280 Cabras crían trampas, y carneros dineros.
1281 Cabra rumiona, leche amontona.
1282 Cabra, cabrón y can, buen cordobán.
1283 Cabra magra, y trefe y mala y mal pesada.
1284 Carne de cabra, carne magra.
1285 Cabra chica, cada día es niña.
1286 Cabra coja, no tenga siesta.
1287 Cabra coja que quiere siesta, caro le cuesta.
1288 Cabra coja, mal sestea.
1289 Cabra que cojea, o mal come, o mal sestea.
1290 Cabras y muchachos comen a buen bocado.
1291 Cabra muerta de hambre no la ha visto nadie.
1292 Cabritilla usada a mamar, cómele el paladar.
1293 Cabra manca, a otra daña.
1294 Cabra roñosa, daña a otra.
1295 Cabra de manada no se halla encerrada.
1296 Cabras que en mal tiempo estornudan, buen tiempo anuncian.

1297 Cabrito de un mes; recental de tres.
1298 Cabrito de un mes, cordero de tres y lechón de días diez.
1299 Cabrito de un mes, cordero de tres, lechón de dos semanas, y por mí la cuenta si marra.
1300 Cabrito ganso y lechón, de la mano al asador.
1301 Cuando florece el aguapero, dice el chivo al cabrero: «Mámate tú la leche, que yo no la quiero».
1302 Cacarear y no poner huevos, cada día lo vemos.
1303 Cada abeja vive en su colmena y no se mete en la ajena.
1304 Cada amén que el cura dice, le vale un par de perdices.
1305 Cada cual hable en aquello que sabe, y en lo demás se calle.
1306 Cada día que amanece, el número de bobos crece.
1307 Cada día un grano pon, y harás un montón.
1308 Cada gorrión tiene su corazón.
1309 Cada hombre cuerdo lleva un loco dentro.
1310 Cada loco con su tema.
1311 Cada maestrillo tiene su librillo.
1312 Cada mochuelo a su olivo.
1313 Cada oveja, con su pareja.
1314 Cada palo aguante su vela.
1315 Cada pro tiene su contra.
1316 Cada uno como pueda se explique, y se rasque donde le pique.
1317 Cada uno en su casa y Dios en la de todos.
1318 Cada uno en su elemento halla mejor asiento.
1319 Cada uno en su negocio sabe más que el otro.
1320 Cada uno es como lo hizo Dios, y un poquito peor.
1321 Cada uno habla como quien es.
1322 Cada uno hace como quien es.
1323 Cada uno halla horma de su zapato.
1324 Cada uno juzga por su corazón al ajeno.
1325 Cada uno puede hacer de su capa un sayo.
1326 Cada uno tiene su cada una, y cuando no, la busca.
1327 Cada uno va a su avío, y yo, al mío.
1328 Caída, casamiento y catarro, tres *ces* que mandan al viejo a mascar barro.
1329 Cuando el pie se desliza la cabeza se eriza.
1330 Calabaza no embaraza, pero llena la tripaza.

1331 Cada cual echa sus cuentas, y unas veces va errado, y otras acierta.
1322 Carne vieja hace buen caldo.
1333 Caldo de gallina a los muertos resucita.
1334 Caldo de gallina es famosa medicina.
1335 Caldo de gallina y precaución, cuanto más mejor.
1336 Caldo de gallina y precaución, jamás hicieron daño a hembra ni a varón.
1337 Caldo de nabos, ni le viertas, ni les des a tus hermanos.
1338 Caldo sin grasa, pan si tasa.
1339 Caldo sin jamón ni gallina, no vale una sardina.
1340 Claro, claro, el hablar sí, pero no el caldo.
1341 Caldo, caldo, y sopas en él hasta empedrarlo.
1342 Caldo frío, para mi tío; vino caliente, para mi pariente.
1343 Caldo frío y vino caliente, todo lo que valen pierden.
1344 Callar y callemos, que los dos por qué callar tenemos.
1345 Camino comenzado, medio andado.
1346 Camisa y toca negra no sacan ánima de pena.
1347 Cara con entrecejo, hombre de mal genio.
1348 Cara de puta, tarde se arruga.
1349 Cargado de hierro, cagado de miedo.
1350 Carga que a gusto se lleva, nada pesa.
1351 Caricias de puta y convites de tabernero, siempre cuestan dinero.
1352 Caridad y amor, sin tambor.
1353 Carta echada, no suele ser retirada.
1354 Carta en la mesa está presa.
1355 Casa cerrada, casa arruinada.
1356 Casa con dos puertas, mala es de guardar.
1357 Casada y arrepentida, y no monja metida.
1358 Casa donde la mujer manda, mal anda.
1359 Casa mal guardada, pronto robada.
1360 Casamiento, en igualdad, hasta en la edad.
1361 Casamientos de parientes, inconvenientes.
1362 Casa nueva, no habites en ella.
1363 Casa propia es un tesoro que no es pagado con oro.
1364 Casarás y amansarás.
1365 Casarás y te arrepentirás.
1366 Casarse con un hombre de sesenta años, mal apaño.

1367 Casa vieja, todo son goteras.
1368 Casa siempre la caga quien de apariencias se paga.
1369 *Castellano* fino, el pan pan y el vino vino.
1370 Castillos muy fuertes vienen al suelo de repente.
1371 *Catalanes* y gatos, animales ingratos.
1372 Celos con celos se curan.
1373 Cerca de la Iglesia, lejos de Dios.
1374 Cerezas y males traen detrás otros tales.
1375 Cerrar el arca ya hecho el robo, es precaución de bobo.
1376 Ciento que hice a todos satisfice; pero una que erré, y todas las cagué.
1377 Cierre tras sí la puerta quien no la halló abierta.
1378 Clérigo, fraile o judío, no lo tengas por amigo.
1379 Cobra buena fama y échate a dormir, y mira no te duermas porque no la pierdas.
1380 Calor, agua, ni hielo, nunca se quedan en el cielo.
1381 Cuando canta la coruja, no hace falta manta ni mantuja.
1382 Calores, dolores y amores, matan a los hombres.
1383 Calentura de lar, hasta el umbral.
1384 Calor de mayo, valor del año.
1385 Calumnia, que algo queda.
1386 ¿Cómo te hiciste calvo? —Pelo a pelo, pelando.
1387 Calvo y no de tiña; tuerto, y no de nube, so la piel gran mal encubre.
1388 Calva buena, luna llena.
1389 Calva lisa y sin pedrada, linda calva.
1390 Cabeza calva, peinada antes del alba.
1391 Calvos y canos, a muchos conocí muchachos.
1392 Cogido con el hurto en las manos, en balde es negarlo.
1393 Cojo con miedo, corre ligero.
1394 Comer ajo y beber vino, no es desatino.
1395 Comer sin trabajar no se debiera tolerar.
1396 Comiendo entra la gana.
1397 Conciencia ancha, la bolsa ensancha.
1398 Como hoy a tu suegra ves, verás al cabo a tu mujer.
1399 Como la manzana, de dentro podrida, de fuera sana.
1400 Como los árboles son las personas; unas dan sombra o fruto, y otras ni fruto ni sombra.
1401 Como no son tuyos los zapatos, tiras por el barro.

1402 Como quien que sea, más cerca está la taberna que la iglesia.
1403 Como soy *gallego*, ni pago ni niego.
1404 Compañía no engañosa, yo y mi sombra.
1405 Compostura de zapato y sombrero teñido, dinero perdido.
1406 Cómplice y asesino van por el mismo camino.
1407 Compra de quien heredó, no compres de quien compró, que sabe lo que le costó.
1408 Compuesta, no hay mujer fea.
1409 Con agua pasada, no muele molino.
1410 Con arte y con engaño se vive medio año; con engaño y con arte se vive la otra parte.
1411 Con astucia, y no con fuerza, del rico el pobre se venga.
1412 Con ayuda de vecino, mató mi padre un cochino.
1413 Con cada miembro, el oficio que convenga; no hables con el dedo, pues no coses con la lengua.
1414 Con chatos, poco o ningún trato.
1415 Con el castigo, el bueno se hace mejor y el malo se hace peor.
1416 Con el poderoso de mala intención no vale justicia ni razón.
1417 Con el vino sanaría yo, marido; con el agua póngome mala.
1418 Con gente de teatro no tengas trato.
1419 Con grente mal criada, nada.
1420 Con putas y soldados, echa la vergüenza a un lado.
1421 Conquista de mujer fea, poco trabajo cuesta.
1422 Con rabia el perro, muerde a su dueño.
1423 Con salud y dinero hago cuanto quiero.
1424 Con tal que me teman paso porque me aborrezcan.
1425 Contigo, pan y cebolla.
1426 Con tontos ni a comer merengues.
1428 Contra el amor es remedio poner mucha tierra en medio.
1429 Contra el feo vicio de pedir existe la noble virtud de no dar.
1430 Contra lo mal aprendido, el remedio es el olvido.
1431 Contra más grandullón, más bribón.
1432 Con una rueda no anda una carreta.
1433 Copas son triunfos.
1434 Corriendo a puto el postrero, todos corren como el viento.
1435 Cortesía y bien hablar cien puertas nos abrirán.

1436 Cosa que se estrena no es buena.
1437 *Cona* de cortesada, lavada, es cosa sana.
1438 Cosa que se hace por fuerza no es duradera.
1439 Cosas que se hacen deprisa, se sienten despacio.
1440 Coser y cantar, todo es empezar.
1441 Comer y rascar, todo es empezar.
1442 Cría cuervos y te sacarán los ojos.
1443 Cruz y raya, para que no se me vaya.
1444 Cuál más, cuál menos, de la cintura arriba todos somos buenos.
1445 Cual es el padre, así los hijos salen.
1446 Cuando algo dicen, algo hay.
1447 Cuando cilla la sartén, buen día quiere hacer.
1448 Cuando de las mujeres hables, acuérdate de tu madre.
1449 Cuando el diablo no tiene que hacer, con el rabo mata moscas.
1450 Cuando el dinero habla, todos callan.
1451 Cuando el hombre está en duda, con poca cosa se muda.
1452 Cuando el rico habla todos ponen buena cara.
1453 Cuando el viejo no bebe, cerca está de la muerte.
1454 Cuando el vil enriquece, no conoce hermano ni pariente.
1455 Cuando escribas alguna carta, léela despacio antes de enviarla.
1456 Cuando es mucha la pámpana, son pocos los racimos.
1457 Cuando fueres a cagar, lleva con qué te limpiar.
1458 Cuando la burra quiere, el burro no puede.
1459 Cuando la fuerza manda, la ley calla.
1460 Cuando la limosna es muy grande, hasta el santo desconfía.
1461 Cuando la mierda se sube a lo alto, más apesta y da más asco.
1462 Cuando la mujer amenaza al marido con cuernos, ya se los ha puesto.
1463 Cuando la ocasión llega el más amigo la pega.
1464 Cuando la rana críe pelo serán los cojos buenos.
1465 Cuando la ventura pase por tu puerta, encuéntrela abierta.
1466 Cuando las barbas de tu vecino veas pelar, pon las tuyas a remojar.
1467 Cuando los ciegos guían, ¡hay de los que van detrás!

1468 Cuando mandan las armas, no hay ley que valga.
1469 Cuando masques, no chasques.
1470 Cuando mayor es la fortuna, tanto es menos segura.
1471 Cuando no hay otro remedio, echar por la calle de en medio.
1472 Cuando no hay solomo, yo todo lo como.
1473 Cuando nos aman, señoras nos llaman; cuando nos tienen, ya no nos quieren.
1474 Cuando no seas preguntado, estáte callado.
1475 Cuando pases por la tierra de los tuertos, cierra un ojo.
1476 Cuando pobre, largo; cuando rico, escaso.
1477 Cuando seas padre comerás carne.
1478 Cuando seas padre comerás huevos.
1479 Cuando se va para rico, hasta las mulas paren potricos.
1480 Cuando te dolieren las tripas, hazlo saber al culo.
1481 Cuando te sientes a comer, los codos en la mesa no has de poner.
1482 Cuando vos íbades, yo venía de moler.
1483 Cuando tú vas yo vuelvo.
1484 Cuánto cuesta la comida sólo sabe el que convida.
1485 Cuando más claros, más amigos.
1486 Cuando más tarde nacido, tanto más querido.
1487 Cuanto más vieja, más pelleja.
1488 Cuanto menos los amigos, menos son los enemigos.
1489 Cuanto se hace por despecho, es mal hecho.
1490 Cuenta errada, sea enmendada.
1491 Cuentas claras, las amistades alargan.
1492 Cuenta por bienes los males que tienes.
1493 Cuerpo en la cama, sino duerme, descansa.
1494 Cuesta arriba o cuesta abajo, echa siempre por el atajo.
1495 Cuesta arriba, quiero mi mulo; que cuestas abajo, yo me las subo.
1496 Culillo de mal asiento, no acaba cosa ninguna, y emprende ciento.
1497 Culo veo, culo quiero.
1498 Cuñados y rejas de arado sólo son buenos enterrados.
1499 Cierra tu boca y no abras tu bolsa.
1500 Callar como negra en baño.
1501 Callo como puta en baño.

1502 Callar como puta tuerta.
1503 Callar como en misa.
1504 Calla, que las buenas callan.
1505 Cada uno se dé una vuelta a la redonda y eche punto en boca.
1506 Calla y callemos, que sendas nos tenemos.
1507 Callado mata conejo.
1508 Con el callar vencerás.
1509 Callando el necio es habido por discreto, o parece discreto.
1510 Cuando no despega los labios, no se diferencia el tonto del sabio.
1511 Cabeza que no habla, dígola calabaza.
1512 Con el hombre siempre callado, ¡mucho cuidado!
1513 Cuanto sabes no dirás, cuanto ves no juzgarás, si quieres vivir en paz.
1514 Con tus ojitos abiertos, tus oídos abiertos y tu boquita cerrada, sabrás mucho de todos, y de ti no sabrán nada.
1515 Cuando tus cosas más las calles, menos públicas las haces.
1516 Cubre tu lumbre con ceniza.
1517 Cantar en la plaza y llorar en casa.
1518 Cuenta el milagro, pero no digas el santo.
1519 Calla callando prendieron al tirano.
1520 Callaycuece, a la calandilla hace lo que le parece.
1521 Callaycuece, oye, calla, y hace lo que le parece.
1522 Callaycuece, sin ruido casca sus nueces.
1523 Callar, y ojos, tomaremos la madre y los pollos.
1524 Calla, y harás lo que querrás.
1525 Calla, cuez.
1526 Calla y actúa.
1527 Calla, haz, y con la tuya te saldrás.
1528 Calla, haz, y triunfarás.
1529 Callos y caracoles no es comida de señores.
1530 Cama de cañizo, reniego de quien la hizo.
1531 Cama y condedura, cebada para la mula.
1532 Cama de novio, dura y sin hoyo.
1533 Como olitas de la mar, las cosas del mundo vienen y se van.
1534 Cada siete años se muda la condición, la costumbre y complexión.
1535 Castillos muy altos vienen de repente al suelo.

1536 Como Torquemada y su asno, cuál encima, cuál debajo.
1537 Cuando con sal, cuando con al.
1538 Cuándo mucho, cuándo *ná*, cuando maldita la cosa.
1539 Cierta es la adversidad tras la prosperidad.
1540 Cuando el pie muda, la tierra suda.
1541 Con las que repican doblan.
1542 Conejo viejo mudado de caño, no dura un año.
1543 ¿Cómo te va Mendo? Oras llorando, oras riendo.
1544 Como la noche al día, el pesar a la alegría.
1545 Cuando la alegría a la sala llega, va subiendo el pesar por la escalera.
1546 Como se va lo bueno, se va lo malo.
1547 Cuando dudes, no saludes.
1548 Camisa de muchas hechuras, por encima habanos, por debajo matulas.
1549 Campana cascada, nunca sana.
1550 Cada campana suena según del metal de que está hecha.
1551 Campana de mal metal, por fuerza ha de sonar mal.
1552 Caminante cansado, subirá en el asno sino alcanza caballo.
1553 Canas son, que no lunares, cuando comienzan por los aladares.
1554 Canas y cuernos no vienen por tiempos.
1555 Canas y calvez no salen por vejez.
1556 Canas son vejez, y no saber.
1557 Candado sin tornillo, da la hacienda al vecino.
1558 Cuando la Candelaria, *plora*, el invierno, *fora*.
1559 Coro por fuerza, nunca buen cristiano.
1560 Cartabón y escuadra, uno sin otro no valen nada.
1561 Canteros y carpinteros, mucho que hacer y pocos dineros.
1562 Cuatro en dos veces, o son coces o son nueces.
1563 Cinco puercos son manada.
1564 Cinco no son montón, pero siete ya lo son.
1566 Cantando y más cantando, las penas se van aliviando.
1567 Cantar bien es de pocos, cantar mal, de locos.
1568 Cantar, gracia y cabellos, no son dineros; pero ayudan a tenellos.
1569 Capón de ocho meses para mesa de Reyes.
1570 Capones, de Caspe. *(Zaragoza)*
1571 Culo, veo, culo quiero, culo vi, culo *quisí*.

1572 Cuando me dan todo lo que quiero, tengo un genio como un cordero.
1573 Cara de buen año, antes en el bueno que en el malo.
1574 Cara pone mesa que no pierna tiesa.
1575 Con el buen sol, saca los cuernos el caracol.
1576 Cuando llueve y hace sol, coge el caracol.
1577 Caracol, caracol, saca los cuernos al sol.
1578 Cuando Dios toca su tambor, saca los cuernos el caracol.
1579 Caracol de mayo, candela en la mano.
1580 Colorada y espesa, sangre demuestra.
1581 Costal de carbonero, sucio por fuera y más por dentro.
1582 Costal de carbonero, tiznado por fuera y negro por dentro.
1583 ¡Cuándo, más cuándo, llevará cerezas el cardo!
1584 Cuando tengo trompo, no tengo cuerda; y cuando tengo cuerda trompo no tengo.
1585 Crece la hambre cuando imagina la carestía.
1586 Carga es todo cargo, y más de lo dulce tiene lo amargo.
1587 Cargos son cargas.
1588 Cargos son cargas; las menos, dulces, las más, amargas.
1589 Cargos son cargas, a veces muy pesadas.
1590 Corazones quiere Dios; hígados no.
1591 Caridad con trompeta no me peta.
1592 Caridad con trompeta no vale una castañeta.
1593 Caridad ruidosa, vanagloriosa y no piadosa.
1594 Caridad y amor no tocan tambor.
1595 Caridad y amor no tocan tambor; en silencio viven mejor.
1596 Carne carne cría, y peces agua fría.
1597 Carne cría carne, y peces aire.
1598 Carne pone carne, vino pone sangre y pan atiesa.
1599 Carne blanda y vino puro, alimento seguro.
1600 Carne y cocina no es golosina.
1601 Con buena carne, bebe vino añejo, y encoge el pellejo.
1602 Carne de pluma, siquiera de grulla.
1603 Carne de pluma quita del rostro la arruga.
1604 Cuando hubieres ganas de comer, come de la nalgada y dejada la hijada.
1605 Carne de pecho, sin provecho.
1606 Carne de junto al hueso, dénme de eso.
1607 Carne de tabla, dura y mala.

1608 Carne de hoy, pan de ayer, y vino de antaño.
1609 Carne de hoy, pan de ayer, y vino de antaño, y vivirás sano.
1610 Carne mal asada, buen tozuelo para.
1611 Carne cocida, me da la vida; carne vuelta a cocer, no la puedo ver.
1612 Carne y pescado en una comida, acorta la vida.
1613 Carnero, comer de caballero.
1614 Carnero, castellano; vaca gallega, arroz valenciana.
1615 Carnero, o comerlo.
1616 Cabra e magre, e trefe, e mal pesada.
1617 Carpintero que hace cuñas, guarde las uñas.
1618 Carta escrita, antes de cerrarla, sea leída.
1619 Cartas que deprisa se escribieron mil disgustos dieron.
1620 Carta cortés, cada dos renglones, mentiras tres.
1621 Carta cerrada, si no la abres no dice nada.
1622 Carta que no leo, no me dice malo ni bueno.
1623 Cuando a comer vayas, no leas cartas.
1624 Casa cumplida, en la otra vida.
1625 Casa de mantener, castillo de defender.
1626 Casa de piedra, firme y duradera; casa de tierra, casa de mierda.
1627 Casa en la que mores, pero más no compres.
1628 Casa de esquina para mi vecina.
1629 Casa de esquina, para mi vecina; aunque no enseña eso la medicina.
1630 Casa de esquina, o muerte o ruina.
1631 Casas y hombres, sin esquinas y sin rincones.
1632 Casa en cantón y viña en rincón.
1633 Casa en sitio muy transitado, coche parado.
1634 Casa en plaza, los quicios tiene de plata.
1635 Casa junto al río, siempre en peligro.
1636 Casa sin sol, no hay cosa peor.
1637 Casa con corral, paraíso terrenal.
1638 Casa de huerta no entra en cuenta.
1639 Casa cerrada, casa robada.
1640 Casa sin moradores, nido de ratones.
1641 Cual el tronco, tal la rama.
1642 Cada cosa engendra su semejante.

1643 Cuando entrares por la villa, pregunta primero por la madre de la hija.
1644 Cabra por viña; cual madre, tal fija.
1645 Castigaré pedera, y no castigaré parandonera.
1646 ¡Con razón o sin ella, leña!
1647 Con razón o sin ella, palos en ella.
1648 Castigo de abuelos, no hace buenos nietos.
1649 Castiga al bueno y mejorará, castiga al malo y empeorará.
1650 Cuando el malo es remalo, de nada le sirve el palo.
1651 Cague la espina quien comió la sardina.
1652 Coscorrón de caña más suena que daña.
1653 Coscorrón de cañaheja, poco duela y mucho suena.
1654 Cuando vieres cuerda, acuerda.
1655 Castigo de uno, escarmiento de muchos.
1656 Con pequeño aguijón se arrea gran asnejón
1657 Cada cosa es madre de muchas otras.
1658 ¿Cazador es el amigo? No cogerá mucho trigo.
1659 Cazador con levita, ¡quita, quita!
1660 Cazador que un lagarto mata, no es patarata.
1661 Cazador que no mata caza, por lo menos la espanta.
1662 Cien ducados dan por la pega si el pego la deja.
1663 Cazador en el monte, lluvia segura.
1664 Cazador sin morral, caza poco, y eso mal.
1665 Cazador con liga vacía la barriga.
1666 Cazador que tire y no corre, poco o nada coge.
1667 Cada cual se cuelgue lo que mata.
1668 Cuando florece el gamón, muere el perdigón.
1669 Cuando el pájaro se junta el cazador apunta.
1670 Crió Dios las avutardas, y las carretas para matarlas.
1671 El cazador y el mentiroso perdidos son si no son memoriosos.
1672 Cazador con perro, escopeta y zurrón, no reñirán sus hijos por la participación.
1673 Cazador de pajarillos no ha menester bolsillo.
1674 Cazando grillos ninguno se hace rico.
1675 Cazador y jugador, majador de yeso y cal, a morir al hospital.
1676 Cacete, pesquete, nunca buen casete.
1677 Cacera y pesquera, a la vejez, piojera.

1678 Cacera y pesquera, hambre espera.
1679 Cazador de jilgueros y pescador de caña, cocina nunca ahumada.
1680 ¿Corazón, coméis razón?, y raya, ¿por qué non?
1681 Cebada ostigada, muermo cría, que no nalga.'
1682 Cebada y regalo hacen bueno al caballo.
1683 Cebolla en todas las comidas, y con una, para toda la vida.
1684 Cochino que mucho gruñe, su fin presume.
1685 Comer y gruñir, engordar para morir.
1686 Cerdo de Escalona *(Segovia)*, vale dos onzas.
1687 Colorado, ni cochino, ni perro, ni gato.
1688 Cochinillo de marzo, con su padre viene al mazo.
1689 Comeréis puerco y mudaréis acuerdo.
1690 Cuarenta sabores tiene el puerco y casi todos buenos.
1691 Cebada atollada, trigo en polvo, centeno en todo.
1692 Cebada, centeno y trigo, mucho sol y poco abrigo.
1693 Cebada la que yo quisiere, y trigo el que Dios me diere.
1694 Cañas vanas, cañas vanas, mucho creces, y poco ganas.
1695 La cereza hermosa y la guinda asquerosa.
1697 Circunstancias y ocasiones hacen y deshacen a los hombres.
1698 Cigarra que al quince avanza, anuncia abundancia.
1699 Cada cual trota según la prisa que tiene.
1700 Corazón cobarde no conquista damas ni ciudades.
1701 Chivo fuera, peso dura a la montera.
1702 Comerás gloria pero cagas mierda.
1704 Carne mal lograda, cocina, después asada.
1705 Carne, ¿por qué no te cociste? Porque no me revolviste.
1706 Crece el huevo bien batido como la mujer con el buen marido.
1707 Cebo haya en el palomar que las palomas no faltarán.
1708 ¡Cuándo querrá Dios que un real se vuelva dos!
1709 ¡Cuándo querrá Dios que se compre con un real lo que con dos!
1710 Codicia mala a Dios no engaña.
1711 Codicia mala saco rompe.
1712 Codicia mala, mancilla para.
1713 Codicia mala, rompe halda.
1714 Codicia desordenada trae pérdida doblada.
1715 Corazón codicioso no tiene reposo.

1716 Cofradía de tras cerca, mucho vino y poca cera.
1717 Cofradías, picardías.
1718 Cabra coja non tenga fiesta.
1719 Cojo, y no de espina, no hay maldad que no imagina.
1720 Cojo y no de espina; calvo, y no de tiña.
1721 Cojo, y no de espina; calvo, y no de tiña; ciego, y no de nube, todo mal encubre.
1722 Cojo, y no del pie de cabalgar, a caballo bien puede pelear.
1723 Cojo, y no del pie de cabalgar, al diablo lo puedes dar.
1724 Con cojo, mía fe, no me burlaré.
1725 Con el cojo ni la Fe, no me burlaré.
1726 Cuatro bueyes en un carro, si bien tiran para arriba, mejor tiran para abajo.
1727 ¡Cuánto y cuánto chiquillo, para cazar un grillo!
1728 Coles y nabos comer de picaños; nabos y coles, comer de señores.
1729 Coles y nabos, comidas de aldeanos.
1730 Coles y nabos con tocino, comida de campesinos.
1731 Colancas, dos brazados por una blanca.
1732 Castra tardío, enjambra temprano, harás colmenero lozano.
1733 Comprar en feria y vender en casa, ganancia segura.
1734 Compra en tu casa y venderás en la plaza.
1735 Comprar de desesperados y vender a desposados.
1736 Comprando al por mayor y vendiendo al por menor, el pobre se hace señor.
1737 Compra por arrobas y vende por onzas
1738 Comprar a alforjas y vender a onzas.
1739 Cuando venda, compra; y cuando compren, vende.
1740 Comprar pagando y vender fiando.
1741 Compra al fiado y vende al contado, y sin caudal tuyo serás un potentado.
1742 Compra caro y vende barato y harás un buen trato.
1743 Caro compro y barato vendo; si tú no me entiendes, yo me entiendo.
1744 Caro me lo dan y caro lo vendo.
1745 Callos en las orejas ha de tener quien quiera ser mercader.
1746 Cada mercader alaba su mercadería.
1747 Comprar y vender, buen camino para enriquecer.
1748 Comprar y vender, eso es saber.

1749 Comerciante quebrado, enriquecido, y no arruinado.
1750 Comerciante quebrado, ladrón entero.
1751 Comer a sorbimuerde.
1752 Comer a gusto y vestir al uso.
1753 Comida de aldeanos, sin manteles, pero mucho y sano.
1754 Comida que escasea, bien se saborea.
1755 Comida mediana, cuchillo en vaina.
1758 Convite de siete, pendencia de nueve.
1759 Con buena comida para tres, cuatro comen bien.
1760 Con un lobo no se mata otro.
1761 Cuervo con cuervo no se quitan los ojos.
1762 Compañía de uno compañía de ninguno; compañía de dos, compañía de Dios; compañía de tres, compañía es; compañía de cuatro, compañía del diablo.
1764 Compañía de uno, compañía de ninguno; de dos, compañía de Dios; compañía de tres, amala res.
1765 Compañía de dos, compañía de Dios; compañía de tres, compañía de todos es.
1766 Compañía de dos hízola Dios; de tres o cuatro, hízola el diablo.
1767 Compañía de dos, compañía de Dios.
1768 Compañía buena, la de dos; Dios y yo.
1769 Compañía de dos, mi perro y yo.
1770 Compañía de dos, mi sombra y yo.
1771 Compañía no engañosa, yo y mi sombra.
1772 Compañía de dos fue la del Edén, y no salió bien.
1773 Compañía de tres no vale res.
1774 Compañía de tres, compañía es; compañía de cuatro, compañía del diablo.
1775 Compañía de tres, compañía de reis.
1776 Compañía de tres, el demonio la fez.
1777 Compañía de tres, mala es.
1778 Compañía de tres, no perseveréis.
1779 Con moros *tratá* y veréis como os va.
1780 Con alegre compañía se sufre la triste vida.
1781 Con quien pasces, que no con quien naces.
1782 Con la buena yanta, y con la mala, ten baraja.
1783 Con buena gente iré hasta la pared de enfrente; con gentuza, hasta ninguna.
1784 Con buena gente, trataré yo; con gentuza, no.

1785 Cata el pato entre los cisnes.
1786 Compra de quien heredó, que barato te lo dará, pues regalado lo recibió.
1787 Cómprale al heredero y no al que compró con su dinero.
1788 Compra a quien heredó y nunca a quien lo sudó.
1789 Cómprale al productor y comprarás barato y mejor.
1790 Compra en tu casa, vende en tu casa y harás casa.
1791 Comprar caro no es franqueza.
1792 Comprar caro no es franqueza, ni regatear escaseza.
1793 Comprar barato es gran riqueza.
1794 Comprar escaso nunca come buen bocado.
1795 Compra a luego pagar, y provecho y honra ganarás.
1796 Comprar con tu dinero y no con el ajeno.
1797 Comprar cosas inciertas con daño cierto.
1798 Compra hecho y comprarás deshecho.
1799 Comprar al pobre, vender al rico.
1800 Carbón, aceite y sal, cómpralos por San Juan.
1801 Cállate y callemos que ambos y sendos nos tenemos.
1802 Cuando dos voluntades están conformes, de poco sirven revolvedores.
1803 Contigo me entierren, que me entiendes.
1804 Contigo me entierren, que sabes de cuenta.
1805 Cual andamos, tal medramos.
1806 Cual eres tú, así medres.
1807 Cada hijo de vecino tiene sus hechos por padrino.
1808 Cada uno es artífice de su fortuna.
1809 Cual es el hombre, tal su fortuna y nombre.
1810 Cual hicieres, tal habrás.
1811 Como harás, así habrás.
1812 Como haces tu cama así la encuentras.
1813 Cual seso tuve, tal cabeza traigo.
1814 Cual el derrotero, tal el paradero.
1815 Cría cuervos y tendrás más.
1816 Cuanto más se desvía el borrego, mayor topetazo se pega.
1817 Confiesa y paga, irte has mañana.
1818 Confesión obligada, no vale nada.
1819 Confesión espontánea, indulgencia plena.
1820 Confianza sin tasa empobrecerá tu casa.
1821 Confiadamente habla quien ha la testa sana.

1822 Cuando el zapatero dice el vox, dice el ama al mozo a vos, y el mozo a la moza a vos, y la moza no sino a vos, y el gallo piensa que dice hox, y anda la casa en torno.

1823 Cuando el zapatero dice vox, mete la casa en alborox, pienza el mozo que dice cox, la mujer que dice a vos, el gato que dice mox, la polla que dice hox, el perro que dice to, y el gallo que dice clo, y el cochino que dice coche, y mete la cá en alborote.

1824 Conozco a mi hija Maricuela de que pie cojea.

1825 Conócete a ti mismo.

1826 Consejo no pedido, consejo mal oído.

1827 Cuando el consejo no fue pedido, quien lo recibe queda ofendido.

1828 Consejo de quien bien te quiere, aunque te parezca mal, escríbele.

1829 Consejo de quien bien te quiere, escríbelo aunque no lo apruebes.

1830 Consejos a viejas y pláticas a gitanos, trabajos vanos.

1831 Cuando uno no quiere, dos no barajan.

1832 Cerca está de saber vencer quien bien sabe pelear.

1833 «Ciertos son los toros». Y uno le había echado fuera un ojo.

1834 Cien años de guerra, y no un día de pelea.

1835 Concierto claro, amigo claro.

1836 Come muerto, que cerca está el fuego.

1837 Come mangas, que por vosotras se hace la fiesta.

1838 Come, come; que de lo tuyo comes.

1839 Cuando te convida el tabernero, te convida con tu dinero.

1840 Con una rueda no anda una carreta.

1841 Con agua y con aire no convides a nadie.

1842 Convidar a misa y dar buen consejo, son convite y dádiva que no cuestan dinero.

1843 Convidar a tomar el sol, mal convite para un español.

1844 Convidado del viernes, vente si quieres.

1845 Cuando aquí no estéis, conmigo comeréis.

1846 Cuando tengas un convidado, añade algo a lo acostumbrado.

1847 Cuando hay convidados, ¡regocijallos!

1848 Convida a tu yerno a la gallina, que él llevará la lima.

1849 Cárdenas y cardenal, Don Cachón y Fray Montero, traen la corte al postrero.
1850 Cortesanos, cortahonras y besamanos.
1851 Cortesanos, embusteros y vanos.
1852 Cortesía de boca, mucho vale y poca costa.
1853 Cortesía de boca, gana mucho a poca costa.
1854 Cortesía es bien hablar, cuesta poco y mucho val.
1855 Cortesía de palabra, o conquista o empalaga.
1856 Cortesía y bien hablar, cien puertas nos abrirán.
1857 Cortesía de sombrero, hace amistades y no cuesta dinero.
1858 Cuando dicen ¡hola!, ya están junto a la persona.
1859 Colarse de rondón, es menospreciar a la reunión.
1860 Ciento en campo, y uno en cabo.
1861 Cosecha en el campo de Dios y del diablo; cosecha en el granero, de Dios y de su dueño.
1862 Con panojas de buen año, se remedian tres de daño.
1863 Costumbres, armas y letras, y dineros, hacen hijos caballeros.
1864 Cuando fueres por poblado, no hagas desaguisado; porque cuando fueres por lo poblado, irte has a lo vezado.
1865 Costumbre mala, desterrarla.
1866 Costumbre mala, tarde o nunca es dejada.
1867 Corra el río por do suele, y lo que ha dellevar lleve.
1868 Costumbre de mocedad no se deja ni en la vejedad.
1869 Cuando un gusano toma un lindazo, ni el lindazo deja al ganso, ni el ganso deja al lindazo.
1870 Cedacillo nuevo, tres días buenos.
1871 Cedacillo nuevo, tres días en estaca.
1872 Criada nueva, puchero roto.
1873 Cocinero y cochero, tómalos de Toledo.
1874 Criada y gallo, un año.
1875 Criado y caballo, un año.
1876 Cuestión de por San Juan, duradera paz.
1877 ¿Cómo criaste tantos hijos? Queriendo más a los más chicos.
1878 Come, niño, y crecerás; bebe, viejo, ¡y vivirás!
1879 Comida, cama y capote, que sustente y abrigue al niño, y no le sobre.
1880 Con pan y mocos, se crían los niños saludables y gordos.

1881 Cuando el niño sabe decir piedra se le cierra la mollera.
1882 Cría agostiza, cría enfermiza.
1883 Cuando cría nieto el viejo, cría mal redruejo.
1884 Criar y desmedrar todo es a la par.
1885 Cada chupetón de teta es un arrugón de jeta.
1886 Cada mametón es un arrugón.
1887 Criatura de un año, saca la leche del calcaño.
1888 Cuando la criatura dienta, la muerte le tienta.
1889 Cuando el niño dientece, la muerte le acomete.
1890 Cuando el niño quiere dentecer, querría las yerbas pacer.
1891 Cristiano viejo, tocino añejo.
1892 Criticar es más fácil que imitar.
1893 Calzadas las tienes, nunca las riegues.
1894 Canta, zurrón, canta, si no, darte he una puñada.
1895 Cocos come poco a poco, que ansí hago yo desde concejo loco.
1896 Cubríos bien del pavés, de las voces no curéis, con bien vamos a Castilla.
1897 Cuero es que extiende y no madera que hiende.
1898 Con su cuchillo se cortó; o se ha cortado.
1899 Culpa no tiene quien hace lo que debe.
1900 Culpa no tiene quien hace lo que puede.
1901 Cuando mi hijo fue al baño, trajo que contar todo el año.
1902 Con chatos, pocos o ningún trato.
1903 Con chatos ni con beatos, no trates.
1904 Carro que se rompe en llano, de atrás le viene el daño.
1905 Cuitada oveja la que no puede con su pelleja.
1906 Con poco viento, cae en el suelo.
1907 Cada día vamos a peor.
1908 Cada uno aprueba lo que sigue.
1909 Cerrar los ojos y apretar el culo.
1910 Contra ojales, hay botones.
1911 Callar y coger piedras es doble prudencia.
1012 Cantó al alba la perdiz, más le valiera morir.
1913 Compra lo que no te hace falta, y no tendrás lo que te haga falta.
1914 Capitán vencido, no está loado ni bien recibido.
1915 Cuando grajas, pegas; cuando pegas, grajas.
1916 Cuándo por carta de más, cuándo por carta de menos.

1017 Cuándo muy soso, y cuándo muy sabroso.
1018 Cuando vos seréis fraile, yo seré monja.
1919 Cuerpo echado, sino dormido, reposado.
1920 Cuerpo en la cama, si no duerme, reposa.
1921 Cuerpo tendido, descansado si no dormido.
1922 Cuerpo tendido, medio mantenido.
1923 Cuando pasa a mejor vida el suegro, lo mismo acontece a nueros y yernos.
1924 Cuando pasa la ocasión, el dormido no se entera y el despierto la coge a mechón.
1925 Cuando pasa una recua suelta, arrímate a la acera.
1926 Cuando pase la ocasión, ásela por el mechón.
1927 Cuando pica un gran pez, suelta la caña, no sea que te largues tras él.
1928 Cuando poco, algo; cuando mucho, nada.
1929 Cuando promete el hombre honrado, queda obligado.
1930 Cuando quiera ausentarse tu enemigo, quítale estorbos del camino.
1931 Cuando quieras nombrar un licor divino, di *vino*.
1932 Cuando salta la liebre no hay galgo cojo.
1933 Cuando se hunde el corcho, ¡tira, tonto!
1934 Cuando se le acaba el dinero al jugador, se mete a mirón.
1935 Cuando sembrares, siembre a cien leguas de los palomares.
1936 Cuando se pee Tomasa, retumba toda la casa.
1937 Cuando se vuelven las tornas, medio mundo se transtorna.
1938 Cuando suena el almirez, las doce están al caer.
1939 Cuando suena el almirez, llama a comer.
1940 Cuando te den, da.
1941 Cuando tengas a uno debajo de la lanza, usa de templanza.
1942 Cuando te sople bien el viento, aprovéchalo.
1943 Cuando tiene dientes la prenda, nadie presta sobre ella.
1944 Cuando un Periquillo llega a ser don Pedro ¡mete miedo!
1945 Cuando un ruín se va, dos vienen en su lugar.

CH

1946 Chacina de Jabugo, la mejor del mundo.
1947 Chaira y chaveta, boje, tirapié, cerote y lezna, son las cosas que el zapatero más maneja.
1948 Chanfaina, poco el hambre amaina.
1949 Chanzas y danzas no llenan panza; tejada buena sí la llena.
1950 Charlar y no hacer, cacarear la gallina y no poner.
1951 Chata que no sea puta no se ha visto nunca.
1952 Chata y puta van por una misma ruta.
1953 Chatos, desleales e ingratos.
1954 Chatunguilla, desenvuelta y graciosilla.
1955 Chica centella, gran monte quema.
1956 Chica es mi casilla, pero vale más que toda Sevilla.
1957 Chico bocado, chico pecado.
1958 Chico exceso es dar a una moza un beso, si queda en eso.
1959 Chico hoyo hace el que se muere apenas nace.
1960 Chico pueblo, grande infierno.
1961 Chimenea nueva, blanca unos días, y al cabo, negra.
1962 Chinche falca da gran picada.
1963 Chipichache bueno, el de la lluvia en enero.
1964 Chiquito, hasta el asno es bonito.
1965 Chispa pequeña enciende un monte de leña.
1966 ¡Chitón, que escucha el soplón!
1967 Chocolate frío, échalo al río.
1968 Chulo *afandangao,* ni carne ni *pescao*.
1969 Chulo fandanguero, cerca de mí no le quiero.
1970 «¡Chupa, en *encendío* va!» Y le arriaba una *bofetá.*

D

1971 Da al diablo el amigo que, al partir contigo, te deja la paja y se lleva el trigo.
1072 Da a los ricos lo suyo, y a los pobres lo tuyo.
1973 Da buena cava a tu viña, y tendrás buena vendimia.
1074 Daca y toma; que en materia de intereses no se admiten bromas.
1975 Dad al diablo la puerta que con cualquier llave está abierta.
1976 Dádiva de lo mal ganado no la recibe Dios con agrado.
1977 Dádiva forzada no merece gracias.
1978 Dádiva retenida no es agradecida.
1979 Da el sartenazo el que tiene la sartén por el mango.
1980 Dale a comer rosas al burro, y te pagará con un rebuzno.
1981 Dale al villano confianza y antes de tres días te pegará en la cara.
1982 Dale las gracias al que te hace justicia, porque no te hace injusticia.
1983 Dale que le das; que importunando mucho, algo sacarás.
1984 Da lo suyo al dueño y gozarás de buen sueño.
1985 Dáme consejos sanos y dinero para ejecutarlos.
1986 Dame en qué elegir, y me darás que sufrir.
1987 Dámela morena y graciosa, y no blanca y sosa.
1988 Dámelo aficionado al juego, y yo te lo daré borracho y mujeriego.
1989 Dámelo perezoso, y te lo daré vicioso.

1990 Dame pan y llámame can.
1991 Dame raza, y no me des enseñanza.
1992 Dame y daréte; dime y diréte.
1993 Dando tiempo al tiempo el mozo llega a viejo.
1994 Dando unas veces pares y otras nones, el que es tuno, con todas se las compone.
1995 Dañada una pera, dañadas sus compañeras.
1996 Daño es ser engañado una vez, dos, necedad es.
1997 Daños, engaños y desengaños, frutos son de los años.
1998 Dar a la bota un beso, no es grave exceso; darlo a una mujer lo suele ser.
1999 ¿Dar? Con el mazo de apretar.
2000 Dar consejos es peligroso y no provechoso.
2001 Dar el consejo y el remedio, favor completo.
2002 Dar el consejo y el vencejo, ése sí es buen consejo.
2003 Dar frecuentes sombreradas, mucho vale y no cuesta nada.
2004 Dar gato por liebre, no sólo en las ventas suele verse.
2005 Dar cuatro por cinco lo prohíbe Jesucristo; pero dar cinco por cuatro no es pecado, si no fuere palos.
2006 Dar gusto da gusto.
2007 Darle castañas al castañero, tiene salero.
2008 Darle mucho a la lengua, no es provecho; que es mengua.
2009 Dar limosna con tambor, no agradece Nuestro Señor.
2010 Dar limosna no empobrece; antes, el caudal acrece.
2011 Dar lo hecho por no hecho, sólo se le ocurre a un majadero.
2012 Dar santo y bueno, pero del pan ajeno.
2013 Dar un hombre su cuenta, poco esfuerzo representa; dar cuenta con pago, ese sí es un mal trago.
2014 Date tono, Mariquita; que un aguador te solicita.
2015 Date una vuelta en redondo y te verás hasta el fondo.
2016 Da una sola campanada, ¡pero que sea sonada!
2017 De abedul o alisa la albarca, y pasarás la charca.
2018 De abrigado, a nadie vi morir; de desabrigado, sí.
2019 De abril y de la mujer, todo lo malo hay que temer.
2020 De agua bendita y de escarola, basta con poca.
2021 De aire regañón, ni agua ni sol.
2022 De altar en altar y de cruz en cruz, vase el hipócrata a Belzebú.

2023 De ambos ha sido el acertar; tú al pedir, y yo al no dar.
2024 De amigo a amigo, chineuela en el ojo.
2025 De aquí a cien años, todos seremos chatos.
2026 De Archidona *(Málaga)*, la tierra y no las personas.
2027 De Argüetas y Alarcones, ni enagüas ni calzones.
2028 De atrás, de atrás viene el atollar.
2029 Debajo de la mata florida, está la culebra escondida.
2030 De banda a banda, malo el mundo anda; pero hay un consuelo, que nunca anduvo bueno; y hay otro mejor, que aún andará peor.
2031 De barriga gigante, pedo retumbante.
2032 De Belalcàzar *(Córdoba)*, y con serón, melonero; y se lleva vara, bellotero.
2033 ¿De Belchite, y lloras? No comerás moras.
2034 Debilidad es el llanto y la ira otro tanto.
2035 «Debo», nos quita el sueño; «pague», nos lo da.
2036 De buena crianza debia tener muchas cátedras.
2037 De buena madre, buen hijo; de buena pipa, buen vino.
2038 De buena traza, buena caza.
2039 De buen caldo, buenas sopas.
2040 De buen chaparrón, buen remojón.
2041 De buen mantener, huevos de hoy y pan de ayer.
2042 De bueno a bueno, todo va siempre a río lleno; de malo a malo, como quiere el diablo.
2043 De buenos deseos no cumplidos, está el infierno henchido.
2044 De burlas pesadas, veras lamentadas.
2045 De cada diez hombres favorecidos, cinco contentos y cuatro desagradecidos.
2046 De cada mil, novecientos noventa y nueve saludan tu ropa, y los diez a ti.
2047 De Cantimpalos *(Segovia)*, no hay chorizos malos.
2048 De «casado» a «cansado», chico es el salto.
2049 De casa en que amanece a mediodía, guárdenos Dios y Santa María.
2050 De casa en que amanece tarde, Dios nos guarde.
2051 De Cercedilla *(Madrid)*, hasta la coronilla.
2052 De cien en cien años, vuelve el río por sus andamios.
2053 De cintura abajo, no hay mujer que pase de los treinta años.

2054 Decir, dice cualquiera; hacer, sólo el que sepa, quiera y pueda.
2055 Decir es de charlatanes; hacer es de hombres formales.
2056 Decir refranes, es decir verdades.
2057 Decir «sí» tres veces, negar es.
2058 Decir suele ser señal de no hacer, como ladrar lo es de no morder.
2059 Decir *veremos* y decir *quizás*, no es decir *ná*.
2060 Decir y hacer de muy hombres es.
2061 De comerciar a robar, poco va.
2062 De cornada de burro, no vi morir a ninguno.
2063 De cornudo o de asombrado, pocos han escapado.
2064 De cuando en cuando, al desgaire, echa una canilla al aire.
2065 De cuando en cuando, otras puntaditas iremos dando.
2066 De cuidado el vino és; se sube a la cabeza y se baja a los pies.
2067 De cuñados y perros bermejos, vive lejos.
2068 De chaquetón a zamarra, poco marra.
2069 De chico pucherete, chijo manjarete.
2070 De Dios hay que fiar; no de curanderos de Satanás.
2071 De doncella que anda en lenguas, ni malo ni bueno creas.
2072 De dos bienes, el mayor; de dos males, el menor.
2073 De dos que pleitean, otros se aprovechan.
2074 De ellos, ella; de ellas, ello.
2075 De enero a enero, besugo quiero.
2076 De enero a enero, buenas tazas de caldo del puchero.
2077 De enero a enero, el besugo es caballero.
2078 De enero a enero, pan casero y lienzo casero.
2079 De enero a enero tener buena salud y mucho dinero.
2080 De esa ave que llama *coche*, come de día y de noche.
2081 De esas que producen el vino, juntas como el lino.
2082 De eso que sabe a rosquillas, lléname la cestilla; y si aún quedare un poquito, lo llevaré en el bolsillo.
2083 De estudiantes pascueros vive el arriero.
2084 De flamenco barbinegro y de español barbirrubio, no fíe ninguno.
2085 De floja tierra, nunca abundante cosecha.
2086 De gatos y hombre chatos, el que se fía es un mentecato.
2087 De gente de Lucena *(Córdoba)*, no esperes acción buena.

2088 De gente de Paracuellos, ni el resuello.
2089 De gente de Paradas *(Sevilla)*, nada; ¡lo que se dice nada!
2090 De gente humilde traen los nobles linajes origen.
2091 De haber dicho *sí* muchas veces, me arrepentí; de haber dicho *no*, ninguno se arrepintió.
2092 De harina mala, malas sopainas.
2093 De harina mala, malas tortas se sacan.
2094 De higos a brevas, larga la llevas.
2095 De hombre bruto, ningún fruto.
2096 De hombre que estando bueno habla como enfermo, no nos fiemos.
2097 De hombre que se embeoda, no fíes tu bolsa.
2098 De hombres avisados es de hacer de un avío dos mandados.
2099 De los escarmetados surgen los avisados.
2100 De hombres bien nacidos es ser agradecidos.
2101 De hombre sin fé, no me fiaré.
2102 De hombre sin un vicio, no me fío.
2103 De hombre toledano, guárdate como del diablo.
2104 Deja a venus, por el verano a lo menos.
2105 Deja de desear todo aquello que deje de desear.
2106 Dejad hacer a Dios, ¡que hará lo mejor!
2107 Deja la cama al ser de día, y vivirás con alegría.
2108 Déjalo, déjalo que sea chata; que así y todo, las pulgas me mata.
2109 Deja mear al macho, que ha comido berros.
2110 Dejando su alma a Dios, su cuerpo a la tierra, y a sus hijos sus bienes, sólo la mortaja le quede al que se muere.
2111 Dejar hacer pudiendo evitar, es aprobar.
2112 Dejar las uvas por los agraces, sólo el discreto lo hace.
2113 Dejar lo cierto por lo dudoso, es peligroso.
2114 Déjate ir; que, para lo que hemos de vivir...
2115 Déjate la vergüenza atrás, y medrarás.
2116 Déjate llevar por tu hado, e irás descansado.
2117 Dejé lo mediano buscando lo mejor, y di en lo peor.
2118 De juez de poca conciencia, no esperes justa sentencia.
2119 Del abadejo, el pellejo.
2120 De la blanca y el maravedí, hacer palacios vi.
2121 De la boca del ladrón, todos lo son.
2122 De la carne de cerdo, cuanta más, menos.

2123 De la corrupción de lo mejor sale lo peor.

2124 De la curiosidad sana, el buen saber dimana.

2125 De la desidia suele nacer la envidia; si el desidioso trabajara, fuera envidiado y no envidiara.

2126 Del ladrón de casa y del loco fuera de ella líbrenos Dios y nuestra buena estrella.

2127 Del agencioso se hace el caudaloso.

2128 Del agua mansa se asombra el perro.

2129 Del agua vertida, la que pueda ser recogida.

2130 Del agua y el estiércol, milagros ciento.

2131 De la hierba, lo bueno es quitarla; y lo mejor, no dejarla que nazca.

2132 Del aire se mantienen los camaleones, pero no los hombres.

2133 De la mala mujer te has de guardar; y de la buena, no fiar.

2134 De la mano a la boca suele haber distancia no poca.

2135 De la mar, el mero; de la tierra, el puerco.

2136 De la mentira, comerás; con la verdad, ayunarás.

2137 De la mentira viven muchos; de la verdad, casi ninguno.

2138 Del amigo adulador, líbrenos Nuestro Señor.

2139 Del amor a las cubas no nacen bubas.

2140 Del amor primero, dura siempre el fuego, escondido, pero no muerto.

2141 De la mujer, del tiempo y la mar, poco hay que fiar.

2142 De la mujer, mucho bueno has de esperar y mucho malo has de temer.

2143 De la mujer no te dejes sorber.

2144 De lana cabruna, ropa ninguna.

2145 De la lana de añinos, paño fino.

2146 De la necesidad hácese virtud, y de la enfermedad, salud.

2147 De la noche a la mañana, pierde la oveja su lana.

2148 Delante de otros, ni rece ni jures, ni te vistas, ni te desnudes.

2149 De la palabra del catalán, te puedes fiar.

2150 De la palabra que no das, siendo su amo seguirás; de la que has dado, te has hecho esclavo.

2151 De las ciencias y de las artes, sólo es enemigo el ignorante.

2153 De las disputas, poco fruto y menos fruta.

2154 De las palabras, no el sonido, sino el sentido.

2155 De las que obedecen sin chistar, pocos ejemplos encontrarás.

2156 De las que obedecen y no rezongan, entran pocas en arroba.
2157 De las risas viene el llanto.
2158 De las virtudes del romero, puede escribirse un libro entero.
2159 De la uva palomino hacen en Jerez el vino.
2160 De la uva vijiriega; ten en tu viña algunas cepas; y de botón de gato, más de cuatro.
2161 De la vista ausente, ido pronto de la mente.
2162 Del buen vecino sale el buen amigo.
2163 Del buen vino de Jerez, poquito de cada vez.
2164 Del comilón y el vinoso viene el gotoso.
2165 Del cuerdo al loco va muy poco.
2166 Del cuerdo espero poco, y mucho, del loco.
2167 Del desconsuelo al consuelo, no va un pelo.
2168 Del diablo se aconsejó la morena que de verde vistió.
2169 De lejanas regiones, mentiras a montones.
2170 Del enemigo el consejo; y la experiencia, del viejo.
2171 De leña de hoguera, mala hoguera.
2172 De levadura mala, mal pan se amasa.
2173 De levante a poniente, el dinero es un señor omnipresente.
2174 De levante o de poniente, de la mujer seas pariente.
2175 De Levante, el más bobo es un tunante.
2176 De Levante, ni la gente ni el aire.
2177 Del favor nace el desagradecido, y del que no favoreciste, el enemigo.
2178 Del favor, nace el ingrato.
2179 Del frecuente usar nace el abusar.
2180 Del gallego, más conseguirás a palos que a ruegos.
2181 Del hombre amargado, no esperes agrado.
2182 Del hombre que mucho pregunta, mal se barrunta.
2183 Del hombre que sólo agua bebe, fía poco.
2184 Del hombre sabio, el amor y el vino hacen un asno.
2185 Del loco al airado no va un palmo.
2186 Del mal vestido burlan muchos; pero en comprarle un traje no piensa ninguno.
2187 Del mismo santo, siempre oirás los mismos milagros.
2188 De lo ajeno, ¡cómo zampa el hidalgo don Juan Trampa!
2189 De lo ajeno el pancho lleno; y si hay ocasión, también el zurrón.

2190 De lo ajeno, gasta sin duelo; y de lo tuyo, con mucho tiento.
2191 De lo barato, colma tu plato.
2192 De lo barato, comer hasta atiborrarse; de lo caro, comer, pero sin hartarse.
2193 De lo bonito a lo bueno, hay trecho.
2194 De lo bueno, el mundo debiera estar lleno.
2195 De lo bueno, el saco lleno; y de lo malo, también lleno el saco.
2196 De lo bueno, tragues, y con lo malo, ni te enjuagues.
2197 Del ocio nace el feo negocio.
2198 De lo malo, a maravedí el palmo; de lo bueno, a dos ducados.
2199 De lo que más te salga al paso, no hagas caso.
2200 De lo muy caro, siempre hay sobrado.
2201 De lo pintado a lo vivo, hay cien leguas de camino; y de lo vivo a lo pintado, otro tanto.
2202 De lo propio, se da un puñado; de lo ajeno, lleno el saco.
2203 De lo puesto a mal recaudo como el gato.
2204 De lo que come el grillo, poquillo.
2205 De lo que deseo, hasta que me lo tiente con el *deo*.
2206 De lo que es ajeno y me aprovecha, echa.
2207 De lo que ganes, nunca te ufanes; y lo que pierdes, ni lo recuerdes.
2208 De lo que no veas, ni la mitad te creas.
2209 De lo que no veo, no siento deseo.
2210 De lo que pensé para mí, a nadie cuenta di.
2211 De lo que por sutil se quiebra, no hagas hebra.
2212 «De lo que se come se cría». Y criadillas comía.
2213 De lo que supiste ganar, sábete bien tratar.
2214 De lo que te digan, *ná;* y de lo que veas, la mitad.
2215 De lo que te han dado, da algo al necesitado.
2216 De los albañiles y de la suegra, a cien leguas.
2217 De los baños, menos provechos que daños.
2218 De los bienes de su pupilo, hace el tutor cera y pabilo.
2219 De los celos se engendran los cuernos.
2220 De los desarreglados viven los arreglados.
2221 De los hechos nace el derecho.
2222 De los míos puedo decir, pero no quiero oír.

2223 De los mozos mueren algunos, pero de los viejos no escapa ninguno.
2224 De los ojos nacen los antojos.
2225 De los pobres suelen salir los obispos, y muchos pordioseros vienen de los ricos.
2226 De los santos gusanilleros, San Sebastián, el primero; pero dice San Antón: «Deténte, varón, que primero soy yo».
2227 De lo terrestre, el jamón; de lo del mar, el salmón.
2220 Del partir las tierrecillas nacen las mil rencillas.
2230 Del peral, una pera y nada más.
2231 Del perro atado, teme el bocado.
2232 Del peral, una pera; si puede ser media, mejor que entera.
2233 Del perro que no ladra y del hombre que no habla, de esos, guárdate.
2234 Del piñuelo, mucho en tu majuelo; y del lairén, también.
2235 Del puerco, hasta el rabo es bueno.
2236 Del que no sabe ni la «A», ¿qué se esperará?
2237 Del que se alaba de decirle al rey *compadre*, no se fíe nadie.
2238 Del que se casa, todos cuentan mil faltas; al que se muere, por un santito lo tienen.
2239 Del que tiene dineros, suenan bien hasta los pedos.
2240 Del reír viene el gemir.
2241 De freír vendrá el reír, paellita.
2242 Del sol naciente, todos son adoradores; para el poniente, olvidadores.
2243 Del todo no muere el que deja obras por donde se le recuerde.
2244 De Lucena *(Córdoba)*, el vino y las hembras; porque los hombres, todos son a cual peores.
2245 Del vidueño Pedro Jimenez, planta más si poco tienes.
2246 Del viejo el consejo; de la vieja, la conseja.
2247 Del vino de Jerez, si tomas una copa tomarás diez.
2248 Del yerno de mi suegro, su hija ignora lo más bueno.
2249 Del vino malo, un cuartillo le sienta al hombre como un palo; pero si el vino es bueno, un cuartillo, y de allí, al cielo.
2250 Dello con dello, como en el par de perdices o de conejos.
2251 Dello con dello, y buena gana para comello.

2252 Dello con dello y un traguito para mejor comello.
2253 De madre galana, hija holgazana.
2254 De Madridejos *(Toledo)*, mejor cuando más lejos.
2255 De Málaga vino y pasas, boquerones y patatas.
2256 De mala levadura, mal pan.
2257 De mala sangre, malas morcillas se hacen.
2258 De malas tripas, malas morcillas.
2259 De mal pecho, mal hecho
2260 De mal vino, buena borrachera.
2261 De mano chica, letra grande; de mano grande, letra chica.
2262 De maquilas se hicieron estas pilas, y de maquilones, estos mesones.
2263 De maquilillas se hicieron estas capillas.
2264 De más alto, mayor salto.
2265 Demasiada cortesía, es falsía.
2266 De más mantenimiento es el pan asentado que el tierno.
2267 De médico que trasnocha y cura que va al café, *libera nos, Domine.*
2268 Déme pillos Dios, y tontos no.
2269 De mercader a ladrón, un escalón.
2270 De mercader a ladrón, va un saltito de gorrión.
2271 De mi hija comeré gallo, de mi hijo ni proballo.
2272 De mis puertas, adentro, estoy en mi centro; de mis puertas afuera, como un cualquiera.
2273 De molinero mudarás, pero de robado no escaparás.
2274 De muchas gotitas de cera se hace una gran vela.
2275 De mujercillas de tres al cuarto con poco hay harto.
2276 De mujer libre, Dios me libre.
2277 De mujer que mucho llora, no fies gran cosas; y de la que no llora en su vida, menos todavía.
2278 De nadie digas mal, y no te engañarás; piensa mal de todos, y sobre ti estarás.
2279 De nadie esperes lo que por tí mismo hacer pudieres.
2280 De ninguno has de decir lo que de ti no quisieras oír.
2281 Deme carne de pluma, y no carne peliaguada.
2282 De no haber roto un papel, no me pesó ni una vez; de haberlo roto, más de diez.
2283 Denos de comer Dios del cielo; que lo que es honra, harta tenemos.

2284 Dentro de sí mismo lleva el hombre su peor enemigo.
2285 Dentro está quien llama.
2286 De nueras y yernos, no te preocupes; como tú buscaste, que ellos busquen.
2287 De once veces que hagas bien, te arrepentirás diez.
2288 De ovejas blancas nacen corderos negros.
2289 De padre malo, hijo bueno; pero ya vendrá el nieto que sale al abuelo.
2290 De padres jornaleros, hijos caballeros y nietos mendrugueros.
2291 De padres sanos, hijos honrados.
2292 De parienta con pariente, hijos raquíticos o imbéciles.
2293 De peñoladas o puñaladas, a las veces no va nada.
2294 De persona palabrera, nunca te creas.
2295 De pico mata el arriero al borrico.
2296 De pregonero a verdugo, mirad como subo.
2297 De prometer a dar, hay unas leguas de mal andar.
2298 De Pruna, de ciento, una; de Morón de la Frontera, ni una siquiera.
2299 ¿De qué me serviría ser alcalde si no metiera gente en la cárcel?
2300 De querellas vienen las querellas.
2301 De querer ganar mucho trabajando poco, vienen todos los males.
2302 De queso, un pedazo, y que te dure todo el año.
2303 De queso y pan bendito, poquito.
2304 ¿De qué te ríes, tonto? De ver reír otro tonto.
2305 ¿De qué te sirven tus bienes, si salud no tienes?
2306 De quien a la cara no mira, todo hombre discreto desconfía.
2307 De quien al hablarte no te mira a la cara, no te fíes nada.
2308 De quien habla a tiento, disparates sin cuento.
2309 De quien jura, teme la impostura.
2310 De quien nada le basta, puede bien decirse que, por mucho que tenga, no tiene nada.
2311 De quien se ausentó, hacemos cuenta que se murió.
2312 ¿De quien será el majuelo? Ya se sabrá cuando muera el abuelo.

2313 De quien tiene la nariz remachada, no te fíes nada; y si la tiene respingona, mucho cuidado con esa persona.
2314 De quien yo me fío, guárdame, Dios mío; de quien no me fío, me guardaré yo.
2315 De Quintana y con serón, ladrón.
2316 De recién casaditos, «Arrímate más cielito». Al año de matrimonio: «Házte para allá, demonio».
2317 Derecho, derecho, tórnase tuerto.
2318 De refranes y cantes tiene el pueblo mil millares.
2319 De rezadores mascullados están los infiernos atestados.
2320 De rico a ruín hay un paso de cagachín.
2321 De romerías y fiestas, ramerías manifiestas.
2322 De Rota, la tintilla; de Sanlúcar, la manzanilla; y de Jerez, el que rey de los vinos es.
2323 Derrítese la nieve, y el estiércol debajo aparece.
2324 De ruín madera no harás buena mesa.
2325 De ruín mano, ruín regalo.
2326 De sabio hace gala quien no se admira de nada.
2327 De sabios es el poco afirmar y el mucho dudar.
2328 Desaire chabacano, bofetada sin mano.
2329 De saltamonte a chicharra, poco marra.
2330 De sano que habla como enfermo, no nos fiemos.
2331 De santo a diablo, un paso; de diablo a santo, un trecho largo.
2332 De santo que mea en pared, *libera nos, Domine.*
2333 Desata el fardel, sin romper el cordel; que otro día lo habrás de menester.
2334 Desconfianza, aseguranza.
2335 Descose y no rompas.
2336 Descuelga al ahorcado y por él serás colgado.
2337 Desde chica, la ortiga pica.
2338 Desde chiquinina, punza la espina.
2339 Desde chiquito se ha de criar el árbol derechito.
2340 Desde chiquito toca su violín el mosquito.
2341 Desde la cabeza hasta el rabo, todo es rico en el marrano.
2342 Desde la talanquera huchea al toro cualquiera; en medio del coso es donde lo hace el valeroso.
2343 Desde la Virgen de Consolación a la de la Concepción, tres meses justos son.

2344 Desde lejos te escribo, y desde cerca no te visito.
2345 Desde pequeñino, le amarga el culo al pepino.
2346 Desde primero de junio hasta fin de mayo, antes es la camisa que el sayo.
2347 Desde que dejé de ser doncella, soy doncella.
2348 Desde que la noche extiente el manto, cuanto verdeguea es de mi ganado.
2349 Desde que vino el estilo de soplar, los hambrones son los que queman.
2350 Desde San Antón, mascaritas son.
2351 Desde San Lucas a Nadal, todos estudian por un igual; poco y mal.
2352 Desde torre o azotea, bien se otea.
2353 Desdicha es, haber comida para dos y comer tres.
2354 De Señora a Señora, las mejores pollas.
2355 De setiembre a los días primeros, entre el cuervo en el picadero.
2356 De *servil* a *ser vil* va un clarito sutil.
2357 De Sevilla, ojo que ve, mano que pilla.
2358 Deshacer las cruces de un pajar, es cosa fácil de empezar, pero imposible de acabar.
2359 Desnudar a San Pedro para vestir a San Pablo, no lo ideara el diablo.
2360 Desnuditos nacemos, y después, todo apetecemos.
2361 Desnudo acabe su vida quien burla de las personas mal vestidas.
2362 Desnudos nacimos, y todo nos parece poco para vestirnos.
2363 De solo aire no vive nadie.
2364 Despacio al pensar y pronto al ejecutar.
2365 «Despacio y buena letra», dice a los niños el maestro de la escuela.
2366 ¿Despensero... y no ladrón? ¡Ni uno por excepción!
2367 Después de comer, duerme la siesta; y pasea después de la cena.
2368 Después de comer ni pasear ni estar de pie.
2369 Después de la leche, agua eches, y de camino, también vino.
2370 Después del arroz, pescado y tocino, se bebe buen vino.
2371 Después de lo hecho, todos dan consejo.

2372 Después de perdido el barco, todos son pilotos.
2373 Después de tanta fantasía, una vana y dos vacías.
2374 Después de un cojo, un conocido; o si no, dos cojos seguidos.
2376 Después de verme robado, compré un candado.
2377 Después que tu pan comí, te encontré en la calle y no te bían, aunque guardan el secreto.
2378 Después que tu pan comí, te encontré en la calle y no te conocí.
2379 Destrón de ciego o mozo de fraile, bellaquillo más que nadie.
2380 De su suerte contentos, uno de cientos.
2381 Desvélate por saber y trabaja por tener.
2382 Desventuras y penas, a nadie le importan las ajenas.
2383 De tal árbol, tal gajo.
2384 De tal árbol, tal madera.
2385 De tales devociones, tales costurones.
2386 De tal flor, tal olor.
2387 De tal parra, tal racimo.
2388 De tal palo, tal astilla.
2389 De aquél, él.
2390 De tarde madrugar y tarde casar, arrepentirte has.
2391 De tierra de alacranes, pocos panes.
2392 De tierra floja, cosecha poca.
2393 De toda grande afición, despega tu corazón.
2394 De todo algo, y de nada mucho.
2395 De todo hace ascos la sucia, menos de su basura.
2396 De todos dice menga, y todos della.
2397 De todo tiene la baraja: oros, copas, espadas y bastos.
2398 De Torredojimeno *(Jaén)*, nada bueno.
2399 Detrás del mostrador no conozco al amigo, sino al comprador.
2400 Detrás de las yeguas van sus potros, y detrás de unos tiempos vienen otros.
2401 De tres cosas no te has de fiar: del rey, del tiempo, ni de la mar.
2402 De tres pedos hizo Lucifer a los sastres: «¡Zas!, uno; ¡zas!, dos; y *¡zas!, tres.*
2403 De tú a Dios le hablo, y de excelencia a muchos hijos del diablo.

2404 De tú a Dios trato, y de excelencia a muchos pelagatos.
2405 De tus herederos, se tú el primero.
2406 De tu trigo tremés, de ese me des.
2407 De Ubeza a Baea *(Jaén),* una legua.
2408 Deuda pagada, otra empezada.
2409 Deuda real se cobra tarde y mal.
2410 Deudas tengamos, pero amigos seamos.
2411 Deuda vieja no comerás de ella.
2412 De una en otra mano, un almud de trigo pierde muchos gramos.
2413 De una gota de un tintero, ¡cuánto malo y cuánto bueno!
2414 De una mentira ciento se derivan.
2415 De un árbol, una rama; y mejor desgajada.
2416 De una cortesía otras se originan.
2417 De un amigo me fié, ¡y que mal me fue! El buen amigo se torció y me traicionó.
2418 De un cólico de acelgas nunca murió rey ni reina.
2419 De un cólico de espinacas no se murió ninguno; de un cólico de carne, muchos.
2420 De un cólico de espinacas, no se murió ningún Papa.
2421 De un hombrecillo iracundo se ríe todo el mundo.
2422 De un juez prevaricador nos libre Nuestro Señor.
2423 De un mal nacen siete, cuando no veinte.
2424 De un palo de escoba salieron una vez siete balas.
2425 De un peligro, con otro me libro.
2426 De un toro, entre dos vallados, guárdete Dios o el diablo.
2427 De usar a abusar hay el canto de un real.
2428 De uva Pedro Jiménez, planta más si poca tienes.
2429 De Valdepeñas, buen vino para la mesa.
2430 De verde claro a amarillo, va poquillo.
2431 De vino aguado o agua envinada, no me des nada.
2432 De viña bien estercolada, vendimia doblada.
2433 De viña que no se labra, ni palabra.
2434 De zumo a zumarra, poco se marra.
2435 Día de mucho, víspera de ayuno.
2436 Días se fueron y días vendrán; lo que unos trajeron, los otros se llevarán.
2437 Días y ollas hacen grandes obras.
2438 Días y olas levantan catedrales.
2439 Día y vito, parte en paraíso.

2440 Dice al hombre Dios: «Te libraré del diablo, pero de la suegra no».
2441 Dice al hombre la Vida: «Todo lo que ves te convida; oro, lujo, manjares, vino, hermosura». Y llega y dice la Muerte: «Todo eso es basura».
2442 Dice al viejo el pan duro: «De tu navajita no hay nada seguro».
2443 Dice el buen libro en el estante: «Este hombre que aquí me tiene, ¿cómo a buscarme no viene?».
2444 Dice el cerdo, comiendo: «Más quiero, más quiero».
2445 Dice el ganado a su amo: «Dame bien de comer y rico te haré».
2446 Dice el labrador a su trigo: «Para Julio te espero, buen amigo».
2447 Dice el puerco: «Dame más»; dice el amo: «¡Ya verás!».
2448 Dice el rico enfermo: «¡Ay de mí, que no puedo pasar esta pechuga de perdiz!». Y el niño pobre come un canto de pan duro con mocos, y le sabe a poco.
2449 Dice la oveja en frebrero: «Hiele, hiele, hasta que el rabo se me pele». Y responde el buey: «Lluvia, lluvia, lluvia, hasta que el cuerno se me pudra».
2450 Dicha suma es nacer ya con pluma.
2451 Dichas y quebrantos, nos vienen de lo alto.
2452 Dichos sin hechos, voces sin eco.
2453 Dieta, y no recetas, y tendrás salud completa.
2454 Diez hijos de un vientre, y cada uno es diferente.
2455 Diez libros buenos, diez excelentes amigos.
2456 Dificililla es de hallar una aguja en un pajar.
2457 ¡Digo! ¡De Villalba *(Badajoz)* es el amigo!
2458 Digo, en fin, que más vale buen romance que mal latín.
2459 ¡Digo!: ¿tiene barbas el amigo?
2460 Diíta a diíta y vasito a vasito, se agota el vino del barrilito.
2461 Dijeron, cien y dirán, que la cabritilla no es cordobán.
2462 Dijo a la mujer el Diablo: «¿Te puedo ayudar en algo?».
2463 Dijo la pulga al piojo: «¡A ver si saltando me saltas un ojo!».
2464 Dijo a la rana la liebre: «¡Quita de ahí, so valiente!».
2465 Dijo a las cebazas marzo: «tales como os pillo os alzo».

2466 Dijo la pulga al piojo: «¿Por qué no saltas? ¿Estás cojo?»

2467 Dijo la viña al mal viñadero: «Pues mal me quieres, mal te quiero».

2468 Dijo San Bruno que pague su gasto cada uno.

2469 Dijo San Pablo que el vino lo hizo Dios, y la borrachera, el Diablo.

2470 Dijo un sabio doctor que sin celos no hay amor.

2471 Dilatar la cura y pedir para la untura no es honrada travesura.

2472 Dile que es hermosa y la verás gozosa.

2473 Diligencia hace casa; que no holganza.

2474 Dime lo que decantas y te diré lo que te falta.

2475 Dime de que presumes y te diré de que caceres.

2476 Dime y diréte; dáme y daréte.

2477 Dinero, ¿a dónde vas? Adonde hay más.

2478 Dinero, amor y cuidado, no pueden estar disimulados.

2479 Dinero cambiado, dinero gastado.

2480 Dinero de canto, se va rodando.

2481 Dinero encerrado, no gana un cornado.

2482 Dinero en mano, todo es llano.

2483 Dinero hace dinero

2484 Dinero ninguno y mucha fachada, total, nada.

2485 Dinero que no ha de tener vuelta, ¿quién lo suelta?

2486 Dinero e hijos, mientras más pocos, menos peligros.

2487 Dinero ten y a todo parecerá bien.

2488 Dineros me dé Dios; que con mi poco saber me aviaré yo.

2489 Dineros y pecados, cada cual los tiene callados.

2490 Dios abre puertas por donde nadie pensara que pudiesen ser abiertas.

2491 Dios al humilde eleva y al soberbio derrueca.

2492 Dios al humilde lo sube, y al soberbio lo hunde.

2493 Dios busca amigos.

2494 Dios castiga, pero no da voces.

2495 Dios, como los ruiseñores como corazones.

2496 Dios da a cada hombre un gran predio: el tiempo.

2497 Dios da la curación y el médico se lleva el doblón.

2498 Dios da nueces a quien no tiene dientes.

2499 Dios da y Dios quita, según su sabiduría infinita.

2500 Dios de comer da al que gana para almorzar.

2501 Dios, doncella, te dé gozo con un guapo mozo que acabe de apuntarle el bozo.
2502 Dios el trabajo ama y aborrece la vagancia.
2503 Dios es el amo, y los demás somos sus criados.
2504 Dios es para todos, porque es padre de todos.
2505 Dios hizo el mundo para todos, pero lo hurtaron unos pocos.
2506 Dios inventó la balanza, y el diablo, la romana.
2507 Dios las encías endurece cuando quita los dientes.
2508 Dios le dio una cara, y otra enseña la mujer pintada.
2509 Dios lo da y el diablo lo guisará.
2510 Dios lo hace, y Él sabe por qué lo hace.
2511 Dios lo hará buen, y el diablo lo echará a perder.
2512 Dios me dé en mi casa tomates y berenjenas, y no faisanes y salmones en la ajena.
2513 Dios me dé morena con gracia y no rubia lacia.
2514 Dios me dé yerno que compre las hoces en invierno.
2515 Dios medirá a los malos medidores, y gobernará a los malos gobernadores.
2516 Dios me favorezca con mal género y buena venta.
2517 Dios me lo dio y Dios me lo quitó; bendito sea Dios.
2518 Dios no paga al contado, pero todo lo que debe, queda pagado.
2519 Dios nos conserve a este señor, no nos venga otro peor.
2520 Dios nos dé buena suerte; que esa, es la mejor suerte.
2521 Dios nos libre, hermano, de los que ÉL señaló de su mano.
2522 Dios nos oye, y nos ve; y en nuestras almas lee.
2523 Dios nunca esconde la cara; quien lo busca, lo halla.
2524 Dios, que da el mal, da su remedio cabal.
2525 Dios, que da la llaga, da el bálsamo para sanarla.
2526 Dios, que, como Dios, pudo escoger, quiso hacerse hombre y no mujer.
2527 Dios, que es el *non plus ultra* del saber, se hizo hombre, y no mujer.
2528 Dios queriendo, sin nubes puede estar lloviendo.
2529 Dios quiere las cosas claras.
2530 Dios retarda la justicia, pero no la olvida.
2531 Dios te dé ventura en armas, y en amores a damas.
2532 Dios es libre de estar entre dos aires, dos mujeres, o dos frailes.

2533 Dios te ponga donde haya, que lo demás, tú lo harás,
2534 Dios tiene una caña muy larga que a todas partes alcanza.
2535 Dios tiene un librito verde, y nada se le borra ni se le pierde.
2536 Dios todo lo escucha y penetra las intenciones más ocultas.
2537 Dios *tó* lo ve y *tó* lo *pué*.
2538 Dios y el cucho pueden mucho; pero más el cucho.
2539 Dios y tu dinero son tus amigos verdaderos.
2540 Dios y yo, para otros dos; y para todos, Dios.
2541 Da vino por vino y pan por pan, y todos te entenderán.
2542 División, destrucción.
2543 División y destrucción, hermanas gemalas son.
2544 Doce fueron los que Cristo escogió, y uno lo vendió, otro lo negó, y otro no le creyó.
2545 Doctores indoctos, nunca hubo pocos.
2546 Dolencia larga lleva la muerte en zaga.
2547 Dolencia luenga, muerte zaguera.
2548 Dolencias y pensamientos envejecen al hombre.
2549 Dolor contado, al punto aliviado.
2550 Dolores y desgracias, apara quien los pasa.
2551 Dolor quejado, dolor aliviado.
2552 Domingo, día de pingo.
2553 ¿Doncella? De su señora lo será ella.
2554 Doncella de tres veces diez, dáse al diablo con su doncellez.
2555 Doncella muy recluida, no se casará en la vida; aire necesitan, aire y que las vean los galanes.
2556 Doncella que mucho trata con vecinas, su honra peligra.
2557 ¿Doncellas? Casallas; que eso quieren ellas.
2558 Doncellas es mal ganado, que nunca está bien guardado.
2559 ¿Doncellas? Eso dicen ellas.
2560 Doncellas muy guardadas, aborrecen a quien las guarda, y a quien las quiere llevar aman.
2561 Doncellas y yeguas, requieren feria.
2562 ¿Doncella, y dícelo ella? Por su palabra has de creella.
2563 —Doncellita, ¿a quién querrás? —A quien me quiera llevar.
2564 —Doncellita, ¿a quién quieres? —Al que primero me diga que lindos ojos tienes.
2565 Doncellita que llega a los treinta, tres veces al día el diablo la tienta.

2566 Doncellita que llegó al tres y cero, ya puede ir clausurando su ropero.

2567 ¿Doncellita y das de mamar? A un bobo se lo puedes contar.

2568 Donde bien me va, allí mi patria está.

2569 Donde buenamente quepa, viñador, planta una cepa.

2570 Donde diez mandan, lo que cada uno manda, nueve lo desmandan.

2571 Donde dijiste *cesta*, no digas *ballesta.*

2572 Donde el agua no está cerca, nadie riega su acera.

2573 Donde el diablo no puede meter la mano, mete la punta del rabo.

2574 Donde el diablo puso la mano, señal queda para rato.

2575 Donde el gusto falta, nada valen el oro y la plata.

2576 Donde el gusto falta, sobra todo.

2577 Donde el necio se arruino', el cuerdo prosperó.

2578 Donde el papel escrito habla, no valen palabras.

2579 Donde el rey no está, en vano se le buscará.

2580 Donde está la paz, Dios está; donde no, Lucifer y Satanás.

2581 Donde falta la previsión, faltará la provisión.

2582 Donde faltó natura, allí va la mujer con su pintura.

2583 Donde fuerzas no bastan, baste la maña.

2584 Donde hay barbas, callen faldas.

2585 Donde hay buena fe, todo se hace bien.

2586 Donde hay campanas, hay badajos; cada una tiene uno debajo.

2587 Donde hay campanas, hay badajos y badajadas

2588 Donde hay campanas, no faltarán badajadas.

2589 Donde hay dos canes y un hueso, hay pleito.

2590 Donde hay gallinas, hay huevos y pollos; y donde hay huevos y pollos, no faltará quien se coma los unos y los otros.

2591 Donde hay gallo no canta gallina.

2592 Donde hay leña, serojas quedan.

2593 Donde hay más prudencia, debe haber más clemencia.

2594 Donde hay mujeres, hay pesares y placeres.

2595 Donde hay mujer, hay diablo también.

2596 Donde hay sal, habrá algo que guisar.

2597 Donde hay una mujer moza y un viejo, el diablo no anda lejos.

2598 Donde hay un burro muerto, no faltan cuervos.
2599 Donde hubo fuego, cenizas habrá.
2600 Donde humo sale, fuego hay.
2601 Donde la dicha falta, la diligencia no logra nada.
2602 Donde mores, no enamores.
2603 Donde muchas cosas hay, de todas hay; buenas y malas, grandes y chicas; de todo como en botica.
2604 Donde mujeres andan, no faltarán embustes ni trapazas.
2605 Donde nada hay que comprar, ningún dinero puedes gastar.
2606 Donde no andan manos de mujer, ¿qué cosa delicada puede haber?
2607 Donde no está el rey, en balde le buscaréis.
2608 Donde no está su dueño, está su daño.
2609 Donde no hay boticarios ni médicos, los hombres se mueren de viejos.
2610 Donde no habrá espigas, habrá espinas.
2611 Donde no hay mano de mujer, poco aliño puede haber.
2612 Donde no hay panchón, todos riñen sin razón.
2613 Donde no hay que comer, ¿qué alegría puede haber?
2614 Donde no hay ventura, poco sirve la cordura.
2615 Donde no veas señor, no te hagas mandador.
2616 Donde otro mete el pico, mete tú el hocico.
2617 Dondequiera hay malos y buenos.
2618 Dondequiera que fueres, haz lo que vieres; y si gastan albarda, procura que la tuya sea más larga.
2619 Dondequiera que hay tejas, hay putas mozas y putas viejas.
2619 Donde reina la ilusión, ciega la pasión.
2620 Donde revuelta hubiere, escabúllete si bien librar quieres.
2621 Donde se escribió un papel, hay que estar a lo que se dijo en él.
2622 Donde se perdió la capa hay que buscarla.
2623 Donde se vive a la caraja, cuando uno tira, el otro desgaja.
2624 Donde te dan poco pan, menos queso te darán.
2625 Donde tenga yo mi yantar, allí me oirán cantar.
2626 ¿Dónde tiene mi niño lo feo, que no lo veo?
2627 Donde tres están, dos hacen de yunta y uno de gañán.
2628 Donde tres se juntan, uno hace de judas.
2629 Donde una cabeza grana, otra es vana.

2630 Donde un árbol cae, ¿por qué no lo hay?
2631 «Donde viváis no hagáis daño», dice a sus hijos el gitano.
2632 Donde vivieres, haz lo que vieres.
2633 Don Gil dejó de caudal dos cañaverales y un zurital.
2634 Dormid caracoles, pues el agua os lleva.
2635 Dormir no es vivir, sino apariencia de morir.
2636 Dos amigos con una botella, en un santiamén dan cabo de ella.
2637 Dos asnos juntos, rasca el uno al otro y el otro al uno.
2638 Dos buenos amigos con un jarro de vino, y cata tu pleito fenecido.
2639 Dos buenos amigos mi pleito acabaron, y cagajón para los abogados y el escribano.
2640 ¿Dos caguetas en desafío? No llegará la sangre al río.
2641 Dos cojos nunca se miran con buenos ojos; y dos bizcos, con más motivo.
2642 Dos compadres con una botella, dan la mejor sentencia.
2643 Dos cosas son menester para ir a la plaza: dineros y capacha.
2644 Dos cuartos de luz y dos de traspón, cuatro cuartos son.
2645 Dos cuartos de luz y dos de traspón, quitan cuestión.
2646 Dos cuchillas, la una con la otra se afilan.
2647 «Dos de luz y de luz dos, cuatro son», dice el ventero ladrón.
2648 Dos de un vientre, y no de un temple.
2649 Dos volverse tres, fácil es.
2650 Dos de luz y de luz dos, cuatro son; por dos comprarla, y dos por traerla, con los cuatro de antes, ocho de la vela.
2651 Dos de la luz y de luz dos, cuatro son; y diez de la cena y ocho de la cama, treinta y dos.
2652 Dos en pleito, para ellos es el daño y para otros el provecho.
2653 Dos gallos en un gallinero, el uno es el rey y el otro el siervo.
2654 Dos gallos en un gallinero, el uno trae al otro al retortero.
2655 Dos médicos sanos contra un hombre enfermo, cátalo muerto.
2656 Dos medidas tengo, con la grande compro y con la chica vendo.

2657 Dos negaciones afirman; pero tres no confirman.

2658 Dos orejas y una sola boca tenemos, para que oigamos más que hablemos.

2659 Dos poquitos te pondrán en opulencia: vergüenza poquita y poquita conciencia.

2660 Dos por el conejo pelean, y llega el tercero y se lo lleva.

2661 Dos son los que más pueden; el que tiene mucho y el que nada tiene.

2662 Dos veces ha nacido de mujer el pobre que se casa por interés.

2663 Dos veces olla al día, el caldo amargaría.

2664 Dote de cara, culo y tetas, no me peta; dote de casas, viñas y olivares, ese sí que me satisface.

2665 Dote fiado, virgo conjeturado y suegra de contado, ¡buen lance has echado, ruín casado!

2666 Ducados hacen ducados.

2667 Duélete, carnero, que hay fiesta en el pueblo.

2668 Duelos ajenos, de los míos no son consejo.

2669 Duerme el leal lo que al traidor le place.

2670 Duerme sobre lo que pensaste de ligero, y volverás sobre tu acuerdo.

2671 Duérmese mi aledaño y le gano un surco cada año.

2672 Dura el leal mientras quiere el traidor.

2673 Dura la mala obra hasta que el que la hizo cobra.

2674 Dura madera, buena hacha con ella.

2675 Durará o no durará, pero lo que es hacerlo, hecho está.

2676 Dure la buena vida, dure, hasta que el dinero se apure.

2677 Dure la obra hasta que yo trasponga.

2678 Durmiendo es y me canso, ¿qué no sería trabajando?

2679 Da a los pobres la mitad de lo que te sobre; a ellos los mantienes y tú no te quedas pobre.

2680 Da al tiempo lo que es del tiempo; pero con prudencia y tiento.

2681 ¿Dádivas aceptaste? Prevaricaste.

2682 Dádivas de señores suelen costar sinsabores.

2683 Dado con sazón, es más agradecido un don.

2684 Dad y daros han; que a quien no da, no dan.

2685 Da gracias a Dios cien veces, porque te dio para que dieses.

2686 Dale al diablo lo que es suyo: lujuria, envidia y orgullo.

2687 Dale lo suyo al tiempo, pero sin perder el tiento.
2688 Dale un buen huevo al codicioso y te pedirá la gallina.
2689 Da lo tuyo antes de morir, y disponte a sufrir.
2690 Dame dinero, y llámame gallego.
2691 Dame el cuarto y toma la estampa, que no quiero santo con trampa.
2692 Dame el médico que sana y quédate con el que parla.
2693 Dame que engordes y te daré que ahorres.
2694 Dando, dando, irás bajando; pidiendo, pidiendo, irás subiendo.
2695 Dando y tomando, no cabe engaño.
2696 Dando y tomando, vamos pasando.
2697 Dan pañuelos a quien no tiene narices.
2698 Dánse los negocios según se dan a ellos.
2699 Dar al que más tiene es dar a reír al diablo.
2700 Dar coces por nueces, cada día acontece.
2701 Dar cuenta clara con paga, es de persona honrada.
2702 Dar el premio a quien no lo merece, es ser injusto dos veces.
2703 Dar es riqueza; pedir, pobreza.
2704 Dar es señoría, recibir, pobretería.
2705 Dar para recibir, no es dar, sino pedir.
2706 Dar tiempo al tiempo es tener buen tiento.
2707 Dar una gallina por un huevo, no lo apruebo.
2708 Dar un besillo es muy justo; lo malo es tomarle el gusto.
2709 Dar dos veces contra el cierzo, es de hombre mastuerzo.
2710 Dar y tener es buen saber.
2711 Date prisa pero no corras.

E

2712 ¡Ea! A falta de culantro, alcaravea.

2713 ¡Ea, vaya; que aunque no tengo camisa, quiero saya!

2714 Écija *(Sevilla),* ciudad del sol, que en verano no gasta carbón.

2715 Écija, la gran solina, donde se derriten volando las golondrinas.

2716 Echa bien tus cuentas, para que después no te arrepientas.

2717 Echa en tu olla tus pergaminos, mientras yo echo en la mía mi jamón y mi tocino.

2718 Echa las verdades afuera, no te hagan postema.

2719 Echando barzones, no se vienen a la bolsa los doblones.

2720 Echa nudada, y no perderás la puntada.
Dice la costurera a la aprendiza.

2721 Echa pelillos atrás, y contento vivirás.

2722 Echar confites a un cochino es desatino.

2723 Echa ten con ten; que si echas mucho, te pego; y si echas poco, también.
Dice a la mujer el marido pobre.

2724 El agua todo lo lava, menos la mala fama.

2725 El agua y la candela, a nadie se le niega.

2726 El agujero llama al ratonzuelo.

2727 El aire convierte el vino en vinagre.

2728 El ajo ayuda al campesino en su trabajo.

2729 El ajuar de Juan de Matos: cuchara, escudilla y plato.

2730 El ajuar de Mariquilla: un plato y una escudilla.

2731 El álamo, largo y enjuto, ni da sombra ni da fruto.

2732 El albañil tapa una gotera y abre tres: aquélla con las manos y éstas con los pies.

2733 El albillo es cagalón; achica, pues, tu ración.

2735 El alcalde lee como quiere.
Un alcalde de aldea, en junta del cabildo fue a ller cierta orden recibida y viendo un regidor que tenia el papel invertido, se lo hizo notar; a lo cual respondió, muy poseído de su autoridad: «El alcalde lee como quiere».

2736 El amigo, escogido; el hermano como es venido.
Por eso se quiere más al amigo que al hermano.

2737 El amigo, ni pobre ni rico.

2738 El amigo, probado; y el melón calado.

2739 El amigo que está presente vale por diez ausentes.

2740 El amigo que sólo es mi amigo para que yo le preste, móntese en éste.

2741 El amor, de asnos hace sabios, y de sabios, asnos.

2742 El amor es carne para el mancebo y hueso para el viejo.

2743 El amor es gran desasnador.

2744 El amor es loco, pero a muchos vuelve tontos

2745 El amor es una ratonera: entra el ratón, cuando quiere, pero no saldrá cuando quiera.

2746 El amor es una terraja que iguala por donde pasa.
En Italia: «*Ogni disuguaglianza amor agguaglia*».

2747 El amor hace locos de cuerdos y sabios de necios; conque enamórate, Pedro.

2748 El amor poco, nunca es loco; pero si mucho es, con todo obstáculo da al través

2749 El amor presencia quiere, y sin ella, pronto muere.

2750 El amor primero es el único verdadero.

2751 El amor vive en presencia y muere en ausencia.

2752 El amor y la luna se parecen: menguan cuando no crecen.

2753 El árbol, como el antiguo señor, dice el buen talador, ha de tener horca y pendón.

2754 El arroz, con pollos; y vaya al cuerno el arroz solo.

2755 El arroz con tomate y las patatas cocidas, alargan la vida.
Dicen resignadamente los pobres cuya bolsa no da para más, añadiendo a veces: «¡Y que no falten!».

2756 El asno no sabía, hasta que perdió la cola, que la tenía.
2757 El ataharre nunca va delante.
2758 El ausente dos veces muere en la memoria de la gente; cuando se ausentó y cuando la vida perdió.
2759 El avariento nunca está contento.
2760 El avaro, de su oro no es dueño, sino esclavo.
2761 El avaro, por gastar poco, aunque todo lo tiene, carece de todo.
2762 El avaro sólo una vez despilfarró: cuando se casó; pero después, mató de hambre a su mujer.
2763 El *azadón*, más bien ganado tiene su *don* que tanto y tanto bigardón.
2764 El banquete de la araña: una mosca presa en la telaraña.
2765 El barbecho ya en abril ha de estar hecho.
2766 El barbero es el cronista diario de cada pueblo.
2767 El bebedor fino, a sorbitos bebe, el vino.
2768 El beso abre la puerta, y para lo demás ya queda abierta.
2769 El bien, a cualquier hora viene bien.
2770 El bien, de lejos viene; pero el mal, cerca lo tienes.
2771 El bien entender es la fuente del saber.
2772 El bien escardar se conoce al segar.
2773 El bien hacer abre cien puertas, y el mal agradecer las cierra.
2774 El bien harás, y pronto te arrepentirás; el mal harás, y, tarde o temprano, lo pagarás.
2775 El bien o el mal, al que lo hace le vendrá.
2776 El bien que se tiene es despreciado; y el bien perdido, llorado.
2777 El bien suele negarse a los que no creen en él.
2778 El bien y el mal andan revueltos en un costal.
2779 El bobo de Coria, empreñó a cuatro primas y tres novias.
2780 El bobo todo lo sabe hacer, mientras no es menester.
Mientras no es menester hacerlo.
2781 El borracho, aunque turbio, habla claro.
Tartamudea, pero dice todo lo que piensa y ocultaría a no estar beodo. En Galicia: «O borracho logo solta o que ten n'o papo».
2782 El borracho, de nada tiene empacho.
2783 El borrado fino, después del dulce,vino.
2784 El borracho fino, junto al chorrillo.

2785 Esto es, junto a la espita de la bota o pipote.

2786 El borriquito por delante, para que no se espante.
Dícenlo censurando al que nombrándose con otro u otros se da el primer lugar.

2787 El bromear, ligerito y sin agraviar.

2788 El buen agradecer, la mitad de pago viene a ser.

2789 El buen alimento hace el buen entendimiento.

2790 En Cataluña: «*Bon ventrell fa bon cervell*».

2791 El buen alimento hace joven al viejo.

2792 El buen barbecho, por marzo está hecho.

2793 El buen barceloní, para mí; el malo para el diablo.

2794 El buen bocado consume el buen ducado.

2795 El buen bocado siempre es caro.

2796 El buen boticario ha de tener cuatro *ces:* *c*iencia, *c*onciencia,*c*apital y *cojera.*
Ésta última, para que le impida ausentarse de su botica.

2797 El buen caballo nunca se hace rocín.

2798 El buen calamar en todos los mares sabe nadar.

2799 El buen cirujano, blando de palabras y duro de mano.

2800 El buen cirujano, corta por lo sano.

2801 El buen comer y el buen dormir, juntos no suelen ir.

2802 El buen gitano no hurta en su barrio.

2803 El buen hablar va junto con el buen callar.
«*Loqui ignorabit qui tacere nescit*». Ausonio).

2804 El buen labrador, en el cortijo, y no en el casino.

2805 El buen libro, de las penas es alivio.

2806 El buen manjar que yo como se le indigesta al envidioso.

2807 El buen melón, se conoce por el olor.

2808 El bueno, lo malo calla; el malo, todo lo habla.

2809 El bueno para todos tenga, conversación, y buena razón, y lanza enhiesta.

2810 El bueno y el malo, si no es en esta vida, en la otra tendrán su pago.

2811 El bueno y el malo, todos somos hechos de un mismo palo.

2812 El buen paño, en el arca se vende; y el malo, visto, nadie lo quiere.

2813 El buen paño, en el arca se vende, y lo compra quien lo entiende.

2814 El buen pendolista, pulso firme y buena vista.

2815 El buen perdigón, de la sierra de Morón.
2816 De Morón de la Frontera (Sevilla). Como manjar exquisito mencionó Cervantes en el *Quijote* las *perdices de Morón.*
2817 El buen podijo, del saber es hijo.
2818 El buen regalar, más que dinero requiere ingenio.
Y así dice otro refrán: «Escoge de manera los regalos, que siempre te recuerde con gusto el regalado».
2819 El buen segador no le teme al sol.
2820 El buen sentido no siempre se abre camino.
2821 El buen vino añejo, hace hombre al niño y remoza al viejo.
2822 El buen vino, de sí propio es padrino.
2823 El buen vino, en copa cristalina, servida por mano femenina.
2824 El buen vino, en cristal fino; y el peleón, en el jarro o en el porrón.
2825 El buen vino lo has de notar, porque para todos es de buen beber y de mal dejar.
2826 El buen vino no merece probarlo quien no sabe paladearlo.
2827 El buen vino, para el catador fino; y la mujer bella, para el que sepa entenderse con ella.
2828 El buen sentido se impone hasta en los hombres más torpes.
2829 El buen traje, algo suple por el mal linaje.
2830 El buen vestido aumenta la hermosura, y la fealdad disimula.
2831 El buen vestido gana amigos.
2832 El buen vestido y el buen semblante son poderosos recomendantes.
2833 El buen vino alegra los cinco sentidos: la vista, por el color; el olfato, por el olor; el gusto, por el sabor; el tacto, por lo que agrada coger el vaso y el oído, en el brindar, por el tintín de los vasos al chocar.
2834 El buen vino regala tres sentidos: la vista, por el color; el olfato, con el olor; el gusto, con el sabor.
2835 El buen vino se ha de beber en cristal fino.
2836 El buen vino sugiere buenos pensamientos, y el malo, perversos.
2837 El buen vino y los riñones, son para las ocasiones.
Otra cosa, que no *riñones,* suelen decir los malhablados.

2838 El burro cuando está alegre, rebuzna y pee.
2839 El burro flojo y la mala mujer, apaleados han de ser.
2840 El burro no es tan bestia como piensa el que lo piensa.
Y aún a veces lo es más éste que aquél. «¡Si los burros hablaran, cuántos hombres rebuznaran!», dice otro refrán.
2841 El burro valiente, lleva la carga y no la siente.
Dícenlo los muchachos cuando a uno de ellos le han puesto un *lárgalo*, o sea una tira de papel o un trapillo en la espalda. También suelen decir: «¡Lárgalo, que no es tuyo!», de donde le vino el nombre.
2842 El caballo y la escopeta, a nadie se le prestan.
2843 El calabozo hace el árbol hermoso.
2844 En Italia (Sicilia): «*La cuteddu fa l'arvulu beddu*».
2845 El caldo, con taza; pero sin tasa.
Se ha de tomar, porque «Precaución y caldo a nadie hicieron daño».
2846 El caldo de gallina, para mí, y no para mi vecina; pero si es de perdiz, no para mi vecina, sino para mí.
Facetamente viene a decir lo mismo de dos maneras, aparentando decir cosas diferentes y opuestas.
2847 El caldo de habas hace a las mujeres bravas.
2848 El calor de marzo, temprano es para el campo.
2849 El callar y el hablar no pueden ser a la par.
2850 El campo lo cría; pero sin la añada, ¿que sería?
«*Annus fructificat, non terra*». (Teofrasto.)
2851 El campo, para los lobos: pueblo quiero a cualquier costo.
2852 El cantar alegra el trabajar.
2853 El caracol, donde nace pace.
2854 El caracol y el hombre endeble, donce nacen mueren.
2855 El casamiento debe hacerse a contento.
2856 El casino y el cortijo no pueden ser amigos.
Por eso dicen: «Hombre de casino, perderá el cortijo».
2857 El castigo de uno, advierte a muchos.
Cum unis corrigitur, multi emendatur.
2858 El catalán, bueno para coger y malo para soltar.
2859 El catalán, en todo sabe trabajar.
2860 El catalán habla con claridad.
2861 El cazador anda lejos de hacer casa con azulejos.
2862 El cerdo no sueña con rosas, sino con bellotas.
En Italia: «*Il porco sogna ghiande*».

2863 El cerebro es embustero; el corazón, verdadero.

2864 El ciego que ha tropezado, le hecha la culpa al mal empedrado.

2865 El cielo es una capa que todo lo tapa.

2866 El cochino de San Antón, de toda casa saca ración.

Fue muy corriente que las ermitas o iglesias advocadas a San Antón (San Antonio Abad), criasen a costa del vecindario uno o más cerdos. Igualmente en Francia era popular esta frase: «*Aller de porte en porte, comme un cochon de Saint Antoine*».

2867 El cochino no tiene desperdicio.

Y así lo proclanan otros refranes, éste vervigracia: «Todo es bueno en el cochino; desde el hocico hasta el rabillo».

2868 El colmo no os dé pena, porque el rasero se lo lleva.

2869 El conejo, corriendo; la perdiz, oliendo.

Es decir hiperbólico. Se han de guisar y comer, el conejo, recién cazado, y la perdiz, trasnochada.

2870 El consejo del buen padre capuchino: «Con todo lo que comas, vino».

Este padre capuchino está traído al refrán por la fuerza del consonante.

2871 El consejo del gitano: «Donde vivas no hagas daño».

2872 El consejo del viejo frailuco: «Hay que ser cuco».

2873 El consejo de San Benito: «cómelo asado, si no pùedes comerlo frito».

Claro que San Benito es aqüí un santo solamente traído por la consonancia, como el frailuco del refrán anterior.

2874 El consejo sin el remedio es como la receta sin el medicamento.

2875 El contento en este mundo es fuego de cañas; que es ceniza cuando apenas fue llama.

2876 El contento se hizo para los necios.

2877 El corazoń alegre, de salud es fuente.

«*Vita carnium sanitas cordis*». (*Proverbios,* XIV,30).

2878 El corazón del usurero, tiene callos y pelos.

2879 El corazón es fiel, el entendimiento no lo es.

2880 El corazón fuerte, a la desgracia vence.

2881 El cráneo hueco, y el seso encima del pelo.

2882 El criado antiguo, más que un criado es un amigo.

2883 El cuarto en que duermas, sólo a lim̀pio huela.

2884 El cuchillo del que te parte el pan, te dirá si te quiere bien o te quiere mal.
Según sea o no grande el pedazo que te dé.
2885 El cuento es cuento, y otro lo inventó; que yo no lo invento.
2886 El cuerno al ojo, y la barba en remojo.
2887 El cuervo siempre dice *cras;* que mañana blanco será, y ese día ni llegó, ni llegará.
2888 El comer mal, primo es del ayunar.
2889 El comer no admite espera; el pagar, la que se quiera.
Dícelo en otra forma esta copla popular andaluza:
«Diga usted lo que se debe,
pa ponerlo en el diario;
porque el beber es preciso,
y el pagar no es necesario.»
2890 El cuquillo sólo sabe un estribillo.
2891 El cura de mi lugar es tan pronto para recibir como tardo para dar.
2892 Elche *(Alicante)* es único en el mundo; es primero sin segundo.
Por sus famosas palmeras.
2893 Elches no hay dos; sólo uno quiso hacer Dios.
2894 El chismoso chismorrón, no gusta de la noticia, sino del notición.
2895 El chocolate de la mañana de novios, para siempre queda asentado en el estómago.
2896 El danzante tiene cuatro chiquillos, y todos son danzantillos.
2897 El daño recibido nos hace ser advertido.
Nocumentum, documentum. En Francia: *«Dommage rend sage».*
2898 El dar, engrandece; el pedir, empequeñece.
2899 El dar suele ser una manera de pedir.
2900 El deber, viene muchas veces del beber.
2901 El deber y no pagar es tan antiguo como el mear.
2902 El demasiado saber echa los hombres a perder.
Porque los *vainifica,* como decía con gracia cierto amigo mío. Y así el proverbio latino: *Nil inanius quam multa scire».*

2903 El desdichado va por agua al río, y encuentra el cauce vacío.

1904 El deslenguado, por otras lenguas es castigado.

2905 El desorden desayuna con la abundancia, come con la pobreza y cena con la miseria.

2906 El desquite sabe a merengues

Y así dicen también: «No hay placer tan relagado como verse vengado».

2907 El deudor de mi deudor también es mi deudor.

«Debitor debitoris mei debitor meus est». (Aforismo jurídico).

2908 El diablo abre la puerta, y el vicio la mantiene abierta.

2909 El diablo, al caer del cielo, perdió sus galas, pero no las alas.

2910 El diablo anda suelto, y hasta beato se ha vuelto.

2911 El Diablo Cojuelo es más listo que su padre y sabé más que su abuelo.

2912 El diablo, cuando se acicala, parece un ángel por las alas.

2913 El diablo en cualquier parte hace la cama.

2914 El diablo no duerme; pero se hace el dormido cuando le conviene.

2915 El diablo no es puerco, y gruñe.

2916 El diablo promete secreto y lo descubre luego.

2917 El diablo sólo tienta a quien consigo no tiene cuenta.

2918 El diablo tapa el mal hecho para que te confíes; después tira de la manta y se ríe.

2919 El diablo tiene pelos de guarro.

2920 El diablo tiene una capa que, aparentando tapar, destapa.

2921 El diablo tiene una capa, que lo que por un lado tapa, por el otro lo destapa.

De otra manera: «La capa del diablo nunca tapa por todos lados».

2922 El día de Santa Catalina *(25 de noviembre),* sube el aceite a la oliva.

2923 El diablo tiene una capa, que tapa lo que tapa.

2924 El día, para el trabajo; la noche para el descanso.

2925 El día que cierno, ¡qué mal día llevo!; el día que amaso, ¡qué mal día paso!; y el día en que he de lavar, me echo a temblar.

¡Buena mujer para un pobre!

2926 —El día que no lo pruebo, comadre, ¡qué mal día llevo! —Eso, comadre, no me ha de acontecer; antes no vivir que no beber.

2927 El dinero, aunque sea robado, contado.

2928 El dinero del agonioso, lo tira luego el rumboso.

2929 El dinero del juego, hoy lo gano y mañana lo pierdo.

2930 El dinero del juego, muchos lo tienen, pero ninguno lo retiene.

2931 El dinero del juego, tan pronto es mío como ajeno.

2932 El dinero del tonto se escurre pronto.

2933 El dinero, ¿de qué te puede valer donde no hay qué comer?

2934 El dinero es la palanca del mundo entero.

2935 El dinero es tan mal señor como buen servidor.

2936 El dinero es volandero.

2937 El dinero huele a benjuí y a estoraque, aunque de una letrina se saque.

2938 El dinero llama al ladrón, como el queso al ratón.

2939 El dinero nunca huele a cieno.

2940 El dinero nunca huele mal, aunque se haya sacado de un cenagal.

2941 El dinero, nunca sea tu señor, sino tu siervo.

2942 El dinero, para contarlo se ha hecho.

2943 El dinero se va como el agua.

2944 El dinero va al dinero, y el holgar, al caballero.

2945 El dinero vaya y venga, y con sus frutos nos mantenga. Porque «Dinero encerado, no gana un cornado».

2946 El dinero y la fama, de quien los gana.

2947 El dinero y la fantasía, son de una misma familia.

2948 El dinero y la mujer, en la vejez son de menester

2949 El discreto habla poco, y mucho el loco.

2950 El dolor de costado, el hombre en el brazo del escudo; la mujer, en el del huso.

2951 El dolor de la muela, no es como la picada de la tarantela, y no le quita la vihuela.

1952 El dornillo más bien fregado, huele a los ajos que en él se han machacado.

2953 El dote fiado y la suegra de contado, ¡vaya un marido bienhadado! Irónico.

2954 El ejemplo de los mayores hace buenos o malos a los menores.

2955 El empadronador, con la emperejilada de más de ochenta: —¿Edad?

2956 —Cada uno tiene la que representa. —Los años digo. —¡Qué indiscreción! Cincuenta. —Niño, escribe sin equivocarte: «Años, *sin cuenta*».

2957 El emplasto de Guillén Servén, ni hace mal ni hace bien.

2958 El enano de la venta, que a los niños aspavienta.

2959 El enjalbiegue de la sierra; que un burro lo trae y ciento se lo llevan.

De tierras de Jaén.

2960 El envidiado come la naranja, y el envidioso pasa la dentera.

Como «El envidiado se da el atracón, y el envidioso padece la indigestión».

2961 El envidioso, a todos se hace odioso.

2962 El envidioso es de tal ser, que no se le indigesta lo que come, sino lo que ve comer.

2963 El envidioso es un animal ponzoñoso.

2964 El envidioso es un canceroso.

2965 El envidioso es un mártir; pero del diablo.

2966 El envidioso, mal de su grado, aumenta la talla del envidiado.

Y así lo dije en uno de mis sonetos, que atrás queda transcrito.

2967 El equipaje de don Fernando: que lo llevaba en la boca é iba cantando.

2968 El espantajo, sólo dos días engaña a los pájaros: a los tres, se cagan en él.

2969 El español fino, con todo bebe vino.

2970 El español que juega al billar, sólo da tiza al taco cuando acaba de pifiar.

2971 El español que vino no tenga, cerveza beba; pero ¿cómo, quien buen vino tiene, cerveza bebe?

2972 El espejo no hace bonito lo feo, ni nuevo lo viejo, ni blanco lo negro.

2973 El espejo, que es tu amigo, tornársete ha enemigo: en él te mirarás, y tal te verás, que lo quebrarás.

2974 El espejo y la buena amistad siempre dicen la verdad.

2975 El espigorrín ayuda a llenar el celemín.

No es de despreciar lo exiguo; que «Un grano no hace granero, pero ayuda al compañero».

2976 El estiércol de Castilla es ámbar en Aragón.

2977 El falso testimonio es obra del demonio.

2978 El fin de cuanto se trabaja se cifra en una mortaja.

2979 El fin del malvado, casi siempre es desastrado.

2980 El fin veremos: hasta entonces, no hablemos.

2981 El físico de Montalbán *(Teruel)*, que tomaba el pulso en el calcañar.

2982 El francés es hombre alegre, cuando bebe, y tristón cuando no bebe.

2983 El fuego de casa, calienta y no abrasa.

Dícenlo, por lo común, aludiendo figuradamente al trato con la mujer propia.

2984 El fundador de todo linaje rico, no fue un grande, sino un chico.

2985 El gabacho, cada día borracho.

2986 El galgo y el hidalgo, sólo en el nombre tienen *algo.*

2987 El gallo es el reloj del campo.

2988 El gañán hace la yunta; que no la yunta el gañán.

2999 El gato, animal ingrato.

3000 El gato es ladrón; la ratonera, no.

3001 El gato y el villano, alzan la cola cuando se ven acariciados.

3002 El gorrión viejo, a los gurriatos da consejos.

3003 El gorro y el correaje no hacen al soldado.

3004 El gracioso de Olmedo *(Valladolid)*, que entró a dar lanzadas, y salió cojeando y sin calzas.

3005 El habar en flor tiene grato olor.

3006 El haber menester hace al hombre correr.

3007 En Cataluña: *«El menester, fà fèr».*

3008 El hablar es sembrar; y el oír, segar.

3009 El hacer bien no quiere demora; que la vida es breve y se pasa la hora.

3010 El hambre de mayo y el frío de abril, a la puerta de tu enemigo te harán ir.

3011 El hambre es carrera del infierno.

3012 El hambre y la guerra, para verlos a cien leguas.

3013 El hambriento, por sorber algo, sorbe el viento.

3014 El herrero, mal verano y buen invierno.

Por andar junto a la fragua.

3015 El hidalgo, más bien quiere andar roto que remendado; el plebeyo, prefiere a una buena rotura un mal remiendo.

3016 El hierro caliente se dobla fácilmente.

3017 El higo cacho, para mi papo; el botador, para mi señor.

3018 El hijo de la cabra, ¡qué bien salta!

3019 El hijo de la coguta nace con moño.

Coguta llaman a la cogujada en la Mancha de Ciudad Real y en la provincia de Badajoz. Falta esta voz en el *Diccionario* de la Academia.

3020 El hijo del amo, del amo es amo.

3021 El hijo del doctor Galeno, al que no estaba malo lo ponía bueno.

3022 El hijo que se parece a su padre acredita de honesta a la madre.

3023 El hipócrita cauteloso, es menos malo que el malvado escandaloso.

3024 El holgazán en invierno, del brasero a la cama y de la cama la brasero; y en verano ¿quién trabaja sudando?

3025 El holgazán tiene en vano sus cinco dedos en cada mano.

3026 El hombre agradecido, más ama al bienhechor que su propio hijo.

3027 El hombre astuto, hasta de los males saca buen fruto.

3028 El hombre bien *comío* y bien *bebió,* quiere reposo, y no *ruío.*

En Italia (Sicilia): «*Panza china circa riposu*».

3029 El hombre bravo, primero muerto que esclavo.

3030 El hombre cazolero, cuenta los garbanzos que su mujer ha de echar en el puchero.

3031 El hombre, como el pollino, cuando le tocan a la bolsa, da un respingo.

3032 El hombre de buena ley, tiene palabra de rey; el de mala, si por su palabra ha de perder, en ella se caga.

3033 Esos hombres blanduchos suelen decir cuando en sus tratos reculan: «Como no soy río, atrás me vuelvo».

3034 El hombre demasiado cortés, falso es.

En Italia: *La molta cortesia fa temer che inganno vi sia*».

3035 El hombre de saber nunca dijo su secreto a mujer.

3036 El hombre desengañado, todo lo recibe con desagrado.

3037 El hombre discreto a todo le encuentra buen arreglo.

3038 El pobre discreto huye de tener pleitos.
Multum lucratur qui a lite discedit.

3039 El hombre discreto, para todo tiene tiempo.

3040 El hombre es de tierra un grumo; su vida, un poco de humo.
Homo, humus; vita, fumus.

3041 El hombre es un bicho malo, que menos obedece a la razón que al palo.

3042 El hombre ha de tener tres cosas codiciadas: su mujer, su caballo y su espada.

3043 El hombre honrado, pobre, pero no humillado.

3044 El hombre ladino; estando entre extraños no bebe vino.
Para evitar que se le suelten algunas palabras de que después tenga que arrepentirse.

3045 El hombre mal agradecido, no debiera haber nacido; y pues nació, ¿por qué de niño no se murió?

3045 El hombre mezquino, por ahorrar, parte un comino.

3046 El hombre muere; pero su obra vive y permanece.
Por eso dijo Horacio en una de sus odas: «*Non omnis moriar*».

3047 El hombre necio, habla recio, para que todos sepan que es necio.

3048 El hombre ocioso, siempre es vicioso.

3049 El hombre, para ganar; y la mujer, para gastar.

3050 El hombre prudente mira bien lo que promete.

3051 El hombre prudente tiene el hablar breve.

3052 El hombre que sabe, pronto sobresale.
En Italia: «*Chi sa, e padroni degli altri*».

3053 El hombre, reglado; y el papel para escribir, pautado.

3054 El hombre riguroso, a todos se hace odioso.

3055 El horno chico, se calienta con dos hacecillos.

3056 El horno y el estómago, por la boca se calientan.

3057 El hortelano, ni llega a viejo ni vive sano.
Por la continua humedad de la huerta.

3058 El hueso y la carne, duélense de su sangre.

3059 El huevo, a la hora de haberlo puesto.
Se debe comer.

3060 El huevo de hoy, el pan de ayer y el vino de un año, a todos hace provecho y a ninguno daño.
3061 El llorar y el reír, tabiquillo por medio suelen vivir.
3062 El maestro de Vejer *(Cádiz)*, que quiso enseñar antes de aprender.
3063 El juramento del mentiroso hace su dicho más sospechoso.
3064 El labrador que bien lo entendió, en febrero y marzo barbechó.
3065 El labrador rehace la tierra; si era mala, él la hará buena.
3066 El infierno está lleno de buenos deseos, y de buenas obras el cielo.
3067 El interés dueño del mundo es.
3068 El jerezano fino se lava con vino, lo lleva de camino y lo bebe de contino.
Refiérese a los naturales de Jerez de la Frontera (Cádiz).
3069 El jerezano obsequioso y una *mijita* fantasioso.
3070 El jerezano, rumboso y campechano.
3071 El jornal del obrero suele quedarse en la tienda del tabernero.
3072 El jornal del pobrete, por la puerta entra y se va por el retrete.
3073 El jornal entra por la puerta, y se va por la chimenea.
3074 El jornal, por la puerta entra y por el humero se va.
3075 El joven libidinoso, se hace viejo pronto.
3076 El juego del casinillo se come al labradorcillo.
3077 El juego destruye más que el fuego.
3078 El juego y la muerte en no distinguir de categorías se parecen.
3079 El juez, derecho como la viga del techo.
Debe ser.
3080 El jumento, para la arada es malo; para la carga es bueno.
3081 El libro malo anda en muchas manos.
3082 En las de los necios, cuyo número es infinito.
3083 El libro malo, ensucia las almas; el libro bueno, las pule y acicala.
3084 El libro malo es ganzúa del diablo.
3085 El limosnero sea sólo limosnero; y no trompetero.
«Cum facis eleemosyam noli tuba canere ante te...» (San Mateo, VI, 2.)
3086 El litigio sólo beneficia a los que no litigan.

3087 El lobo come de todas carnes, pero la suya, la lame.

3088 El loco es el amo de la calle.

3089 El lunar, ayuda a agraciar; y la verruga, si es chiquita, también ayuda.

3090 El llanto alivia el quebranto.

En Italia: «*Il piangere è un sollievo*».

3091 El llanto de mi vecino no seca el mío.

3092 Eso es darse buena traza, nadar bien sin calabazas.

3093 Eso es ello; que tengo hambre y querría comello.

3094 Eso fue ello: que él no quería y la moza se le tiró al cuello.

3095 Eso pido, y dos de bola.

Del juego de la argolla. En Correas, por yerro, «*idos* de bola».

3096 ¿Eso quieres y de ésos eres, Juan Pérez?

3097 Esos costurones no serán de haber andado en procesiones.

3098 Espada, membrillo y mujer, si han de ser buenos, de Toledo han de ser.

Ya corría este refrán en los siglos XVI y XVII, y recuérdalo Cervantes en la jornada I de *La Entretenida:*

«Sé cierto que decir puedo,
y mil veces repetillo:
Espada, mujer, membrillo,
a toda ley, de Toledo».

3099 España es un repollo, y Jerez con sus bodegas, el cogollo.

3100 Español que buen vino no tenga, cerveza beba; pero ¿cómo quien lo tiene cerveza bebe?

3101 Español rojo y alemán moreno, ninguno bueno.

3102 Esparragosa de Lares *(Ciudad Real),* larga de putas y corta de panes.

Suelen decir este refrán los de la Puebla de Don Rodrigo (Ciudad Real), devolviendo el remoquete de aquel otro: «Puebla de Don Rodrigo, larga de putas y corta de trigo».

3103 Esperanza no llena panza.

3104 Esperanza y más esperanza; que lo que mucho vale tarde se alcanza.

3105 ¿Esperar carne del lobo? Sólo el bobo.

3106 Esperar y no temer, no puede ser.

3107 Espinacas, cómelas mientras las haya.

3108 Espinacas, comida sana, y, sobre todo, barata.

3109 Estómago con hambre, no quiere razones, sino panes.

3110 Esto va por tandas: unos días irás en andas, y otros, llevando a alguno en andas.

3111 Excusa, excusa, galdrufa; que luego viene el diablo y te lo bufa.

3112 Ese es mi tío que quiere el bien mío; y quien no lo quiere no es mi pariente.

En Francia: «*Celui est bien mon oncle, qui le ventre me comble*».

3113 Ese es tu amigo que te da de su pan y de su vino.

3114 Ese ojal y ese botón, tal para cual son.

Cuando se habla de dos sujetos nada recomendables, el que los oye nombrar suele decir este refrancillo, como los latinistas, recordando irónicamente las églogas de Virgilio, dicen: *arcades ambo*».

3115 Este te comas, y yo, palomas.

Suelen decirlo por donaire al que suelta una ventosidad de las que disparadamente llamaba *a posteriori* cierto médico de aldea.

3116 Es de gran dolor no ser loado siendo digno de loor.

3117 Es gran pena comer de mano ajena.

En Galicia: «*O que come po-l-a man d'outro, come moito e engorda pouco*».

3118 Esgueva, más mierda que agua lleva.

3119 El Esgueva, sucio riachuelo de Valladolid, muy cantado por nuestros poetas satíricos, y especialmente por Góngora y Quevedo. Y aun por Cervantes, en el capítulo VIII de su *Viaje del Parnaso,* en cuya edición crítica (pág. 372) dice larga nota acerca de este río.

3120 Es hombre discreto el que huye de andar en pleitos.

3121 Es hombre vil el que a su mujer da contadas las cerillas para encender la lumbre y el candil.

3122 Es locura pensar en la medicina que todo lo cura.

3123 Esperando lo que no llegó, cana estó.

3124 Esperanza luenga, esperando desespera.

3125 Esperanzas solas, malos avíos para la olla.

3126 Espetar de molletes, buenos pone los mofletes.

3127 Espiga o espigorrín, ha de asomar en abril.

3128 Espinacas, comida sana.

3129 Estar con un loco en lugar estrecho, tiene su riesgo.
3130 El mucho saber hace sabios, pero no dichosos.
3131 El mucho saber no quita el mal hacer.
3132 El mucho saber, trae padecer.
3133 El mucho vino agua las fiestas.
Aguar, en la acepción de *malograr* o *echar a perder* una cosa.
3134 El mudarse de casa no quita arrugas.
3135 «El mulo, de España», dicen en Italia.
3136 El mulo le pare al que tiene fortuna; y al que no, ni la burra.
3137 El mundo es muy mal pagador, pero muy buen cobrador.
3138 El mundo es un mercado: o serás ladrón, o serás robado.
3139 El mundo es un tira y afloja, y para que unos rían, otros lloran.
3140 El mundo manda, y así ello anda.
3141 El mundo promete y no da; y si algo te da, caro te lo cobrará.
3142 El muy dado a jugar, no hará casa con palomar; y si la hiciere, poco le durará.
3143 El nabo y la col, bien haya quien los casó.
3144 El nabo y la col, para en uno son.
3145 El necio, cuando hablan sabios, cósase la boca a dos cabos.
3146 El necio es memorioso, pero no talentoso.
Y así suele llamarse a la memoria *el talento de los tontos.*
3147 El negocio de la panza, ha de llevarse a punta de lanza.
3148 El nieto es el vengador del abuelo.
3149 El niño engorda para vivir, y el viejo, para morir.
Lo mismo en Portugal: «Engorda o menino para viver, e o velho para morrer».
3150 El niño, por su naturaleza, nace inclinado al mal.
3151 El niño que hace burla de un viejo, no llegará a ser viejo.
3152 El noble, por tu ruego; y el villano, por tu dinero.
Te servirán.
3153 El noble, rogado; el villano, comprado.
3154 El noble y el puerco, de abolengo.
3155 El nogal y el villano, a palos hacen el mandado.
3156 El no tener algo desluce al mejor hidalgo.
3157 El número tres, perfecto es.
3158 El ocio hace poltrones.

3159 El ocio no quede impune: quien no trabaje, que ayune.
3160 El oficial de las manos primorosas, debía comer de muchas cosas.
3161 El oficial diestro, con abrir tienda, ya es maestro.
3162 El oficial hace la obra, y el maestro la cobra.
3163 El oficio quita el vicio.
3164 El ojo no pecara si el corazón no se lo mandara.
3165 El ojo, que lo ve todo, no se ve a sí propio.
En Portugal: «Olho que tudo vè, só a sí não se vê».
3166 El olor de la ajena fama, al envidioso atafaga.
3167 El origen de todos los linajes, entre la gente plebeya hay que buscarle.
3168 El orín, del hierro da fin.
En Italia: *Le rugine mangia il ferro*».
3169 El oro bien huele, salga de donde saliere.
3170 El oro, con ser mejor, brilla menos que el latón.
3171 El oro en el pobre, parece cobre.
3172 El oro, ese amo y adoro; que el oropel, me cago en él.
Contra las vanas y engañosas apariencias.
3173 El oro hace la gala; que no blondas y bandas.
3174 El oro hace poderosos, pero no dichosos.
3175 El oro hace soberbios, y la soberbia necios.
3176 El oro hecho moneda, ¡por cuántas sentinas rueda!
3177 El oro huele a gloria, aunque haya estado entre vil escoria.
3178 El oro, ni pierde su color, ni se le pega el mal olor.
3179 El oro no tiene olor, sino color y sabor.
Dice *sabor*, por el de gastarlo y darse vida sabrosa con él.
3180 El padre comió la mala fruta, y al hijo le salen las pupas.
Por la ley biológica de la herencia.
3181 El padre lo ganó a ochavos, y el hijo lo tira a puñados.
3182 El pamplonés, su musica y su putica.
3183 El pan de casa, cansa.
En Cataluña: «*El pa de casa, no satisfà*». Dícense figuradamente estos refranes, aludiendo a la mujer propia.
3184 El pan de la boda acabado, llámalos *cansados*, y no *casados*.
3185 El pan de la boda no dura la vida toda.
3186 El pan de trigo. Dios lo hizo; el de centeno, no sé quién lo habrá hecho.
Eufemístico, por no decir que el diablo, tratándose de pan,

que al fin, por serlo, es *la cara de Dios,* como suele llamarlo el vulgo.

3187 El pan tostado, ni luce al amo ni al criado.

3188 El pan y el palo, cada uno en una mano.
«*Altera manu fert lapidem, panem obstentat altera*». (Plauto).

3189 El papa y el monaguillo se van del mundo por un mismo portillo.

3190 El pariente, como Dios te lo diere; el amigo, como tú lo hayas escogido.

3191 El parrón se acuerda con gusto de cuando era sarmiento, y de cuando era mozo el viejo.

3192 El pelo rojo cría piojos.
En Cataluña: «*Cabell ros, cabell pollós*».

3193 El pensamiento anda siempre de viaje, sin pagar peaje, barcaje ni hospedaje.
En Italia: «*I pensieri non pagano gabelle*».

3194 El pensar, despacio; el obrar, rápido.

3195 El peor jugador es el que, sin jugar a las cartas, juega con dos barajas.

3196 El perfecto holgazán, cómese su capa por no trabajar.
La vende o empeña para comer y queda desabrigado y arrecido todo el invierno.

3197 El perro de Juan de Ateca, antes que le den se queja.

3198 El perro es de su amo, y de la casa el gato.

3199 El pescado, cómelo callado.
Para tener cuenta con las espinas.

3200 El pez siempre nada: muerto, en aceite y vino; vivo, en el agua.

3201 El pito piérdese por su pico.
Llaman vulgarmente *pito,* o *pájaro pito,* al *pico, pico verde* o *pájaro carpintero,* que, abriendo lugar para su nido en el tronco de los árboles viejos, con el ruido de los picotazos delata su presencia.

3202 El plazo más largo llega pronto a su cabo; cuando estés más distraído, cátalo vencido.

3203 El pobre, da de lo poco que tiene; el rico, todo para sí lo quiere.

3204 El pobre de Calatayud *(Zaragoza)* que le faltaba dinero y le sobraba salud.

3205 El pobre es rumboso; el rico, roñoso.
Rumboso, en su acepción de generoso y desprendido, correntísima en Andalucía.
3206 El pobre es señor y criado de sí mismo.
3207 El pobre halla cerradas todas las puertas; el rico, todas abiertas.
3208 El pobre tenga un solo oficio; y ese, bien sabido.
3209 El podar sarmientos es menos de las manos que del entendimiento.
3210 El podijo, corto o largo, sea hecho por sabia mano.
3211 El pollo, antes del año; y el pato, madrigado.
Has de comerlos.
3212 El pollo de enero, para julio es tomatero.
A propósito para comerlo aderezado con tomates.
3213 El preguntador indiscreto, comete cien yerros.
3214 El preguntar no es yerro si el preguntador no es necio.
3215 El prestar gana enemigos y pierde amigos.
3216 El primer trago abre la puerta, y se cuelan los demás porque la hallan abierta.
Dicen los aficionados al mosto.
3217 El primer vasillo no pasa del gallillo; el segundo tampoco llega a lo profundo, y sólo el tercero empieza a ser firme y verdadero.
3218 El primer aguacero es el que moja.
3219 El primer amor en las primeras semanas, sabe a uvitas tempranas.
3220 El primer día: «¡Queridísimo! ¡Qué alegría!». El segundo: «¿Estorbar? ¿Cómo en el mundo?». El tercero: («¡Esto se pone serio!»). El cuarto: («¿Cuándo se irá este pelmazo? Le suprimiremos un plato»). El quinto: («Pues le gusta blanco, dáselo tinto»). El sexto: («¿No tendrá fin esto?»)» El séptimo, día de descanso: «Pero ¿tan pronto? ¡Cómo ha de ser! Buen viaje y escribe en llegando».
Historia abreviada, pero elocuente, de una semana de hospedaje en casa del querido tío, la querida hermana, o el querido yerno.
3221 El primer noble de todo linaje fue un chico que supo hacerse grande; después vinieron sus hijos, que, ya hechos grandes, supieron hacerse chicos.
3222 El primero escarba el diente; el segundo hazte allá, que es

larga la cuaresma; Rebeca, armé mi ballesta; Susana, púseme tras la rama; Lázaro, maté un pájaro; Ramos, echéle un ajo; Pascua, echéle en el ascua; fuíme a misa, y cuando vine, halléle hecho ceniza.

3223 El puerco y el noble, por la casta se conocen.

3224 El que aconseja no paga más que con buenas palabras.
Cuentan que lo dijo un deudor reacio, cuando el confesor le aconsejó que pagara sus deudas.

3225 El que aguardas, siempre parece que tarda.

3226 El que ayer desdeñaba a todos, hoy se come los codos.
De hambre.

3227 El que baja la cabeza, es el que menos tropieza.
Recomienda la humildad y la llaneza en el trato.

3228 El que de buenas uvas hace vino malo, merece una trilla de palos.

3229 El que de mí mal diga, tome una higa; y si aún obligado le quedo, le pago con otra higa y un pedo.
Paga harto desenfadada, pero quizá merecida por el maldiciente.

3230 El que dijo que saber vale más que tener, un borracho debió de ser.

3231 El que es tonto da la cara pronto; conocer al pillo no es tan sencillo.

3232 El querer y no poder es más antiguo que el peer.

3233 El que se casa por la papa, tiene a la vez chupa y casaca.
Casaca por el *casamiento*, cuyo nombre parece tener parentesco con *casaca* y *chupa*, por lo suculento de asegurar la pitanza de por vida.

3234 El queso ciego, a ése me allego.
Ciego, esto es, sin ojos. Dice otro refrán: «Pan con ojos y queso sin ojos, quitan a mis hijos los enojos».

3235 El queso, cieguecito; y el pan, con muchos ojitos.

3236 El queso es gustoso; pero si es mucho, dañoso.

3237 El queso, sin exceso.
Porque «El queso es sano que da avara mano».

3238 El queso sin ojos y el pan con ellos, comellos.

3239 El que tenga pito, que pite; y el que no, que grite.

3240 El que tiene el tambor es el que lo toca.

3241 El que buen vino bebe, a beberlo vuelve.

3242 El que venga detrás me hereda, si algo queda.

3243 El que ves más en laceria, podredumbre y miseria; y el que más está an la cumbre,. miseria y podredumbre.

3244 El que es tu amigo al prestarle, será tu enemigo al cobrarle.

3245 El que hoy te compra con su adulación, mañana te venderá con su traición.

Y así lo auguran otros refranes: «Hoy adulador, mañana traidor»; «Todos los traidores fueron antes aduladores».

3246 El que inventó eso de los gananciales, o fue una mujer, o no estaba en sus cabales.

3247 El que le duele el dedo, se lo mira a cada credo.

3248 El que lleva a vender manzanas a Algodonales *(Cádiz)*, no está en sus cabales.

3249 El que *pa* pobre está *apuntao,* lo mismo da que corra cp,p que esté *sentao.*

3250 El profeta Chirivía, adivinaba lo que sabía.

3251 El prometer no empobrece, y cosa de ricos parece.

3252 El puente se hará, y el dío, Dios lo dará.

3253 El rey está bajo la ley.

Sub lege rex. (Aforismo jurídico).

3254 El rey y el acemilero pasan por un mismo rasero.

Por el de la muerte.

3255 El rico, cuanto más tiene, más quiere.

3256 El rico es codicioso, y el pobre, deseoso.

3257 El rico para todos es tío o primo; al pobre, nadie por pariente lo reconoce.

3257 El rico tiene cien sobrinos y primos.

En Portugal: *«O opulento tem de parentes un cento».*

3258 El rico traje hace al personaje.

Un proverbio leonino:

«Vir bene vestitus pro vestibus esse peritus».

3259 El rico y el cochino no aprovechan vivos; pero cuando muertos están, ¡qué ratos tan buenos dan!

3260 El rico y la sanguijuela nunca se hartan de la sangre ajena.

3261 El río Pisuerga, padre es de las nieblas.

De las que padece Valladolid mucha parte del año.

3262 El río por pasar, «Santo mío, dos velar para tu altar»; pero el río pasado, el santo olvidado.

3263 El roce hace el cariño.

3264 El rosario al cuello, y el diablo dentro del pecho.

3265 El rosario en la mano, y en el pecho el diablo.

En Portugal: «*Contas na mão, e o demo no coraçaão*».

3266 El ruín, mientras más se le ruega, más se niega.

3267 El saber no causa hartura.

En Galicia: «*Fártas'un de comer e de beber, e non se farta de saber*».

3268 El saber no es burro ni vaca, que haya de atarse a estaca.

Dicen, disculpándose de ser tornadizos, los que fácilmente cambian de opinión o propósito.

3269 El sabidor, del necio es señor.

3270 El sabio conoce al necio, porque él ignoró en su tiempo.

Aquí está usado el adjetivo *necio* en su pura acepción etimológica: de*nescire, no saber.*

3271 El sabio mil veces duda; el necio, nunca.

O casi nunca: «En quien nada sabe, pocas dudas caben».

3272 El sabio no es más que sabio; el diestro es maestro.

3273 El sabio sabe que no sabe; el necio cree que todo lo sabe.

3274 El sabio, sonríe; el necio, ríe.

3275 El sabio va a pie, y el necio, en su cabriolé.

3276 El sano al doliente, so regla le mete.

3277 El *sano de Castilla,* ¡ay de ti si te empestilla!

3278 El sastre corte y cosa, y no se meta en otra cosa.

3279 En Francia: «*Cordonnier, borne-toi à la chaussure!*».

3280 El sastre del Acebuchal *(Badajoz),* tomaba las medidas con un ronzal.

3281 El secreto de Anchuelo, que lo supo todo el pueblo.

Correas lo da así: «El secreto de Anchuelo, que lo decía a voces». Y, a la cuenta, Anchuelo, o Anchuelos, no era una persona, sino un pueblo. Véase cómo lo dice Covarrubias en su Tesoro de la lengua castellana (fol. 172b), art.° *secretas:* «El secreto de Anchuelos es proverbio, y vsamos dél quando vna cosa que se ha dicho públicamente nos la comunican encomendándonos mucho el secreto. Dizen que Anchuelos es vn lugar puesto en vn valle con dos cerros a los lados, y del vno al otro se dixeron ciertas cosas vn çagal y una çagala, y encomendáronse el vno al otro el secreto, aviéndolos oído todo el pueblo».

3282 El secreto del serón: que, por lo bien que olía, todos supieron que era un melón.

3283 El secreto de Quirós, sabíanlo él y Dios; pero lo dijo a su mujer, y todo el mundo lo vino a saber.

3284 El secreto más bien guardado, es el de nadie fiado.

3285 El sentido es el alma de la escritura; las palabras sólo son su vestidura.

«*Sensum, non verba, considerare debemus*». (Aforismo jurídico).

3286 El Señor por mis deudas salga, y me lleve siempre adonde más valga.

3287 El ser consiste en el tener: de quien nada tenga, nadie echará cuenta.

Giusti, en su *Gingillono:*

«Un gran proverbio
caro al Potere
dice che l'essere
sta nell'avere».

3288 El sol cura el lienzo, y las penas el tiempo.

Curar, usado en dos acepciones.

3289 El sol del invierno y las nubes del verano, engañan a los sandios.

En Sicilia:

«A quatru cosi creditu non dati:
Amuri di donna e carità di frati,
Suli di'nvernu e nuvuli distati».

3290 El sol, las estrellas y los gallos, son los relojes en el campo.

3291 El sol naciente, ¡cuántos adoradores tiene!; pero el sol que se pone no tiene adoradores, sino olvidadores.

3292 El solo mudar de aires cura muchas enfermedades.

3293 El solo querer, es medio poder.

3294 El sol sale para todos; santos y pillos, sabios y bobos.

3295 El sordo, cuando más acompañado, está más solo.

Sin que mis muchos años me tengan lo que llaman *sordo como una tapia,* experimento en mí esta verdad. Si estoy acompañado de un amigo, éste me habla en voz algo alta y conversamos bien, aun con poco esfuerzo suyo; pero llega otra persona, hablan en su voz corriente, y ya me veo incomunicado con entrambos. Sólo, estoy muy acompañado, y aun muy bien acompañado casi siempre, porque oigo con los ojos a mis amados libros y ellos me hablan de tal manera, que los *oigo*, aun con todo su silencio. Esta ventaja, entre otras, llevan los libros a los amigos más afectuosos.

3296 El sordo de moda, no oye más que lo que le acomoda.

3297 El sueño, es media vida, y la otra media, la comida.

3298 El sueño, tanto como el pan es alimento.

3299 El tahur canta cuando las cartas le cantan; y cuando no, rabia.

3300 El tahur que serlo sabe, se tira hasta con su padre.

3301 El tambor mete tanto *ruío*, porque está vacío.

Una copla popular andaluza:

«El tambor es tu retrato,
que mete mucho *ruío*,
y *aluego,* si lo *arreparas,*
te encuentras que está vacío.»

3302 El temor del hambre de mañana hace mayor la de hoy.

3303 El tendero fullero, roba en la cantidad, en el peso y en el precio.

¡Triple latrocinio en cada venta!

3304 El tener muchos dolores endurece los corazones.

Y por creerlo así, dicen: «Corazón de rico, corazón de risco»; y «Raro será el señorón que no tenga una patata por corazón».

3305 El tener tira siempre a más tener.

3306 El teñirse el hombre cano, no le quita años.

3307 El tiempo cura al doliente; que no el ingüente.

3308 El tiempo cura más que el sol.

Curar en su doble acepción de *hacer sanar y secar o pasar* las frutas. Así también en este otro refrán: «El tiempo, cura más higos que enfermos».

3309 El tiempo en que hace su tiempo, es buen tiempo.

3310 El tiempo enseña más que cien maestros de escuela.

3311 El tiempo es buen ungüento.

3312 El tiempo es gran médico.

3313 El tiempo es tal llevaytrae, que no hay osario que le iguale.

3314 El tiempo es ropavejero: se lleva los días viejos, los aliña y nos los vende por nuevos.

3315 El tiempo es una tierra que Dios nos ha dado: unos la labran, y otros la dejan de eriazo.

3316 El tiempo, lo más oculto lo pone de manifiesto.

3317 El tiempo no es oro, pero vale más que el oro; se recobra el oro que se perdió, y el tiempo perdido, no.

3318 El tiempo pasado, tuvo mucho de bueno y mucho de malo; el presente, de todo tiene; y el que vendrá, de todo tendrá; porque dicha cumplida, sólo en la otra vida.

3319 El tiempo se lo lleva y el tiempo lo trae; ayer putas, y hoy comadres.

3320 El tiempo vuela, que se las pela.

3321 El tiempo es el camino del cierto.

3322 El tío Tiempohabrá, se murió de viejo y nunca hizo *ná*.
Acerca de este proverbial sujeto, personificación del que todo lo aplaza para un mañana que nunca llega.

3323 El tío Tiempoqueda, nunca hizo cosa buena.

3324 El título de hombre de bien, honra tanto como el de duque o marqués.

3325 El tocino ha hecho cristianos a muchos moros y judíos.
Por lo muy sabroso que es.

3326 El tonto que del todo tonto haya de ser, su poquito de latím ha de saber.
En Francia: «*Un sot servant est sot plus qu'un ignorant*».

3327 El tonto que latín no sabía, para ser más tonto lo aprendía.

3328 El toque está en no empezar; porque en diciendo *a b c*, hasta la *z* has de llegar.

3329 El trabajo de mañana, hoy se haga.

3330 El trabajo dignifica y robustece; el ocio molifica y envilece.

3331 El trabajo es sano.
En Italia: «*Lavoro è sanità*».

3332 El trabajo nunca dejes, aunque no ganes lo que mereces; que el trabajar, rico habías de ser y no lo habías de dejar.

3333 El último barranco lo tapa el cuerpo.

3334 El último ratón lleva el gato al agua.
No en el sentido figurado de superar una dificultad arrostrando un riesgo, sino, jugando con esta acepción, en el sentido natural de la frase. Y es claro: harto el gato de comer ratones, comido el último, siente gana de beber.

3335 El uso hace diestro, y la destreza maestro.

3336 El valenciano pregunta por lo que tiene a la vista y a la mano.

3337 El valenciano, te la pegará tarde o temprano.

3338 El vicio ama el bullicio; la virtud, el retiro.

3339 El vicio turba el juicio

3340 El viejo *caucón* está en el munco con licencia del enterrador.

3341 El viento que corra por San Juan *(24 de junio)*, todo el año reinará.

Dicen en Jerez de la Frontera.

3342 El viento sudoeste, del norte es alcahuete.

3343 El villano le da diez vueltas al diablo.

Por su astucia. En Sicilia: *«Lu viddanu sapi cchiù di lu diavulu»*.

3344 El villano que hace la hidalguía, es hidalgo; y el hidalgo que no la hace, es villano.

3345 El villano, mejor presta su mujer que su asno.

3346 El villano rico, con hija de noble pobre casa a su hijo.

Y así cuentan que en cierto pueblo de la Montaña de Santander, habiendo casado una vástiga del noble linaje de los Obregones con el hijo de un tendero rico, éste restauró la antigua casa solariega de sus suegros, e hizo labrar de nuevo el ya carcomido escudo de armas que hermoseaba la fachada; donde la malicia de los ociosos inventó que campeaba esta leyenda: «Estas armas de Ogrebón,
tan bellamente labradas,
patentes indicios son
del aceite y el jabón
y otras cosas mal pesadas».

3347 El vino agrada, y el agua enfada.

3348 El vino añejo alegra y remoza al viejo.

3349 El viño añejo, hace hombres a los niños y mozos a los viejos.

3350 El vino casi es pan.

Por lo que alimenta.

3351 El vino, comerlo, y no beberlo.

Quiere decir que se beba en las comidas, y no solo.

3352 El vino de Jerez, remoza la vejez.

3353 El vino de Jerez, ya no lo deja quien lo probó una vez.

3354 El vino de La Palma, entre los del Condado se lleva la palma.

Refiérese a la comarca llamada el Condado de Niebla.

3355 El vino de La Palma (Huelva), comforta el cuerpo y alegra el alma.

3356 El vino de las bodegas jerezanas, todo mal sana.

3357 El vino de Loja *(Granada)* por donde pasa moja.

3358 El vino de Lucenica es cosa rica.

De Lucena (Córdoba), con el diminutivo en *ico* allí de uso corriente.

3359 El vino de Zuheros *(Córdoba),* allá se va con el de Zapateros *(ídem).*

3360 El vino enardece la virtud.

3361 El vino es la ganzúa de la verdad.

3362 El vino malo es el que hace daño; que el bueno, siempre hizo provecho.

3363 El vino malo es mejor que el agua buena.

3364 El vino manchego de la guerra, cuesta un ojo y no vale una perra.

Refrán reciente, oído en Piedrabuena a los que compraban vino aún más malo que caro. *Perra* llaman a la moneda de bronce de diez céntimos, y *perrilla* a la de cinco.

3365 El vino más bueno, para quien no sabe mearlo es un veneno.

Otro refrán dice: «Quien no sepa mearlo, no debe catarlo». Esto de no saber mearlo se dice de los que se emborrachan a poco que beban, y de los que *tienen mal vino.*

3366 El vino no tiene vergüenza.

3367 El vino, para que sepa a vino, se ha de beber con un amigo; y si se bebe con dos, mejor.

3368 El vino, poco, es triaca, y mucho, es veneno.

3369 El vino, poco, puro y a menudo.

3370 El vino, poco, trae ingenio; mucho, se lleva el seso.

3371 El vino que sabe a la pez, se bebe otra vez.

Porque se repite y se sube a la boca.

Otro refrán dice: «Vino que sabe a la pez, vino rahez».

3372 El vino sacado, hay que gastarlo.

3373 El vino y el tocino, nunca añino.

3374 El vino y la mujer se burlan del saber.

Y aún hacen más: «*Vinum et mulieres apostatare faciunt sapientes*». *(Eclesiástico,* XIX, 2).

3375 El vino y las mujeres a los hombres más sabios embrutecen.

3376 El viñadero, en otoño come uvas, y casi de nada en invierno.

3377 Emborracharse con sidra, borrachera ridícula; emborracharse con buen vino de Jerez, decente borrachera es.

3378 Empeñar es enfermar; pero vender es perecer.

3379 Empeño vano sería pedir lana al asno.
En Italia: «*Dall'asino non cercar lana*».

3380 Empezada la torta, todo el que llega corta.
En Galicia: «*En pan encentado, corta quen quer*».

3381 En Abenójar *(Ciudad Real)*, la que no es puta, es coja.

3382 En abril, flores, olores y predicadores.
Esto último, por los fines de la cuaresma y la semana santa, en que abundan los sermones.

3383 En abril, fresas; en mayo, mayuetas.

3384 En abril, la helada sigue a la granizada.

3385 En abril siembra tu maíz.

3386 En abril, tiéndete de cuadril; y si ves la caña relucir, limpia la era, que trigo espera.
Refiérase a la caña del trigo.

3387 En Abrucena *(Almería)*, el que no lleva pan, no cena; y uno que lo llevó, también sin cenar se quedó.
Porque se lo quitaron.

3388 En acabándose la plata, el amor se desbarata.

3389 En Adra *(Almería)*, el que no muerde, ladra.

3390 En agosto se hinche la uva de mosto.

3391 En ajena zaranda, sólo su dueño manda.

3392 En alcanzando al vasar, «Madre, yo me quiero casar».

3393 En Alcolea de Calatrava *(Ciudad Real)*, hombres ropones y mujeres bravas.

3394 En alcuza de pobre, ni abolladura que le falte, ni gota de aceite que le sobre.
Encontrarás.

3395 En aldeas miserables, cuatro casuchas y ocho bailes.
Denota este refrán que la alegría no la da la riqueza.

3396 En Algodonales *(Cádiz)*, los mejores manzanares
Una copla andaluza;
«A Ronda se va por peros,

a *Argoonales* por manzanas,
a las Indias por dinero
y a la sierra por serranas».

3397 En boca ajena no son amargas las tueras.

3398 En boca con mella, si entra una mosca, allá ella.

3399 En bromas pesadas, las cañas se vuelven lanzas.

3400 En buena añada, no hay tierra mala; ni buena, cuando el año se niega.

3401 ¡En buena parte han puesto la canela, para que no huela!

3402 «¡En buenas manos está el pandero!» Y era manco el p...

3403 En buen tiempo, San Andrés *(30 de noviembre)*, guarda los higos para él.

3404 En Busdongo y en Pajares, si pudieres, no te pares; y si te quedare día, ni tampoco en la Romía.
Son lugares pobres de la provincia de León.

3405 En cabañas de pastorcillos, todos tocan caramillos.

3406 En cabezas ajenas escarmenté, y de tuertos y cojos no me fié.

3407 En cada arco su clave, y en cada puerta su llave.

3408 En cada botella de vino hay un Castelar escondido.

3409 La beodez pasa por varios períodos, uno de ellos el de la locuacidad.

3410 En cada refrán tienes una verdad.

3411 En calma del mar no creas, por sereno que lo veas.

3412 En cama de galgos, como no sean pulgas, ¿quién puede hallar algo?

3413 En camino ruín, tu compañero delante de ti.

3414 En Campillos, pocos tontos y muchos pillos; y en Ardales, otros tales.
Pueblos de la provincia de Málaga.

3415 En caniculares, ni te purgues ni te sangres.

3416 En Carmona *(Sevilla)*, mucha gente y pocas personas.

3417 En casa ajena, el alma en pena; en casa propia, el alma en gloria.
En Italia: «*Casa mía, vita mía*».

3418 En casa ajena, no te entres como trasquilado por iglesia.
Como un perro de aguas u otro cualquiera. Quiere decir que se llame a la puerta antes de entrar.

3419 En casa chica y en largo camino se conoce el buen amigo.

3420 En casa de capellán, no falta nunca el pan.

3421 En casa de esgrimidores, ninguna carne y muchos asadores.

Las espadas negras o de esgrima.

3422 En casa de esgrimidores, todo es caretas y asadores; pero cosa que asar, ni imaginar.

3423 En casa del pobre, el que no trabaja, no come.

3424 En casa de vecindad, no muestres tu habilidad.

Porque te traerán al estricote ocupándote en cien cosillas domésticas.

3425 En casa donde amanezca a medio día, no pares en tu vida.

3426 En Caspe *(Zaragoza)*, capones gordos y grandes.

3427 En Castuera *(Badajoz)*, la que no es puta, es turronera; y si es buena moza, las dos cosas.

3428 En Cazalla, buen aguardiente y lindas muchachas.

Refiérese a Cazalla de la Sierra (Sevilla), tierra famosa antaño por sus vinos. Ahora suelen *quemar* los mostos, haciendo buenos aguardientes.

3429 Encógete, que hiela, y la manta es vieja.

3430 En copa dorada, nos dan la purga disimulada.

3431 En copa dorada se da lo que no agrada.

3432 En corral de casa mezquina, ni canta gallo ni cacarea gallina.

Porque no los hay.

3433 En cosas de su provecho, el más tonto es cuerdo.

3434 En cuanto lo vi blanco y migado, dije: «Leche es»; y acerté.

De los que se tienen por muy perspicaces porque aciertan lo que está a la vista. Hay muchísimos tontos de ese veduño.

3435 En chica aldea, no hay pan duro ni mujer fea.

3436 En chica cabeza, caben grandes ideas.

3437 En dar dinero, sé tú siempre el postrero.

3438 En Daroca *(Zaragoza)*, los corporales, y unos cientos de animales.

3439 En Almagro *(Ciudad Real)*, berenjenas a carros.

Del siglo XVII.

3440 En Almadro, si hay una mujer buena, será milagro.

3441 En amigos de la pitanza no pongas tu confianza.

En Portugal: «*Amigo de mesa, ñão é de firmeza*».

3442 En amores cuando quieras entrarás; pero cuando quieras salir, no podrás.

3443 En arça sin llave ni candado, nada hay guardado.

Porque estará al alcance de quien quisiere llevarse lo que haya.

3444 En Arcones *(Segovia)*, grandes las ollas y chicos los sermones.

Quiere decir que en las fiestas solemnes de este pueblo se cuida más de la gran comilona con que las celebran que del esplendor de la solemnidad religiosa.

3445 En ayudando Dios, lo más malo se vuelve lo mejor.

3446 En Azuaga *(Badajoz)*, lechones; en Berlanga, melones; y en ambos, buenos jamones.

3447 En Badajoz, de una libra hacen dos; y a uno que dijo «Esto, ¿qué es?», de una libra le hicieron tres.

3448 En Baeza, hidalgos hambrones; en Úbeda, plebeyos con doblones.

3449 En Baeza, orgullo y pobreza.

3450 En Baeza, vagancia; en Ubeda, abundancia.

3451 En balde acude al jabón el que es negro de nación.

En Portugal: *«Quem é negro de nação, nem a poder de sabão!»*.

3452 En beber vino de Zuheros *(Córdoba)*, no seas tú el postrero.

3453 En Benalúa *(Granada)*, hay en cada casa una púa.

Ya se entenderá qué se quiere decir con esta *púa: «una buena púa pa un peine»,* como dicen en Sevilla.

3454 En el don, lo que es más de considerar es el dador.

3455 En el grande aprieto se conoce al amigo neto.

En Italia (Toscana): *«Al bisogno si conosce l'amico»*.

3456 En el infierno siempre es verano; pero sin agua fresca a la mano.

3457 En el juego, el que gana, se queda en camisa; y el que pierde, en cueros.

3458 En el juego, en la mesa y en la caza, el hombre mal criado descubre su hilanza.

3459 En el más ruín lugar, la horca al ojo está.

3460 En el mundo no hay peor cosa que una mujer contenciosa.

3461 En el mundo como en el mar no se ahoga quien sabe nadar.

3462 —En el pajar hay un camello. —¡Vamos a vello!
Burla contra los que creen cuanto se les dice, por disparatado que sea.

3463 En el pedernal, dormido el fuego está, y sin los golpes del eslabón no despertará.
Dícese metafóricamente del talento natural, que, por bueno que sea, sin el eslabón del estudio no hará nada notable.

3464 En el peligro, no hay cosa como poner pies en polvorosa.

3465 En el pobre, el oro parece cobre.
En Portugal: *«O oiro no pobre, se torna em cobre»*.

3466 En el preguntar, el talento de los hombres se puede apreciar.
La misma idea en este otro refrán: «Mejor al hombre has de conocer en su preguntar que en su responder».

3467 En el que más sabe, mucho más saber cabe.
Por eso dicen que «El saber no ocupa lugar».

3468 En el Reino Santo, se entra con pena y se sale llorando.
Llaman el Santo Reino al antiguo reino de Jaén.

3469 En el tute, al que no arrastra, lo arrastran.
Refiérese al juego de naipes llamado así.

3470 En el verano, el sol lleva al viento de la mano.

3471 En el verano, ni carro bueno, ni burro malo.

3472 Enemistad entre parientes, dura largamente.

3473 Enemistad entre parientes, pasa a los descendientes.

3474 En enero, ni leche ni corderos.

3475 En enero se hiela la vieja en el lecho.

3476 En enero, vale más la cabeza de un palmito que la de un carnero.
Son muy jugosos los palmitos en este tiempo.

3477 En enjuto o en mojado, en mayo, el mijo sembrado.
En Galicia: *«En mayo, millo sementado, cal enjuito, cal mollado»*.

3478 Enero es el mes primero; si viene frío, es buen caballero.

3479 Enero, helado; y febrero, aguado.

3480 Enero hierbero, año cicatero.
Si herbescit januarius, conde triticum.
En Italia: *«Quando geunaio mette erba, se tu hai grano, tu lo serba»*.

3481 Enero polvoroso, año abundoso.

3482 Enero seco, graneros llenos.

Seco, pero no caliente, por lo que dice el refrán que sigue:

3483 Enero veranero, ni para el pajar ni para el granero.

Concuerda con el refrán que dice: «Enero caliente, el diablo trae en el vientre».

3484 Enero y febrero, meses barbecheros.

3485 En eso está la gracia, María Ignacia; en hacer las cosas con eficacia.

Eficacia, en la acepción de *alacridad;* «alegría y presteza del ánimo para hacer alguna cosa».

3486 En eso estriba el donaire: en dar las vueltas aprisa, para echar el culo al aire.

Bailando la bolera.

3487 En España hay dos Españas: una que trabaja y no come, y otra que come y no trabaja.

3488 En España mandan las faldas.

Curas y mujeres.

3489 En España, ni las cerillas arden, ni los sellos pegan, ni los gobiernos gobiernan.

3500 En España, pasa por tonto el que no apaña.

Apañar, en su acepción peyorativa de *hurtar.*

3501 Enfermedades graves no se curan con paños calientes ni con jarabes.

3502 Enfermedad que no estorba para dormir ni comer, poco médico ha menester.

3503 Enfermera con sueño, ¡ay del enfermo!

3504 Enfermeras, muchas endebles y pocas buenas.

3505 Enfermo que hace por comer, a la vida le tiene fe.

3506 Enfermos indigentes no tienen parientes.

3507 En fiestas locas, gente mucha y personas pocas.

3508 En fin final, amar a Dios y no hacer mal.

3509 En Fresno *(Santander),* buenas muchachas, porque son altas y guapas.

3510 Enfriar la comida soplando, es de hombre mal educado.

En Valencia: «*A la escudella y pitança, bufarli es mala criança*».

3511 Enfriar la cucharada a soplos, es de hombre tosco.

Por eso «A quien a soplos enfría la comida, todos le miran».

3512 En Fuenteovejuna (Córdoba), poca aceituna, por no decir ninguna.

3513 Engañar al engañador, cosa es de muy buen sabor.

3514 Engañar al engañador, no hay cosa mejor.

3515 Engañoso el vino es; primero da fuerza y la quita después.

3516 En Getafe *(Madrid)*, cada pulga como un elefante.

3518 En Gilena, ni una buena; y en Osuna, de ciento, una.
Entiéndese, *mujeres*. Ambos pueblos son de la provincia de Sevilla.

3519 En Granada no hay ninguna forzada: lo que les piden lo dan, porque es su gusto y afán.

3520 En Gumiel de Izán *(Burgos)*, tan malo es el hombre como el pan.

3521 En habiendo tomates y huevos, sin comer no nos quedaremos.

3522 En hacer bien al ruín, bueno es el principio y malo el fin.

3523 En hombres y cántaros vacíos, el aire es el que hace ruido.

3524 En hora mala nació quien mala fama cobró.
En Portugal: «*En má hora nascerá quem má fama cobrará*».

3525 En invierno dormir siesta, holgazanería manifiesta.

3526 En invierno y en verano, más dura lo roto que lo sano.
Refiérese el refrán, no a la ropa, sino a vasos, tazas, etc. Lo mismo en Italia (Toscana): «*Basta più una conca fessa che una sana*». Y ponderando, suelen decir en Andalucía: «Dura más que una taza quebrada».

3527 En Jerez de la Frontera *(Cádiz)*, tienen por boticas las bodegas.

2528 En julio, beber y sudar, y el fresco en balde buscar.

3529 En la albina, planta viña.

3530 En la alcoba flores, en la cabeza dolores.
Por eso dicen: «El cuarto en que duermas, sólo a limpio huela».

3531 En la barba del pordiosero se ensaya el aprendiz de barbero.

3532 En la boca de un gañán, en dos paletas se pierde un pan; y si le dan un jarro de vino, pronto se va por el mismo camino.

3533 En la boda de Robles, ni faltó, ni sobró, ni hubo bastante.
Robles —cuentan— era un hombre razonable y discreto,

de los que no hacen nada sin su peso y medida. Casóse cuando ya estaba muy pasada la primavera de su edad, y como era riquito, para su boda convidó a mucha gente, a la cual dio de comer muy bien, pero sin despilfarro. Todos los invitados elogiaron el buen tino de aquel hombre, diciendo: «¡Con qué pulso lo arregla todo Robles, que en su boda, ni faltó ni sobró!». Y contando a la novia, al día siguiente, este justo comentario de los invitados, ella dijo al oído a una amiga íntima: «Ni faltó, ni sobró..., ni hubo bastante». La amiga no respetó el secretillo, y de ahí nació el enigmático y malicioso refrán.

3534 En la bolsa del pobre, cuando más, hay cobre.

3535 En la cabeza del perezoso tiene su pasto el piojo.

3536 En la *Cañá de Ojea*, la que no es puta, putea.
Refiérese a un lugar de las cercanías de Guadix *(Granada)*.

3537 En la cara mucho engrudo, y en el pelo mucho piojo rabudo.

3538 En la casa bien ordenada, sólo una bolsa haya; y ésa la debe tener el hombre, y no la mujer.

3539 En la casa del buen amo vive y muere el buen criado.

3540 En la casa del holgazán, todo el año es día de San Juan.

3541 En la casa de los Pimenteles, unos pimientos sobre los manteles; y en la de Sancho Sánchez, salmones y faisanes.

3542 En la huerta donde hay ruda, todas las plantas tienen fortuna.
Mera superstición, basada en las virtudes que a la ruda atribuye el vulgo.

3543 En la Macarena no hay cosa que no sea buena.
Al decir de los macarenos. La Macarena es un famoso barrio de Sevilla, de mucho rumbo y *tronío*.

3544 En la mala añada, el huerto, el puerco y la cabra.

3545 En la Mancha, bolsas estrechas y conciencias anchas.

3546 En la Mancha, buenas judías y mejores cristianas.
Elogio de las judías o habichuelas manchegas y de las mujeres de esta región. Otros refranes dicen: «Si quieres judías buenas, ven a la Mancha por ellas», y «Buenas judías y buenas mujeres, en la Mancha las tienes».

3547 En la Medicina, como en todas las cosas, las novedades son peligrosas.

3548 En la mesa y en el juego se conoce al caballero.

3549 En la mesa y el juego, la educación se ve luego.
3550 En la mocedad, todo es flores; en la vejez, dolores.
3551 En la orilla del río, ni hagas casa, ni tengas tu averío.
3552 En la playa, un mes; y en el campo, tres.
Se debe estar cada año.
3553 En las barbas no consiste el saber, sino en el muchísimo estudiar y en el mucho ver.
3554 En las barbas no reside el talento, sino en el cerebro.
3555 En las grandes desgracias, faltan las lágrimas.
Parvæ curæ loquuntur; ingentes stupent.
3556 En las ocasiones se conoce a los hombres.
3557 En la tela más delicada, cae la mancha.
En la tierra, como en los mares, los peces chicos son pasto de los grandes.
En Italia: «*I pesci grossi mangiano i piccini*».
3558 En la tierra de los ciegos se disputaban la corona un bizco y un tuerto.
3559 En la tierra del Pipiripao, donde no se conoce el trabajo, todos mueren de hartazgo.
3560 En lo que no es de mi cuenta, lo mismo me da ocho que ochenta.
3561 En lo que no te toca, no pongas mano ni boca.
3562 En lo que no te toca, paso largo y punto en boca.
Cervantes, en *El laberinto de amor:*
«Necio llamaré del todo,
no curioso, al que se mete
en lo que no le compete
ni toca por algún modo».
3563 En lo que no te va ni te viene, nada que hacer tienes.
3564 En lo que no te va ni te viene, ni salgas ni entres.
3565 En lo que no te va ni te viene, ¿para qué te metes?
Cervantes, en las décimas de Urganda (preliminares del *Quijote*):
«...que en lo que no va ni vie...
pasar de largo es cordu...»
3566 En lo que poco te va, lo mismo te dé así que asá.
«Nunca porfiar mucho, especial en cosas que va poco». (Santa Teresa de Jesús).
3567 En lo que puedes hacer por tí, ¿por qué me llamas a mí?

3568 En lo que se vende por bulla, todos andan a mía sobre tuya.

3569 En lo que yo a remediar no alcanzo, ponga Dios su mano.

3570 En los altares estén los santos, y no en las casas ricas almorzando.

3571 En los meses que no tienen *ere*, ni vino ni mujeres.

3572 En los meses que no tienen *erre*, no te atarees.

3573 En los meses que tienen *erre*, sobre la hierba no te sientes.
Dícelo también un proverbio de forma leonina:
«*Mensibus erratis, in herbis ne deseatis*».

3574 En los ojos se le ve al alma el fondo.

3575 En los ojos se muestra el enojo.

3576 En los pocos años, engaños; en los muchos, desengaños.»

3577 En los pueblos pequeños, todos nos conocemos.

3578 En Lucena *(Córdoba)*, desde que fracasaron los veloneros, no quedan más que rateros.

3579 En llegando al seis y cero, los abriles se vuelven eneros.

3580 En llegando febrero, mire al suelo el viñadero, y no al cielo.
Atienda a las labores de su viña, fuere el tiempo como fuere; porque, llegado marzo, no se contiene el nacimiento de la hierba, «aunque le den con un mazo».

3581 En llegando la Ascensión, ni merluza ni salmón.

3582 En llorar y en reír se le pasa el tiempo a abril.
Llorar, dicho por *llover.* En Italia (Toscana): «*Aprile, quando piange e quando ride*».

3583 En Madrid, entrar y salir.

3584 En mal año, como en buen año, pase la harina por el cedazo.

3585 Esto es: haya harina que cerner, aunque sea con cedazo claro.

3586 En mal hora dijo el portugués: «¡Puedo contra todos tres!».

3587 En mal reino, leyes muchas, y no se cumple ninguna.
«*In pessuma republica, plurimæ leges*». (Aforismo jurídico.)

3588 En manos de un muchacho, pronto el racimo de uvas se vuelve escobajo.

3589 En Marchena, ni una buena; y en Osuna, de ciento, una.
Pueblos importantes de la provincia de Sevilla.

3590 En Marjaliza *(Toledo),* muy buenas guindas.
3591 En marzo, marzadas: aire frío y granizadas.
3592 En más está la prenda, y en menos no se venda.
3593 En materia de color, el que a cada uno le gusta es el mejor.
3594 En materia de dinero, conciencia, la de un ventero.
Es la que comúnmente se tiene.
3595 En materia de hierbas, el toque no está en quitarlas, sino en impedir que nazcan.
Porque si se han dejado crecer, ya han esquilmado la tierra y causado a la sementera el perjuicio consiguiente.
3596 En mayo, corren más los galgos.
3597 En mayo, cualquiera tiene caballo.
Porque abunda la hierba y están pujantes como caballos hasta las caballerías menores.
3598 En medio del día, la sombra del hombre es chica; pero cuando la tarde adelanta, entonces se agiganta.
3599 En mi casa, el culo me descansa.
3600 En mi casa hay nueve puertas; de que están cerradas, están abiertas.
De que, en significación de *cuando.*
3601 En mi harnero y mi zaranda, nadie manda.
3602 En mi intención sólo penetramos dos: Dios y yo.
«De internis nemo judicat». (Aforismo jurídico.)
3603 En mi pueblo y en más de veinte, nadie cumple lo que promete.
3604 En Moguer *(Huelva),* busca el buen vino y la buena mujer; el vino, lo encontrarás; pero la mujer, así o asá.
3605 En ninguna parte está mejor el dinero que en poder de su dueño.
3606 En Noblejas *(Toledo),* putean hasta las viejas.
3607 En octubre, de la lumbre huye.
3608 En odre chico cabe poco vino.
3609 Enojos y pedos, pasan presto.
3610 En Oxea *(Orense),* la cruz tras el muerto llevan.
3611 En palacio, más se oye al chocarrero que al sabio.
3612 En palacios o en establos, donde hay mujeres, hay diablos.
3613 En panza llena no hya pena; y en panza vacía, no hay alegría.

3614 En Paredes de Nava *(Palencia)*, quien no lleva soga, no trae agua.

3615 En pecho grande, grandes cosas caben.

3616 En Porcuna, una puerca es cada una.

3617 En prisas de pascuas, sueño corto y puntadas largas.
Punto pascual suelen llamar a estas puntadas de la prisa.

3618 En pudiendo, sea la medicina a gusto del enfermo.

3619 ¿En qué quedamos? ¿En el real, o en los ocho cuartos?
El real tenía ocho cuartos y medio.

3620 En querer y aborrecer es extremada la mujer.

3621 En quien nada sabe, pocas dudas caben.

3622 En repentino menester, el consejo de la mujer.

3623 En Rivilla de Barajas *(Avila)*, riñen las mujeres por unas pajas.

3624 En ropa de munición, si malo es el ojal, es peor el botón.

3625 En Rota la gaditana, calabazas y tomates a carretadas.

3626 En ruines lugares, cualquiera es alcalde.
Y aún en las ciudades populosas.

3627 En ruín lugar, la mano no debes asentar.

3628 Otro refrán dice: «La pierna, en el lecho; y la mano sobre el pecho».

3629 En Santa Olalla *(Salamanca)*, la que lo es, lo calla; y en todas partes, siguen las mismas artes.

3630 Enseñar es volver a aprender.
En Francia: *«Enseigner c'est apprendre deux fois»*.

3631 ¿Enseñas sin saber? Como no sea el culo, no sé qué.

3632 En Sevilla y en Cantillana, todo el que madruga se levanta de mañana.

3633 En su casa, un perro es un león; en la ajena, un ratón.
En Italia: *«Ogni cane è lione a casa sua»*.

3634 En son de primo, a ti me arrimo.

3635 En suelo fregado con jabón, ¿quién no dará un resbalón?

3636 En Piedrabuena *(Ciudad Real)*, pocas casadas vacías y muchas llenas; y las vacías irán estando llenas a los pocos días.

3637 En pleito ruín, palabras sin fin.

3638 En Porcuna *(Jaén)*, buenas sólo una y esa se murió el día que la nanita nació.

3639 En Talabán *(Cáceres)*, muchas zorras y poco pan.

3640 Entender no es saber, ni saber es entender.
Sabios he conocido, eruditísimos, pero escasos de entendimiento.

3641 En Teruel, tiendecicas y burdel.

3642 En tiempo de guerra, mil mentiras por mar y tierra.
En Portugal: «*Tiempos de guerra, mentiras vêm por mar e terra*».

3643 En tiempo de guerrilla, quien pilla pilla.

3644 En tiempo de lluvias y lloviznas no entres en la viña.
Porque toda labor sería más perjudicial que útil.

3645 En tiempo guerrero poco valen pluma y tintero.

3646 En tiempo mojado, descansa el arado.

3647 En Tierra de Bastos, burros y guarros.
La Tierra que llaman de Barros es una campiña muy feraz situada en el centro de la provincia de Badajoz y compuesta de los llanos de Villafranca, Almendralejo y Don Benito.

3648 En tierra de señorío, ni lo más mío es mío.

3649 Entierra el grano el labrador y lo encomienda a Nuestro Señor.

3650 Entierro sin curas, como si se hiciera a oscuras.
En Galicia: «*Enterro sin choros e romaría sin gaita, non ten gracia*».

3651 En tocando a aleluya las campanas a comer llaman.
El sábado santo. En Galicia: «*Despois de tocar a aleluya, o que teña fame, que a sacuda*».

3652 En tocando a gloria, a comer carne tocan.

3653 En toda oficina sólo hay uno que todo lo sabe; y es un escribiente de seis mil reales.

3654 En todas partes usan los hombres malas artes.

3655 En toda tierra donde hay campanas, abundan las badajas.

3656 En todo, buen modo, y orden en todo.

3657 En todo cabe mejoría y peoría.

3658 Entre la noche y el día no hay linde.

3659 Entre la piedra y el cántaro, éste es siempre el mal parado.

3660 Entre la tierra y el cielo, nada queda secreto.
En Italia (Sicilia): «*Lu celu cu la terra l'ha juratu: nun si fa cosa chi nun s'ha saputo*».

3661 Entre los amores verdaderos, el más fino es el primero.

3662 Entre los mejores vestidos tiene el demonio sus escogidos.

3663 Entre mala gente, la capa no sueltes.

En Cataluña: *«Entre lladres, la capa al coll».*

3664 Entre mozuelas y mocuelos, el diablo anda suelto.

En Valencia: *«Entre chiques y chics, el dimoni de per mig».*

3665 Entre muertos y heridos, una petaca llena.

3666 Entre espiga y espiga, la hambre, que Dios maldiga.

Equivalente a «Entre gavilla y gavilla, hambre amarguilla», significando que entre una cosecha y la siguiente, hay muchos meses, en los cuales se consume y viene corto lo que se cosechó.

3667 Entre espiga y espiguilla, hambre amarguilla.

En la que llaman vulgarmente *cuesta de mayo.*

3668 Entre gitanos no se dice la buenaventura.

3669 Entre iguales, a quien nada te regale, nada le regales.

3670 Entre la bonita y sosa y la fea con garabato, con la fea quiero trato.

Dice una copla popular:

«Me dijiste que era fea;
me pusiste una corona;
más vale fea y con gracia
que no bonita y bobona».

3671 Entre la fruta verde y la madura, enferma la criatura.

3672 Entre la mano y la boca pueden suceder muchas cosas.

3673 En todos los pueblos de España hay más badajos que campanas.

3674 En todos tiempos y en todas partes hay domingos que son martes.

3675 En todo trato, más vale encomendarse a Santo Tomás que a San Donato.

3677 Entre prima y primo, Jabalcuz por medio.

Dicen en Jaén. Jabalcuz es un monte que hay cerca de la ciudad.

3678 Entre prisa y prisa, dame un beso, María Luisa.

3679 Entre pueblo y populacho hay la misma diferencia que entre jamón y gazpacho.

3680 Entre puntada y puntada, una miradita a cuantos pasan.

3681 Entre reventar o peer, ¿qué duda puede haber?

3682 Entre risa y broma, se dicen verdades de a arroba.
En Portugal: «*A rir se dizem verdades*». Y así lo había escrito Horacio en la primera de sus *Sátiras:*
«*Ridentem dicere veram,*
¿Quid vetat?».
3683 Entre salud y dinero, salud quiero.
3684 Entre Santa Ana y la Magdalena, no tengas parva en la era.
3685 Entre el 22 y el 26 de julio, acaba tu recolección antes de este último día.
3686 Entre ser bellaco o ser bobo, no quiero esto, sino lo otro.
3687 Entre ser pegajoso y ser despegado, prefiere este dictado.
3688 Entre suegra y nuera, no hay una hora buena.
3689 Entre tus herederos, sé tú mismo el primero.
Esto es, no carezcas de nada que te sea útil o gustoso, por aumentar la hacienda que ha de quedar a tu muerte.
3690 Entre una vieja y un serijo, se perdió un pedo.
3691 Entre un hombre amujerado y una mujer ahombrada, menos ésta me desagrada.
3692 Entre un hombre y un plato desaparece una perdiz como por ensalmo.
3693 Entre un pastor y una porra, se quedó vacía una bota.
3694 Entre un pillo y un necio, el pillo prefiero.
3695 Entreverando verdades con mentiras, se pasa esta triste vida.
3696 En Torrico y Valdeverdeja *(Toledo)*, feas y pellejas.
3697 Entre amantes, flores son diamantes.
3698 Entre amar y aborrecer, poco trecho suele haber.
3699 Entre amigos desiguales no hay franca correspondencia, sino mando y dependencia.
3700 Entre amigos francos, el corazón en la mano.
3701 Entre amigos leales, comprar y vender por lo que las cosas valen.
3702 Entre amigos no haya cuentas: el que lo tiene lo ponga, y el que lo ponga lo pierda.
Dicen los muy liberales de lo ajeno.
3703 Entre cien homres o más, ni cinco personas encontrarás.
3704 Entre ciento que te saludan, ¿habría uno que te prestase ayuda?

3705 Entre contar y cantar, lo primero has de procurar.
3706 Entre cuentas y cuentos, a las cuentas me atengo.
3707 Entre desiguales, no hay verdaderas amistades.
3708 Entre dinero y honor, el dinero es lo mejor.
De otra manera: «Entre el honor y el dinero, lo segundo es lo primero».
3709 Entre dos uñas tiene su muerte la pulga.
3710 Entre el ladrón de levita y el de marsellés, menos dañino éste es.
3711 Entre el propósito y la ejecución, haya mucha reflexión.
3712 Entre yo y mis herederos, yo primero.
3713 En tu bodega, vinagre no metas: el vinagre, tenlo aparte.
3714 En una mentira te cogí. y nunca más te creí.
3715 En una misma mano están los cinco dedos; pero no son todos parejos.
3716 En un dos por tres se vuelve el mundo al revés.
3717 En un ten on ten, todo está bien.
3718 En Valencia, el aire es fuego, la tierra es agua, los hombres mujeres y las mujeres nada.
3719 En Valencia, halla de todo quien dinero lleva; pero quien no lo tiene, hambre espere.
3720 En Valencia, médicos; en Salamanca, eruditos; teólogos, en Alcalá, y en Valladolid, jurisperitos.
3721 Envanecerse es lo mismo que desvanecerse.
Envanecido, entontecido.
3722 En vano le añade mechas al candil quien aceite es lo que había de añadir.
3723 En varios juegos de cartas, o te plantas, o te pasas; así debe ser la riqueza: que quien se pase, la pierda.
3724 En vez de batallas, botellas y bellas; y en vez de pegar con ellos, pegar con ellas.
Con botellas y mujeres, en lugar de con enemigos.
3725 En viendo al loco, dejarlo solo.
Y por eso dicen que «El loco es el amo de la calle».
3726 En viéndose el chozo, se ve al melonero.
3727 En Villanueva del Aceral *(Avila)*, cada terrón vale un real.
3728 En Villanueva de la Fuente *(Ciudad Real),* buena tierra y mala gente.
3729 En visita, todos somos unos santitos y unas santitas.

3730 Eras mi amigo cuando comías conmigo; pero cuando conmigo no comiste, en la calle no me conociste.

3731 Esa es la desgracia mayor: no tener de cara a Dios.

3732 Esa es la gracia del buen escribano: escribir bien con mala pluma y en papel malo.

Pero dice otro refrán: «Con mala pluma no hay buen escribano».

3733 Esa es mi España y mi Francia, donde tengo mi ganancia.

En otra forma: «Donde bien me va, allí mi patria está».

3734 Es bestia quien va al infierno por dejar rico a su yerno.

3735 Es blanco el papel, para que con tinta negra escribas en él.

3736 Es buena para comer, y también para beber; es buena de digerir, hace dormir, aguza el diente, enjuga el vientre y pone la cara colorada; éstas son las virtudes de las tostadas.

3737 Es buen dinero el que al año se le dan dos vuelcos; y si se le dan tres, mejor es.

Refiérese al dinero con que se negocia dos o tres veces cada año, dejando a su dueño buena ganancia cada una.

3738 Escaramujos come la zorra; le pica el culo, pero anda gorda.

3739 Escarbó el gallo, y descubrió el cuchillo para su daño.

3740 Escarde quien escardó; que abril llegó.

Por lo cual dice al labrador su sembrado: «En abril, no me toques a la raíz».

3741 Escoge de manera los regalos, que siempre te recuerde con gusto el regalado.

3742 Escoge mujer limpia y cenceña; que sucia y gorda se volverá ella.

3743 Escribano que mucho raspa, o mal escribe, o hace trampas.

3744 Escribano sin escribanía y boticario sin botica, nada significan.

3745 ¿Es de Ariza? *(Zaragoza)*. Pues ¡atiza!

3746 Es don y gracia hacer la amasadora que cunda la masa.

3747 Estudiante pascuero, acaba en cura misiollero.

3748 En cura de misa y olla, sin teología ni cánones y con cuatro palitroques de mal latín. Ni *pascuero* ni *misiollero* están registrados en el *Diccionario*.

3749 Estudiante que a estudiar Medicina vienes, los principales medicamentos, en la letanía los tienes: la quina, *auxilium christianorum;* el opio, *consolatrix afflictorum*, y el mercurio, *refugium peccatorum.*

Así lo explicaba todos los años don Benito Hernando, sabio catedrático de Terapéutica en la Universidad Central, y así me lo ha dicho mi médico y querido amigo el doctor Castillo de Lucas.

3750 Estudiante que no estudia, en nada bueno se ocupa.

3751 Estudiante que talento no tiene, súplalo quemando aceite.

3752 Estudiante salamanquino, tunante fino.

3753 Estudiante sin blanca, de criado de un estudiante rico va a Salamanca.

3754 Estudiantes salamanquinos, no todos salen finos.

3755 Estudiante tontiloco, por mucho que estudie, sabrá poco.

3756 Estudiante torreznero, poco librero.

3757 Estudiante y diablo, una misma cosa con dos vocablos.

3758 Estudiantón que pasas de treinta ¿cómo echaste tu cuenta?

3759 Exagerar y mentir, por un mismo camino suelen ir.

3760 Esquilmo poco, para el guarda viene corto.

3761 Es señor quien sabe serlo; y quine no, no es señor.

3762 «Ésta es la derecha». y dábale con la zurda.

3763 Ésta es la derecha; y la torcida, la del candil.

3764 Esta fiesta la hace un devoto, con el dinero de otros.

3765 Está naciendo la ortiga, y ya pica.

3766 Estando el diablo ocioso, se metió a chismoso.

3767 Estando en ayunas Viano, le hacían creer que ya había almorzado.

Viano fue un tonto muy popular en cierto pueblo de Andalucía.

3768 Estando metidos en sus cueros, no hacen daño el vino ni los aceros.

Tirso de Molina, *Del enemigo el primer consejo,* acto III:
«...porque el vino y los aceros,
mientras están en los cueros
en su vida hicieron mal.»

3769 Ésta no quita otra.

Como si dijera: «Ya que ahora no, otra vez será». También suelen decirlo denotando que cualquier otro día, o cuando menos se piense, se repetirá lo acaecido.

3770 Estar una hora alegre compensa tres malos meses.»

3771 Estáse el viejo muriendo, y cada día está aprendiendo.

3772 Esta semana, sólo haré lo que tenga gana; y en la que vendrá, Dios sabe lo que será.

3773 Esté cada pie en su zapato, y ni el zapato estará vacío, ni el pie descalzo.

3774 Este mundo mundillo es una olla de grillos.

3775 Estepa *(Sevilla),* Estepiña, nido de aves de rapiña.

3776 Este puente espera al río, como al Mesías los judíos.

Dicen del Manzanares los madrileños y del gran puente que espera el caudal de agua que ha de pasar por él. Así, hablando en voz del río, dijo el poeta:

«Quítenme aquesta puente, que me mata».

3777 «Este quiero, éste no quiero», va diciendo el cuchillo del melonero.

3778 Estiércol, agua y sol, padres del trigo son.

Y su madre, la tierra.

3779 Estírate, galgo; que de caza vamos.

3780 Estírate, galgo, y serás más largo.

Suelen decirlo, en son de festiva censura, al que delante de otras personas se despereza.

3781 Esto el mundo me enseñó: a lo tuyo, tú; y a lo mío, yo.

«¡Esto es huir con disimulo!» Y se iba dando con los talones en el culo.

3782 Estornudos y frailes, salen a pares.

Rara vez se da un estornudo solo.

3783 Esto, señor, os doy, y baste para hoy; si algo más queréis, por vuestro dinerito lo tendréis.

3784 Estrecha conciencia y ciencia corta: basta que sepas lo que te importa.

Estrujado el limón, cáscara y tripas al rincón.

Esto hacen los explotadores, que los hay de mil clases diferentes, con los explotados.

3785 Estudiante, diableante.

3786 Estudiante empollón, de puro relumbrón.

3787 Ese botón, ¿es de casaca, o de casacón?

3788 Dícenlo, en señal de incredulidad, cuando se oye contar una trola.

3789 Ese es amigo verdadero, el que te brinda con su dinero.

3790 Ese es el que llevó calabazas a Rota y vino a Jerez *(Cádiz).* Para calificar a uno de necio, aludiendo a la abundancia de esos productos en tales lugares.

3791 Ese es mi padre y mi padrino que lo suyo hace mío.

3792 ¡Ea, ea! Otro palito a la burra, y llegaremos a la aldea.

3793 ¡Ea, ea! Que el que bien lo bebe, bien lo mea.

3794 ¡Ea, ea! Que el que no se embarca no se marea.

3795 ¡Ea, ea! Que la que buen culo tiene, bien lo menea.

3796 Echa cuentas, y te saldrán rosarios.
Juega de la voz *cuentas* en dos de sus acepciones.

3797 Echar el mango tras el destral, es añadir mal a mal.

3798 El buen caballo, de ladridos, no hace caso.
En Italia: «*Il cavallo generoso non si cura dell'abajad de' cani*».

3799 El buen casado es como el gallo: que llama y no pica el *grano.*
El buen criado no echa en la calle las faltas de sus amos.
Es de elemental discreción: «Pues la camisa lo calla, cállelo la saya».

3801 El buen criado tiene orejas de asno.
Escucha con paciencia las injurias que su amo le dice.

3802 El buen enero, frío y seco.

3803 El buen gallo siempre está flaco.
De tanto atender al serrallo de sus gallinas. En Francia: «*Un bon coq n'est jamais gras*».

3804 El buen harriero, harria de ocho bestias y un arrempujero.
Llaman *arrempujero* en Andalucía al mozo, generalmente chavalillo, que lleva el harriero para igualar las cargas cuando se desnivelan y para ayudar a salir a los burros que se atollan.

3805 El buen limosnero no es pregonero.

3806 El bueno procura siempre ser mejor; y el malo, ser peor.

3807 El bueno y el malo siempre van a más; uno para mejorar y el otro para empeorar.

3808 El buen recaudo es la principal ganancia.

3809 El buen seso huye de todo exceso.

3810 El buen sufrir es castillo fuerte.

3811 El buen vinagre, del buen vino sale.

3812 El amigo, lo escojo yo; el pariente, no.

Por eso: «*Más vale un buen amigo que diez cuñados o primos*».
3813 El amigo verdadero, ni contra tu honra ni contra tu dinero.
3814 El amo bueno no debe fiarse del ojo ajeno.
3815 El amo hace al criado; si bueno, bueno; si malo, malo.
3816 El amor y el dinero traen el mundo al retortero.
3817 El ansioso con nada se contenta: llena la panza, llena la cesta, y llora por lo que queda.
3818 El árbol más altanero, débil tallo fue primero.
3819 El arroz, en su punto y razón.
3820 El asnillo de Seseña *(Toledo)*, que cuanto más lo alababan, más ruín era.
3821 El asno de Heredia, que valía menos en cada feria.
3822 El asno, el diablo tiene so el rabo.
3823 El asno, sólo en la muerte halla el descanso.
3824 El ausente, más es muerto que viviente.
3825 El ausente y el que murió, allá se van los dos.
3826 El avariento, esclavo es de su dinero.
3827 El avariento, no es más pobre con uno que con ciento.
Porque, como no es capaz de emplear su dinero en cosa alguna, el no tiene el dinero, sino al contrario: el dinero lo tiene a él.
3828 El avariento, no tiene amigos ni deudos.
Porque no los conoce por tales, en tratándose de favorecerlos.
3829 El avariento tanto está falto de lo que tiene como de lo que no tiene.
3830 El bien al bien se allega, y el mal al mal se pega.
3831 El bien cuando es esperado sabe mejor que gozado.
3832 El bien hacer, buena siembra es.
3833 El bien hacer nunca se suele perder.
3834 El cura del aldehuela más sabe de pepinos que de letras.
3835 El dar quebranta el acero.
3836 El dar, ¿qué no ha de lograr?
3837 El demonio tiene cara de conejo.
3838 El desdichado, eslo en cuanto pone mano.
3839 El desdichado paga por todos.
3840 El desdichado, para más mal está guardado.
3841 El diablo no es tan malo como nos lo imaginamos.

3842 El diablo nos ha traído este pariente: ¡adiós, mula y carga de aceite!
Es remate de un cuentecillo y quedó en refrán.
3843 El diablo sólo tienta a aquel con quien ya cuenta.
3844 El diablo sólo tienta a quien con la cruz no lo ahuyenta.
3845 El diablo tiende a la moza, y el mozo la retoza.
3846 El día de la Ascensión, cuajan la almendra y el piñón, y el día de San Juan *(24 de junio)*, acaban de cuajar.
3847 El dinero se hizo para contarlo, y las llaves, para guardarlo.
3848 El dinero y los calzones son para las ocasiones.
Otra cosa suelen decir, que no *calzones.*
3849 El discreto, cada día hace un yerro; el sandio, ciento.
3850 El empezar es el comienzo del acabar.
3851 El encomendero, en su encomienda; y el tendero, en su tienda.
O lo que es lo mismo: «Cada cual se esté en lo suyo, y andará bien el mundo».
3852 El engaño gasta mucha ropa; el desengaño poca.
3853 El envidioso, mal de su agrado, reconoce por mejor al envidiado.
Es una confesión implícita: «Si envidias a un hombre, por inferior a él te reconoces».
3854 El errar es maestro del acertar.
3855 El día de más calor, ése te abriga mejor.
3856 El día ñublo, vase como el humo.
3857 El din con el don bien danzan a un son.
2858 El dinero, aun metido en estiércol huele a incienso.
3859 El buen viñadero, hunde lo viejo, amugrona cedo, y de la viña vieja hace majuelo.
3860 El buey de sangre hace cantar la carreta.
3861 El buey, largo, y corto el caballo.
En Italia (Veneto): *«Bo longo e cavalo curto».*
3862 El caballo bueno, malo te parecerá si le mudas el freno.
3863 El caballo del diablo hace jornadas dobles, porque anda todo el día y toda la noche.
3864 El cabrito y el palmito, la miel y la mujer, de Cartagena *(Murcia)* han de ser.
3865 El café, en taza; y los toreros, en la plaza.

Dícenlo contra los toreros teóricos de mesa de café, que, como los literatos de igual clase, proclaman saberlo todo, despellejando, de camino, a los verdaderos maestros, que ¡claro! están ausentes.

3866 El callar y el hablar no caben en un lugar.

3867 El camino que se sabe, bien se anda.

3868 El canto del cuco le suena a *so* al burro.

3869 El capitán, valiente; el alférez, brioso; el sargento, solícito y cuidadoso.

3870 El escribano con su pluma, resta de la casa ajena y en la propia suma.

3871 El escribano nunca escribe de balde: cada renglón dos reales, y él verá de dónde los saque.

3872 El espejo no hace bonito lo feo.

3873 El estómago no sabe lo que le echan.

Dicen los desordenados que comen de todo y a cualquier hora.

3874 El favor recibido, y cata al ingrato nacido.

3875 El francés bien canta, después de remojar la garganta.

3876 El dinero requiere tres cosas: saberlo ganar, saberlo gastar y saberlo despreciar.

Esto último, cuando el ganar dinero no es enteramente limpio.

3877 El dinero sea tu criado, pero no tu amo.

3878 El gato y el judío, a cuanto ven dicen *mío.*

3879 El gato y el ratón nunca son de una opinión.

3880 El gorrión, en enero ermitaño y en julio ladrón.

3881 El hacer bien a un bellaco es guardar agua en un saco.

3882 El hermano del barquero pasa sin pagar dinero.

3883 El hierro enrojecido, fácilmente es batido.

3884 El hierro ha de ser batido mientras está enrojecido.

3885 El hígado es traidor; el corazón, no.

3886 El hijo de judío, a fraile se ha *metío.*

3887 El hombre bien nacido no niega el saludo ni a sus enemigos.

3888 El hombre, de pocas palabras, y ésas, sabias.

3889 El hombre desdichado, lo es en cuanto pone mano.

Infelici melius est nihil agere.

3890 El hombre discreto, alaba en público y amonesta en secreto.

3891 El hombre dispara, y Dios dirige la bala.
3892 El hombre en su casa reina, y la mujer la gobierna.
3893 El hombre fuerte se ríe de la muerte.
3894 El hombre honrado, de su palabra es esclavo.
3895 El hombre más discreto, lleva un loco dentro.
3896 El hombre más necio puede dar un buen consejo.
3897 El hombre más rico, sólo tiene una mortaja.
3898 El hombre ocioso, ni aprovecha a sí ni aprovecha a otros.
3899 El hombre que es ducho, para conseguir lo poco pide lo mucho.
3900 El hombre, que espante; y la mujer, que encante.
3901 El hombre quiere a la mujer sana, y la mujer, al hombre que gana.
3902 El hombre rahez, mientras más le ruegan, peor es.
3903 El hombre ruín, más ruín cuanto más din.
Cuanto más dinero tiene.
3904 El hombre solo, o es de Dios, o es del demonio.
También así: «*Hombre solitario, o santo, o diablo*».
3905 El hombre vago, a la vejez tendrá el pago.
3906 El hurtar es blando; el restituir, duro como el mármol.
Y así dice otro refrán: «*Hurtan muchos; pero restituir, pocos o ninguno*».
3907 El ignorante, al ciego es semejante.
3908 El ignorante y el ciego caminan a tiento.
3909 El juego de Venus no es para hombres viejos.
3910 El juego lo conozco yo; pero al jugador, no.
3911 El juez perverso, condena a la paloma y libra al cuervo.
3912 El jumento es un gran suplefaltas: si no hay caballo, él trota; si no hay buey, él ara.
3913 El ladrón en la horca y el santo en el altar, ambos están en su lugar.
Es dicho que se atribuye a la Reina Católica.
3914 El libro bueno, de flores y frutos está lleno; el malo, es manjar emponzoñado.
3915 El lobo harto y la oveja entera, ¿de qué manera?
3916 El maestro de Algodor *(Toledo)*, que no sabía leer y daba lección.
3917 El maestro del Campillo *(Huelva)*, que no sabía leer y tomaba niños.
3918 El mal bien sufrido, para el cielo abre camino.

3919 El mal, de entre los pies se suele levantar.
3920 El mal de ojos se cura con los codos.
3921 El mal de Paquito; poco mal y mucho trapito.
3922 El cariño y el aire soplan de cualquier parte.
3923 El catalán, si no te la hizo, pensándola está.
3924 El cazar, en más que tocar el cuerno ha de estribar.
Non est venator quivis per cornua flator.
3925 El cerdo no quiere rosas, sino aguas cenagosas.
3926 El cielo manda en el suelo.
3927 El ciento de Jerez: seis quinces y un diez.
Como «*En Linares, doce huevos son seis pares*».
3928 El clérigo y el zorro, si pierden la mañana, lo pierden todo.
3929 El codicioso anhelante, tiene sobrado y no tiene bastante.
3930 El codicioso, lo mucho tiene por poco.
3931 El comer, a muchos mata; y la dieta, a muchos sana.
3932 El comer mató a muchos; el hambre, a casi ninguno.
3933 El consejo del adversario pocas veces te es contrario.
3934 El consejo sin el remedio, ¿para qué lo quiero?
3935 El contratar quiere maña, porque el que contrata, engaña.
3936 El convidado del diablo, acude sin ser llamado.
3937 El corazón en la boca, mucha verdad y suerte poca.
La buena suerte favorece, por lo común, a los hombres intrigantes y falsos.
3938 El corazón manda en la razón.
3939 El corazón siempre es muchacho.
3940 El corazón y los ojos, siempre mozos.
3941 El Cristo viejo, polvo y no rezos.
Es comparación vulgar «*Más solo que un Cristo viejo*».
3942 El cuchillo ruín, cortando requesón se mella.
3943 El cuero ásese por el piezgo.
3944 El culo del muchacho siempre paga el pato.
3945 En la casa de María Barajas, cuando uno tira, otro desgaja.
3946 En la casa donde no hay gobierno, a pellizcos se va un pan tierno.
3947 En la casa donde no hay gobierno, él solito se pone.
3948 En la casa manda el padre..., cuando lo deja la madre.
3949 En la colada saldrán las manchas.

3950 En la edad está el misterio.
3951 En la juventud, piojos son salud.
Eso cree el vulgo, y así dice: «*Niño enfermo no cría piojos*».
3952 En la mano están los dedos; pero no todos parejos.
3953 En la mayor necesidad, Dios te acudirá.
3954 En la mesa del hidalgo, pan corto y manteles largos.
3955 En la mesa del noble parece bien la torta del pobre.
3956 En la misma carroza en que va el rey, va su lacayo.
3957 En la mujer, todo mal suele caber.
3958 En la pisa conoce la oreja al caballo de frisa.
3959 En larga jornada, la leve carga es pesada.
3960 En lo oscuro, todo es uno.
3961 En lo que a otro toca, ni pongas mano ni abras boca.
3962 En lo que el diablo no sabe hacer, pide consejo a la mujer.
3963 En lo que más dado es, hay su punta de interés.
3964 En lo que no te quieras acostumbrar no te debes ejercitar.
3965 En lo que te sobre, tiene su parte el pobre; si no se la das, al pobre robarás y al infierno irás.
3966 En los curas, las palabras son sardinas.
Más claramente se expresa tan falsa opinión en esta forma: «*Los curas, por cada palabra, una sardina llevan a su casa*».
3967 En los grandes aprietos, crece el entendimiento.
3968 En los meses mayores, mayores temores.
Refiérese a la gestación de la mujer.
3969 En los ojos están los antojos; que si los ojos no vieran. antojos no se tuvieran.
3970 En invierno, la mejor salsa de la comida es el fuego.
3971 Enjaguadoras de bota más valen que agua sola.
3972 En julio el sol, da mucho calor; y si no lo diere, guardarte debes.
3973 En julio se muere un hombre de sed entre un pozo y un aljibe.
3974 En la adversidad se prueba la amistad.
3975 En la balanza, oro y hierro todo es lo mesmo.
3976 En la barba del pobrete se ensaya a rapar el barberete.
3977 En la calle no hace humo.
Dice la mujer al marido cuando encuentra humosa la casa.

3978 En la cara se le nota al que viene de Barcarrota *(Badajoz).* Quiere decir que viene traspillado de hambre, porque allí no hay qué comer.

3979 En la cárcel y en el hospital se conoce la amistad.

3980 En la casa de bendición, primero, hembra; y después, varón.

3981 En la casa del hidalgo ruín, ningún oro y mucho orín.

3982 En la casa del músico, hasta los gatos maúllan por puntos.

3983 En España, bueno el cielo, bueno el suelo, y malo el entresuelo.
Lo que *«En España, es bueno todo lo que no habla».*

3984 En España, tienen *don* hasta las albardas.
En efecto, la albarda grande se llama *albardón.*

3985 En este mundillo redondín viene el don con el din.

3986 En este mundo embustero, hay muchos más caballos que caballeros.

3987 En este mundo ruincillo, quien más prospera es el pillo.
Una copla popular:
«Los pillos son los que viven;
los hombres de bien, perecen;
no sé qué tienen los pillos,
que todo se lo merecen».

3988 En este mundo traidor, al mejor tratan peor.

3989 En Consuegra *(Toledo),* hasta el candil es ladrón.

3990 En conyugales cuestiones, no amigos, sino colchones.

3991 En cortijo que no hay chiquichanca ni casero, el último lava el caldero.

3992 En las cosas que importan poco, el mucho porfiar es de locos.

3993 En costal vacío, nunca buen bodigo.

3944 En cualquier apuro, más fácilmente hallarás una pulga que un duro.

3995 En cuanto alumbra la luz del día, no hay nada sin bellaquería.
Esto vino a decir Sancho a don Quijote (II, XI) después de engañarle haciéndole creer que era Dulcinea una de las tres zafias aldeanas del Toboso: Él (Dios) es el sabidor de las cosas que han de suceder en este valle de lágrimas; en este mal mundo que tenemos, donde apenas se halla cosa que esté sin mezcla de maldad, embuste y bellaquería».

3996 En Chucena *(Huelva)*, quien no lleva pan, no cena; y uno que lo llevó, el cura se lo comió.

3997 En dar dineros y pasar el río, de los más tardíos.

Debes ser.

3998 En dar y tener está el buen saber.

3999 En dejar de comer por haber comido no hay nada perdido.

4000 En diciembre niebla, lluvia o solano espera.

4001 En dichos y en hechos, a tu provecho.

4002 En el abejar no todo es melar.

4003 En el agua lo meto, y si no cojo agua, lavo el cesto.

4004 En el año bueno y en el malo, te,

4005 En el huerto de Lucar, muchas parras y pocas uvas.

4006 En el invierno, largo el paseo; en el verano, del codo a la mano.

Esto es, muy corto.

En el juego todos son iguales.

4007 En el mercado, todo pagado; que es muy caro lo fiado.

4008 En el mesón del Rubio no se paga hospedaje ninguno.

El Rubio, o Juan Rubio, es nombre germanesco del Sol; y se llama parar en el mesón del Rubio a no tener morada alguna.

4009 En el peor aprieto, el mejor aliento.

4010 El mal hierbajo, arráncalo de cuajo.

4011 El mal que de tu boca sale, en tu seno se cae.

4012 El mal que en bien acabó, era un bien que se disfrazó.

4013 El mal que hacen los malos, es buen para los escribanos.

4014 El más ruín galgo tiene el rabo más largo.

En Italia: *Ogni cattivo cane ha lunga coda»*.

4015 El mayor bien, chico es.

Aún lo mejor vale poco o nada en esta vida terrena.

4016 El mayor premio no es tenerlo, sino merecerlo.

4017 El médico de abordo no sabe curar en tierra.

4018 El medrar no sufre holgar.

4019 El mejor disfraz, el tiempo te lo dará.

4020 El mejor pleito se pierde, y el perro más manso muerde.

4021 El mejor premio, es merecerlo.

4022 El melón, calado; y el amigo, bien probado.

4023 El menudo del puerco tiene nombres ciento.

Y si ciento no, más de diez.

4024 El mercader, orejas de corcho ha de tener.

4025 El mes de mayo es el már largo que tiene el año.
4026 El miedo es ave de mucho vuelo.
4027 El miedo tiene malas entendederas.
4028 El miedo tiene mucha imaginación y poco talento.
4029 El miedo todo lo ve negro.
4030 El miedo y el amor, todo lo hacen mayor.
4031 El miedo y la fama las cosas agigantan.
En Francia: «*La peur grossit les objets*».
4032 El mirón, mirar; pero sin chistar.
Consejo a los mirones de la mesa de juego, de los cuales dice otro refrán: «El mirón, ¡chitón!».
4033 El mosto bien se venga; acuérdese de que fue pisado, y se sube a la cabeza.
4034 El mozo, a trabajar; y el viejo, a descansar.
4035 El mozo, rumboso; el viejo, codicioso.
4036 El mucho vino saca al hombre de tino.
Lo que «A mucho vino, no hay cabeza».
En Italia: «*Vino dentro, senno fuori*».
4037 El muerto es del mar, cuando la tierra lejos está.
4038 El muerto más llorado, a los tres días, el ojo enjuto, y a los tres meses, olvidado.
4039 El mundo es así: cuando fui pobre, no me conociste; cuando fui rico, no te conocí.
4040 El mundo tiene eso: da poca carne y mucho hueso.
4041 El necio es malicioso, y de todos sospechoso.
4042 El necio, pasa el vado primero.
4043 El necio sirve a los listos de escarmentadero.
4044 El niño de Guadix *(Granada):* que le daban las sopas con dos cucharas, y decía: «¡Menudead, que se me llena el cuerpo de ventosedad!».
4045 El niño meón, que calaba siete mantas y un colchón.
4046 El no hacer falta y el estorbar, juntos suelen andar.
4047 El ocio abre la puerta, y el vicio se entra.
4048 El ofendido, perdonó; pero nunca el que le ofendió.
4049 El oficio del picapleitos: embarullarlo todo y hacer lo blanco negro.
4050 El ojo entreabierto, más avizor y despierto.
4051 El peligro y la adversidad son la mejor universidad.
4052 El pensamiento postrero es más sabio que el primero.

Porque lo ha forjado y madurado la prolija meditación. *Cogitationes posteriores sunt saniores.*

4053 El peor enemigo es el escondido.

4054 El pequeño can levanta la liebre, el grande la prende.

4055 El perder, abriga.

De jugadores. Al que pierde se le sube la sangre al rostro y le aumenta el calor.

4056 El peregrino, antes sin bordón que sin la bota del vino.

4057 El *pero* nunca madura.

Véase «La manzana maduró, pero el *pero* no».

4058 El perro de Juan de Meana, que mea donde le da la gana.

4059 El perro y el gato comen en un mismo plato.

4060 El perro y el villano no dejan las puertas como las encontraron.

4061 El pie del hortelano a las plantas no hace daño.

4062 El pobre afana que afana, y el rico reposa con lo que el pobre gana.

4063 El pobre conténtase con cobre.

4064 El premio del asno, dos palos, cuando no son cuatro.

4065 El premio estimula el ingenio.

4066 El presente siempre triunfa del ausente

4067 El presente y los presentes conquistan a las mujeres.

4068 El prestar descompadra a los amigos y compadra a los enemigos.

4069 El primer amor nunca pasó de flor.

4070 El prudente desconfía de la mucha cortesía.

4071 El sastre Trastrós, que como no sabía coser, guisaba arroz.

4072 El secreto y el vino son mortales enemigos: cuando el vino entra, el secreto se sale afuera.

4073 El ser hermosa la ventera, se toma en cuenta y abulta la cuenta.

Por eso dicen: «*Cuando es hermosa la huéspeda, la cuenta es fea*».

4074 El ser rico tiene sus peligros.

4075 El seso les sorben las mujeres a los hombres.

4076 El seso les suerben los hombres a las mujeres.

Tanto este refrán como el anterior están recogidos en la provincia de Sevilla, donde más veces oí decir *suerbe* que *sorbe*. Y así vulgarmente en Colombia (& 275 de las *Apun-*

taciones críticas de Cuervo). Es que equiparan este verbo con *morder, volver, absolver, torcer,* etc.

4077 El sexto sentido es hacerse cargo, y es sentido raro.

4078 El *sí* a muchos dañó, y a ninguno el *no.*

De otra manera dícelo este refrán: «Poco prosperó quien más veces dijo *sí* que *no.*

4079 El sí por sí y no por no es toda la ciencia que me sé yo.

4080 El sol de marzo, de riego le sirve al campo.

Y dice otro refrán: «En marzo, el sol riega y el agua quema».

4081 El sol, para todos sale, y para todos corre el aire.

4082 El sol setembrino madura el membrillo.

4083 El sol y el sereno, de blanco que yo era, me hicieron moreno.

4084 El templador del Rocío: que templando la guitarra salió y volvió.

Se refiere a la famosa romería andaluza del Rocío (Huelva).

4085 El tiempo, a todos da gusto y a todos da sustos.

4086 El tiempo es gran harriero: siempre llevando y siempre trayendo.

4087 El tiempo es gran maestro.

4088 El oro es la mejor ganzúa del diablo.

4089 El oro no cría moho.

4090 El oro nunca es ruín.

4091 El oro todo lo manda.

4092 El padre Jeromo, que predica el ayuno y se come el lomo.

4093 El padre para castigar, y la madre para tapar.

4094 El pan comido, cada uno se va por donde ha venido.

4095 El pan comido, presto se echa en olvido.

4096 El pan de la vecina, para mi niño es medicina.

Porque, como de balde, sabe mejor que el propio. «*Pan malo, pero ajeno, sabe mejor que el probio y bueno*».

4097 El pan por comer júrase que se ha de agradecer; mas ya comido, al punto es desagradecido.

4098 El pan que has dado, antes olvidado que cagado.

4099 El parir embellece, y el criar envejece.

Y de esta manera: «*El parir, alucia, y el criar, arruga*».

4100 El pedir mucho es de loco, y de tonto el pedir poco.

4101 El pedrisco empobrece, pero no encarece.

4102 El respeto a la ley, comience por el rey.
4103 El rey ve a la verdad de espaldas; el pobre, de cara.
4104 El romero, de virtudes está lleno.
4105 El ruín caballo máncase en el establo.
4106 El ruín consejero, no busca tu bien, sino tu dinero.
4107 El ruín, mal principio y peor fin.
4108 El ruín paño y el ruín amigo pronto muestran el hilo.
4109 El saber no ocupa lugar, y por mucho que tengas, lo puedes aumentar.
4110 El venido es el preferido; que el ausentado, presto es olvidado.
4111 El ventero de Portoalegre *(Portugal)* que vendía gato por liebre.
4112 El vestido del criado te dirá quién es su amo.
4113 El viento junta la parva, y el viento la desparrama.
4114 El viento y el pez saltan casi a la vez.
Lo que «A poco que el pez brinca, el viento salta».
4115 El vino del vecino, ése sí que es buen vino.
Para beberlo de balde; porque «Lo que no sabe a cobre (a dinero), sabe a piñones».
4116 El vino de una hoja, guárdalo en sus botas; déjalo envejecer, y bebe el de dos años o tres.
4117 El vino pruebe quien mal vino tiene.
Hay hombres, en efecto que se vuelven locos furiosos cuando se embriagan.
4118 El vino y la mujer, el juicio hacen perder.
4119 El vino y la verdad, sin aguar.
4120 El viudo y el melocotón, de Aragón.
4121 El vivir del puerco, corto y bueno.
4122 El yantar y el vaciar, con despacio los has de tomar.
4123 Ella no-vía y él no-vió, y así el casorio salió.
4124 Ella tiene que venir, y yo me tengo que bañar.
Dícese a los que pían por la lluvia.
4125 Embustes y cuentos, de uno nacen ciento.
4126 Empacho tiene la cara, mas no la carta.
4127 Empezar bien y acabar mal, ¡qué mal! Empezar mal y acabar bien, ¡qué bien!
4128 Empezar como grande y acabar como chico, corrida de caballo y parada de borrico.
4129 El tiempo mudado, el pensamiento cambiado.

4130 El tiempo, ni siempre da canas, ni siempre da seso.

4131 El tiempo, que es lo que más vale, nos lo da Dios de balde.

4132 El tiempo, siempre borrando y siempre escribiendo.

4133 El tiempo viene a sus tiempos, y va los frutos trayendo.

4134 El tío Villalón sembró ajos, y en vez de nace *pa* arriba, nacieron *pa* abajo.

Por esta rara circunstancia, los ajos del tío Villalón, aunque no llegaron a verse nacidos, se hicieron famosos en Andalucía.

4135 El tonto de Cádiz, que no se entera, pero se mete dentro.

4136 El tonto, de suyo es malicioso.

4137 El tonto, nace; y el sabio, se hace.

Un cantarcillo vulgar andaluz:

«Quien tonto nace,
tonto se cría;
tonto se *quea*
pa toa la vía».
pa toa la vía.,

4138 El tonto y la malicia nacieron el mismo día.

4139 El toque no está en el mucho saber, sino en el bien entender.

4140 El torero más diestro, del toro es tarde o presto.

4141 El torrezno del gañán, chamuscado y por asar.

En Correas, así: «El torrezno del pastor, una vuelta en el asador».

4142 El trabajo del cura, media hora de misa, su trago de vino, comer a su hora y siesta segura.

4143 El trabajo es padre del descanso.

4144 El trato muda costumbres.

4145 El trigo, de buen dar y tomar; el amigo, de bien decir y obrar.

4146 El trigo echado levanta a su amo.

4147 El vaso cuando está lleno, suena menos.

Dícese por los gárrulos faltos de meollo.

4148 En su burra iba caballero, y echábala menos.

4149 En sudor de caballo, juramento de hombre y llanto de mujer, no hay que creer.

En Italia: «*Caval che suda, uomo che giura, e donna piangente, non gli creder niente*».

4150 En su lugar cada cosa, y los dineros, en la bolsa.
4151 En su sazón y tiempo, hasta lo malo bueno.
4152 En tal mundo vivimos, que para lo que queda por ver, no es nada lo que vimos.
4153 En templar y contemplar, lo más del tiempo has de gastar.
4154 Enteramente de balde no se da nada a nadie.
4155 En tiempo de guerra, callan las leyes y audiencias.
4156 En tiempo de higos, del dueño de la huerta todos son amigos.
4157 En tiempos malos, quien no pierde, harto ha ganado.
4158 En tierra abetal, se edifica caro y mal.
En tierra de abetos, quiere decir.
4159 En tierra de mudos, son Cicerones los tartamudos.
4160 En todo hay engaños, y más en telas y paños.
4161 En todo manjar, buena es la sal.
4162 Entra en cuentas contigo, y ni una vez te hallarás limpio.
4163 Porque el más justo peca siete veces al día.
4164 Entrar con buenas maneras, y llevarse el pan y las maseras.
4165 Entrar lamiendo y salir mordiendo, todos los días lo estamos viendo.
Así empiezan los que ha de parar en ingratos: lamiendo.
4166 Entre añigos de buen cuño, no hay mío ni tuyo; mas amigos de esta clase, ya no los hay: los hubo.
4167 Entre amigos verdaderos, no se miran los dineros.
4168 Entre burla y juego, te la pego.
4169 Entre burros, no valen razones, sino rebuznos.
4170 Entre comer trucha y ayunar, hay mil suertes de manjar.
4171 Entre chato y narigón, una media proporción.
4172 Entre decir y hacer, una boyada suele caber.
4173 Entre deudas y deudos, las deudas prefiero.
4174 Entre diablo y suegra, sea el diablo el que venga.
4175 Entre dos platos nonada, manjar es que no me agrada.
4176 Entre dos un azumbre, poco cunde.
4177 Entre el arroz, que atapa, y las uvas, que sueltan, está la cosa resuelta.
Del buen evacuar, sin estreñimiento ni seguidillas.
4178 Entre el loco y el airado, media un paso.
4179 Entre el prometer y el dar, largo trecho suele mediar.
4180 Entre frailes, soldados y putas no se estilan excusas.

Lo que «*Entre putas y soldados, los cumplimientos son excusados*».

4181 Entre gallina en duda y huevo cierto, al huevo me atengo.

4182 Entre negocio y negocio, mete algún ocio.

4183 Entre lo salado y lo soso, está el punto sabroso.

4184 Entre perros y gatos no metas tu mano.

4185 El abril, si las ves relucir, limpia la era; que trigo espera.

4186 En achaque de cuentas, sólo las del rosario son buenas.

4187 En agosto, de las uvas se hace el mosto.

4188 En amistad de señor, sol de invierno y palabra de mujer, confianza no debes poner.

4189 En amores, los que huyen son vencedores.

4190 En Andújar *(Jaén)*, hombres granulas y mujeres brujas.

4191 En callando, no hay quimera.

4192 En cama de galgos, más fácil es hallar pulgas que mendrugos.

4193 En camino largo, tanto anda el cojo como el sano.

4194 En Campillos *(Málaga)*, o muy tontos o muy pillos.

4195 En Cantalavieja, las viejas cantaban, los viejos gruñían y los niños lloraban.

4196 En cántaro vacío, el solo viento hace ruido; en cántaro lleno, no hace ruido el viento.

Más va por hombres que por cántaros.

4197 En casa de la pastora, todos caramillos tocan.

4198 En casa del rey, la reina sea tu tía.

4199 En casa del rumboso, todo es bulla y alborozo; rumboso arruinado, en soledad dejado.

4200 En casa del rumboso, todo es gozo.

4201 En cochino y en mujer, acertar y no escoger.

4202 Empicóse la vieja a los berros, y ¡ay de ellos!

4203 Empieza con sana voluntad, y Dios te ayudará.

En Italia: «*Comincia, che Dio provvede al resto*».

4204 En abril, aguas mil, en mayo, tres o cuatro, y ésas, con buen recado.

4205 En abril, cada caña con su fusil.

Cada caña de cereal, con su espiga. Por eso dicen: «*Abril, sácala a descubrir*».

4206 En abril, cada soldado con su fusil.

Cada caña de cereal con su espiga, chica o grande.

4207 En abril, chica o grande, ha de salir.

La espiga de los cereales.

4208 En abril, la siembra, al cenojil.

Llega el sembrado hasta el cenojil, que es una cinta que a modo de liga usan todavía las mujeres en la provincia de Jaén, y antaño fue usada también por los hombres.

4209 En abril, no me toques la raíz.

Dice el sembrado al labrador.

4210 En abril no quites fil.

4211 En un decir «ya», la vida se va.

4212 En un momento, al fin del mundo te lleva el pensamiento.

4213 En un solo año no puede haber dos mayos.

4214 En Valdealgorfa hacen un dance, atrás atrás y alante alante.

Burla de la poca gracia de los de ese pueblo, próximo a Alcañiz (Teruel).

4215 En vaso grande, lo poco y lo mucho cabe.

4216 Envidia, ni tenerla ni temerla.

4217 Envidiar es bajeza, y ser envidiado, alteza.

4218 En visita, angelitos y angelitas.

Somos todos, y por eso la ponderación vulgar *«Más bueno que en visita»*.

4219 Era novio, no vió, y a ciegas se casó.

4220 ¿Eres de Bilbao? Pues bastante hemos *hablao*.

4221 ¿Eres del Colmenar? No me digas más.

4222 ¿Eres del Colmenar? Pues no hay más que hablar.

Este refrán y el anterior aluden a la mala fama que en la comarca tienen los de este pueblo de la provincia de Málaga.

4223 Errando errando, no supe ir a una calle y ya sé ir a cuatro.

4224 Error común de muchos años, nunca desterrado.

4225 Esa es castaña, que de fuera engaña.

4226 Esa es ella: guisalla y no comella.

4227 Esa es mi patria donde todo me sobra y nada me falta.

4228 ¡Esa sí que es buena vida: que ganáis el pan tendidas!

Dicho a las mujeres que llaman *de mala vida* contra lo que afirma el refrán.

4229 Es buen acierto vestirse la librea del tiempo.

4230 Es buen advertimiento poner la capa según sople el viento.

4231 Escaramuza de gatos, maullos y araños.
4232 Escarmentar en cabeza ajena es lección barata y buena.
4233 Escoger y acertar no siempre van a la par.
4234 Ese es buen son, el que hace un doblón sobre otro doblón.
4235 Ese es buen tiempo, el tiempo en que hace su tiempo.
4236 Ese es cabal tino, estar bien con Dios y con los vecinos.
4237 Ese es rey que nunca le vido ni le vey.
Así en Toledo al principio de la centuria décimasexta.
4238 Ese se llama tu amigo que viene en busca de tu trigo o de otra cosa que no digo.
4239 Es gran bobada poner cebo al ave cazada.
4240 Eslabón y pedernal, tal para cual.
4241 Eso era lo que yo quería: que me rascaras donde me comía.
4242 Es más fácil quedarse con un libro que con su contenido.
4243 Eso es conocer la flor de la malva: meter la mano en el fuego y no quemársela.
4244 Eslabón y pedernal, sin yesca o pajuela están de más.
4245 Eso es saber: a su tiempo soplar y a su tiempo sorber.
4246 ¿Eso me dais, don Tello? Arrebozáos con ello.
4247 Eso no has de hacer que no sufra testigo que lo haya de ver.
4248 Eso tiene malo lo bueno: que se acaba presto.
4249 Eso y lo de la callejuela, no trascienda.
4250 Eso y lo del gallo, callalo.
Muy popular en Montoro (Córdoba).
4251 Espada y dos reyes, vuelta de ley.
Del juego del tresillo.
4252 Español encapado hurta por cuatro.
4253 Esperando a un duque que no llegó, la doncella envejeció.

F

4254 Fácil es recetar, pero difícil curar.
4255 Fácilmente el villano pásase del pie a la mano.
4256 Fachenda y bambolla no ponen olla.
4257 Faena que tu bolsillo llena, buena faena.
4258 Faldas y cartas mandan en España.
4259 Falsos diamantes no engañan a nadie sino en pueblos grandes.
4260 Faltará la madre al hijo, y no la niebla al granizo.
4261 Faltriquera abierta, el dinero se vuela.
4262 Fango que se remueve, a demonios hiede.
4263 Fantasía y más fantasías y la barriga vacía.
4264 Fantasía y pobreza, todo en una pieza.
4265 Favor del soberano, lluvia de verano.
4266 Favor de señores y temporal de febrero, poco duraderos.
4267 Favor de señorón, sombra de nubarrón, que acaba en chaparrón.
4268 Favorece a los tuyos primero, y después a los ajenos.
4269 Favorecer a quien no lo ha de estimar, es echar agua al mar.
4270 Favorecer a un bellaco, es echar agua en un saco.
4271 Favores harás, y te arrepentirás.
4272 Favores hechos a desmuertas, no los agradezcas.
4273 Favores: quien menos los merece, menos los agradece.
4274 Favor hecho a muchos, no lo agradece ninguno.

4275 Favor otorgado en jueves, un ingrato más en viernes.
4276 Favor retenido no debe ser agradecido.
4277 Fea con gracia, mejor que guapa.
4278 Febrerillo el orate, cada día un disparate.
4279 Febrero es loco y abril, ¡no poco!
4280 Febrero, gatos en celo.
4281 Febrero, mes fullero.
4282 Febreros y abriles, los más son viles.
4283 Fe, en el Señor, y en los hombres no.
4284 ¿Fiado has? ¡Tú pagarás!
4285 Fe sin obras, guitarra sin cuerdas.
4286 ¿Fiado? Mal recado.
4287 Fiado, y con agrado.
4288 Fía poco y en muy pocos.
4289 ¿Fiaste? ¡La cagaste!
4290 Fina costurera, hace camisas con chorrera.
4291 Fingir locura, es a veces cordura.
4292 Firmar sin leer, sólo un necio puede hacer.
4293 Fortuna te dé Dios, talento no.
4294 Fraile, a tu rezar; doncella, a tu hilar.
4295 Francesa cortesía, todo es falsía.
4296 Francés, para ti sea; que para mí no es.
4297 Frío de abril, peor que el eneril.
4298 Fruta barata, llévala a casa.
4299 Fruta de sartén, enmeladilla sabe bien.
4300 Fruta verde, ni buen sabor tiene.
4301 Fue puta la madre y basta; la hija saldrá a la casta.
4302 Fuera de Dios, todos engaños son.
4303 Fui donde no debí, ¡y cómo salí!
4304 Fulano aceitunes quiere, y Zutano ni verlas puede.
4305 Fácil es decir, en el hacer está el *quid*.
4306 Fácil es reprender la vida ajena, para quien no la tiene buena.
4307 Falso laurel, cágate en él, y en el que lo luce también.
4308 Falta grave es ponerse un hombre a lo que no sabe.
4309 Faltando el agua al granar, mal acaba el pegujar.
4310 Favorece al afligido, y serás favorecido.
4311 Favorece a quien te ayudó y olvida al que se negó.
4312 Favores recordados, ¡ya están saldados!
4313 Favores en cara echados, ya están pagados.

4314 Favorecer es por norma perder.
4315 Febrero, cordero.
4316 Febrero, veletero.
4317 Feliz es la muerte que antes que la llamen viene.
4318 Feria de locos es el mundo todo.
4319 ¡Fíate de la Virgen y no corras!
4320 Fíate de la Virgen y suelta el taraje, y habrás hecho buen viaje.
4321 Fidalgo peleón, para mi hija, *¡non!*
4322 Fíngete en gran peligro y sabrás si tienes amigos.
4323 Firma que rubricaste, lazo que te echaste.
4324 Firmeza en mujer y en luna, ¿quién la busca?
4325 Florecillas en el trigo, pegujar medio perdido.
4326 Florín con florín hace un buen tintín.
4327 Flor sin olor, le falta lo mejor.
4328 Flor sin olor no es completa esa flor.
4329 ¡Fox y Viana, y viva la vaca!
4330 Fraile callejero, mujer que hable latín y golondrina en febrero, ¡mal agüero!
4331 Fraile de buen seso, guarda lo suyo y come lo ajeno.
4332 Fraile descalzo se pone las botas de los demás.
4333 Frailes, ni frío ni hambre.
4334 Fraile observante, toma de todos y no da a nadie.
4335 Frailes y monjas, del dinero esponjas.
4336 Francés, falso cortés.
4337 Freno y espuelas es buena regla.
4338 Frío es el amigo y caliente el enemigo.
4339 Frío de abril, helado y sutil.
4340 Fruta de huerta ajena, es sobre todas buena.
4341 Fruta nueva, ¿quién no la prueba?
4342 Fruta nueva, si no está madura, no es buena.
4343 Fruta buena y dada a prueba, ¿quién no la lleva?
4344 Fruto vedado, el más deseado.
4345 Fue por potros y trajo muletas: ¡malhadada feria!
4346 Fuerte desdicha es no aprovecharse de la dicha.
4347 Fuerte-fuerte, nada tanto como la muerte.
4348 Fuíme a santiguar, y saltéme un ojo.
4349 Fuiste doncella y viniste parida: ¡cuántas te tendrán envidia!
4350 Fuiste virgo y vienes parida: ¡muchas querrían tal ida!

4351 Fácil es empezar y difícil continuar.
4352 Fraile que pide por Dios, vale por dos.
4353 Fortuna gira sobre una rueda que nunca está queda.
4354 Flaco hombre mucho come.
4355 Frailes, aun los buenos, los menos.
4356 Freno dorado no mejora el caballo.

G

4357 Gachas de almorta, el estómago confortan.
4358 Galanes y doncellas, fuego y yesca.
4359 Gala quebranta duelo.
4360 Gala sin oro, aunque cueste mucho luce poco.
4361 Gallo que no canta, algo tiene en la garganta.
4362 Gallina que al gallo espanta, córtale la garganta.
4363 Gallo muerto no echa plantas.
4364 Gana ahora que eres nuevo, para que puedas gastar de viejo.
4365 Gana al que te quiere mal, y tendrás un amigo más.
4366 Gané mis pleitos, pero aún así, mírame en cueros.
4367 Gañán de buen rejo, con yunta de bueyes viejos.
4368 Garbanzos de media libra, embustes de a medio quintal.
4369 Garbanzos y judías hacen buena compañía.
4370 Garbinada en invierno, día de infierno.
4371 Gato dormilón, no pilla ratón.
4372 Gato enfadado, araña hasta con el rabo.
4373 Gato enratado, no quiere ni pescado.
4374 Gato que se lava anuncia agua.
4375 Gatos y mujeres, buenas uñas tienen.
4376 Gatos y mujeres siete vidas tienen.
4377 Gatos y verduleras, a voces riñen sus contiendas.
4378 Gente castellana, gente sana.
4379 Gentecilla de mierda, si su trato se pierde, que se pierda.
4380 ¿Gente de Levante...? ¡Fuera al instante!

4381 Gente de ribera, poco faenera.
4382 Gente de trato llano, esa es de mi agrado.
4383 Gente levantina, falsa y dañina.
4384 Gente levantina, piérdese de vista.
4385 Gente manchega, pronto la pega.
4386 Gente refranera, gente embustera.
4387 Gil, ¿es alfalfa el perejil?
4388 Gloria humana, pompa vana.
4389 Gotita a gotita, la sed crece y no se quita.
4390 Gracia mohosa, no vale la cosa.
4391 Gracias fuera de sazón, desgraciadas son.
4392 Gran bien es castidad, pero... ¿dónde está?
4393 Grande o chica, pobre o rica, casa mía.
4394 Grande o pequeño, cada uno carga con su leño.
4395 Gran desatino querer huir de tu sino.
4396 Grandes carretas piedras chicas acarrean.
4397 Gran desengaño, gran lección, aunque con daño.
4398 Gran deudo tiene corazones que bien se quieren.
4399 Gran ganancia sin «robancia», ni aquí ni en Francia.
4400 Gran locura es pretender, hurtarse el hombre a su ventura.
4401 Gran mal es que el sabio enfade y deleite al truhán.
4402 Gran obrero «Mañana» fuera, si algo hiciera.
4403 Gran pena debe ser tener hambre y ver comer.
4404 Gran subida tras bajada, señal segura de mayor collada.
4405 Gran tormenta, a los débiles amedrenta.
4406 Gran tormenta mucho espanta, pero pronto pasa.
4407 Guarda bien lo tuyo y no harán ladrón a ninguno.
4408 Guarda bien; pero no tanto que no halles lo guardado.
4409 Guardar secreto ajeno una mujer, no puede ser.
4410 Guárdate del enemigo que llevas en ti y contigo.
4411 Guarda y ten, y te vendrán a ver.
4412 Guárdese el cojo y no eche la capa al toro.
4413 Guárdate Dios de los que Él señaló.
4414 Guiso de caracoles, a lo carnal dispone.
4415 Guiso para dos tasado, si otros dos acuden, se cabrá a bocado.
4416 Guitarra sin cuerdas no vale una mierda.
4417 Guía y gala pierden muchas casas.
4418 Gula y vanidad crecen con la edad.

4419 Gusto secreto no es gusto entero.
4420 Galán parlero, mal galán y peor caballero.
4421 Galgo que va tras dos liebres, sin ninguna vuelve.
4422 Gallego con mando y catalán con botas, no hay peor cosa.
4423 Gallegos y asturianos, por medio pan andan las manos
4424 Gallina cada día, caro saldría.
4425 Gallina ponedora y mujer silenciosa valen cualquier cosa.
4426 Gallina que canta da cuenta a su ama.
4427 Gallina que canta, de poner viene.
4428 Gallina que no pone y mujer que no pare, para el labrador poco valen.
4429 Gallinas y mujeres, entre cuatro paredes.
4430 Gallo que canta al sol puesto, señal de muerto.
4431 Ganado por comido, nunca serás rico.
4432 Ganancia inocente no la verás fácilmente.
4433 Ganancias del que juega no duran semana entera.
4434 Ganancias del tahúr, alegrones son del naipe.
4435 Ganar sin guardar, poco es de estimar.
4436 Ganar sin pecar, ganancia singular.
4437 Gastar almacén, a nadie le está bien.
4438 Gástelo quien lo ganó, y mírelo gastar quien no.
4439 Gata bermeja, tal las hace cual las piensa.
4440 Gato gordo honra a su casa.
4441 Gato meador, llena la casa de hedor.
4442 Gatos que estornudan, anuncian lluvias.
4443 Gatos y doblones, los robados son los mejores.
4444 Gatos y escribanos, primos hermanos.
4445 Gazpacho *chorreao,* ni fuerte ni *salao*.
4446 Gente de Andalucía, ¿quién la fía?
4447 Gente de hambre muerta no asome por mi puerta.
4448 Gente de montaña, al mismo diablo engaña.
4449 Gente de montaña, todo es guadramaña.
4450 Gente de navaja, poco trabaja.
4451 Gente junta no va al cielo.
4452 Gente mezquina, como bien con dos sardinas.
4453 Gente popular, donde la lleven va.
4454 Golpe cantado, muchas veces errado.
4455 Gordo huevo, gordo huero.
4456 Gozarse en el mal ajeno no es de hombre bueno.

4457 Gozo anticipado, gozo malogrado.
4458 Gracias pierde quien promete y se detiene.
4459 Gran calmazo, el agua trae a buen paso.
4460 Gran constipado, culo apretado.
4461 Gran corsario es el tiempo; siempre llevando y siempre trayendo.
4462 Gran chatedad, gran tetedad.
4463 Grandes estados, grandes trabajos.
4464 Grandezas de bastardía, a no haber habido putas, no las habría.
4465 Gran fregado, y chico recado.
4466 Gran palabra es ¡»ya»!
4467 Gran poder tiene el amor; pero el dinero, mayor.
4468 Gran trabajo tiene quien contentar a todos quiere.
4469 Grave error en la cura, muerte segura.
4470 Guarda del melonar, te quitaré un melón si me lo das.
4471 Guardado está lo que Dios guarda.
4472 Guardado está lo que guarda Dios; que lo demás, no.
4473 Guarda el avaro su argén, y no sabe para quién.
4474 Guárdame en casa y te honraré en la plaza.
4475 Guarda pan para mayo y pasarás un año.
4476 Guarismo eres y no más; según donde te pongan, así valdrás.
4477 Guerra y racimo comenzados, no son dejados.
4478 Guísalo limpio, espesa; que tenemos convidados a la mesa.
4479 Guindas de Simancas (Valladolid)
4480 Gusto sin par, comer sin escotar.

H

4481 Habar que florece a gloria huele.
4482 Haber muchas putas en Teba *(Málaga)*, no es cosa nueva.
4483 Habiendo buena gana, de más está la salsa.
4484 Habla con la boca y no con las manos; que cada vez que hablas suspendes el trabajo.
4485 Habladas o escritas las palabras, sobran las que no hacen falta.
4486 Hablador de papo, orgulloso y vano.
4487 Habla el mozuelo con la mozuela y el diablo les hace la rueda.
4488 Habla el sabio y escucha el discreto; uno sembrando y el otro recogiendo.
4489 Hablando, hablando, la ocasión se va pasando.
4490 Hablando, perderás; oyendo, ganarás.
4491 Hablando se saben las cosas, callando se ignoran.
4492 Habla clarito, no hace postema en el pechito.
4493 Habla rezongada, ruín habla.
4494 Hablar mucho y decir poco es de hombre tontiloco.
4495 Hablar, no cuando puedas, sino cuando debas.
4496 Hablar sin ton ni son, es saltar como el cigarrón.
4497 Habla siempre que debas, y calla siempre que puedas.
4498 Hable bien el que sabe, y el que no, échese la llave.
4499 Hable la lengua, y estén las manos quedas.

4500 Hablen obras, y no palabras alabanciosas.
4501 Hace buena cuenta quien con lo suyo se contenta.
4502 Hacen que digáis; comprad, que vendáis.
4503 Hace mal quien lo secundario hace principal.
4504 Hace más la raza que la enseñanza.
4505 Hace mucho más daño un hacha en la boca que en la mano.
4506 Hacer bien al desconocido no carece de peligro.
4507 Hacer el bien, parecerse a Dios es.
4508 Hacer el mal que te hagan, no es pecado, sino paga.
4509 Hacer enseña a bien hacer.
4510 Hacer la cruz, en la cruz, y hasta la cruz.
4511 Hacienda de pluma, poco dura.
4512 Hacienda de robos hecha, poco duradera.
4513 Haciendo y deshaciendo, se va aprendiendo.
4514 Ha el diablo parte cuando el rabo va delante.
4515 Haga yo lo que debo, y húndase el cielo.
4516 Hambre furiosa, no respeta ninguna cosa.
4517 Harto sabe quien sabe que no sabe.
4518 Hasta las gatas quieren alpargatas para no andar a gatas.
4519 Hasta las piedras las destruye el tiempo.
4520 Hasta lo bueno cansa, si es en mucha abundancia.
4521 Hasta para el juez hay horca.
4522 Hasta para encender lumbre hay que tener costumbre.
4523 Hasta que el hombre muere, nadie le alabe ni le vitupere.
4524 Hasta que es padecido, el mal no es conocido.
4525 Hasta que llegue Navidad, no eches mano a podar.
4526 Hasta que no hay colmillos, no hay niño.
4527 Hasta verlo en la era, llámale hierba.
4528 Haya cosillas para guisar, que cocinera no faltará.
4529 Haya guerra, pero no en mi tierra.
4530 Hay alegrías sosas y tristezas sabrosas.
4531 Haya paz duradera, y sea lo que Dios quiera.
4532 Hay risas con dientes, que como alanos muerden.
4533 Hay tontos que al pronto no dan la cara de tonto.
4534 Hay un mal que no tiene cura: la LOCURA.
4535 Haz buena labor y confía en la bondad de Dios.
4536 Haz ruido y sacarás partido.
4537 Hazte cordero y te comerán los lobos.

4538 Hazte ropa una vez al año, pero de buen paño.
4539 Haz y deja hacer en paz.
4540 Hecha la paella, buena o mala, hay que *comella.*
4541 Heladas en marzo, favorecen los sembrados.
4542 Heredar hace medrar; que no trabajar.
4543 Hermanos por la sangre, casi nunca lo son por las voluntades.
4544 Hermosa y pobre, marido ninguno y muchos amadores.
4545 Hermosura sin gracia, cuerpo sin alma.
4546 Hermosura sin talento, gallardía de jumento.
4547 Hidalgo de aldea sin galgo, no parecería hidalgo.
4548 Hidalgo de Braga *(Portugal)*, ni niega ni paga.
4549 Hidalgo que tiene un galgo, ya tiene algo.
4550 Higos y nueces no se comen juntos todas las veces.
4551 Higuera breval, una o dos en cada corral.
4552 Hija casadera, hija rabiadera.
4553 Hija que se casa, la casa paterna arrasa.
4554 Hija y madre son como uña y carne; sobre todo, contra el padre.
4555 Hijo de gran ladrón, gran señorón.
4556 Hijo de viejo, niño con talento.
4557 Hijo jugador, no nos los dé Nuestro Señor.
4558 Hijo mimado, mal educado.
4559 Hijos buenos-buenos, cuéntalos con los dedos.
4560 Hijo sin madre, río sin cauce.
4561 Hijo sin rienda, madeja sin cuerda.
4562 Hijos machos, hijos diablos.
4563 Hilo a plomo, y cágate en el mejor ojo.
4564 Hoja a hoja se come la alcachofa.
4565 Holgad, tenazas; que muerto es el herrero.
4566 Holganza no llena panza.
4567 Holgar y medrar no son a la par.
4568 Hombre abandonado, hombre abaldonado.
4569 Hombre almanaquero, no llenará su granero.
4570 Hombre amañado, para todo es apañado.
4571 Hombre amaricado, ni carne ni pescado.
4572 Hombre ambicioso, hombre temeroso.
4573 Hombre anciano, juicio sano.
4574 Hombre barbilampiño, siempre parece niño.

4575 Hombre bien hablado, en todas partes bien mirado.
4576 Hombre bien vestido, en todas partes bien recibido.
4577 Hombre bien vestido, nunca mal parecido.
4578 Hombre casado, burro estropeado.
4579 Hombre cobarde, se casa mal y tarde.
4580 Hombre cocinilla, medio hombre, medio mariquilla.
4581 Hombre con hambre, no sabe lo que hace.
4582 Hombre con pereza, reloj sin cuerda.
4583 Hombre cortés, de todos estimado es.
4584 Hombre chato, hombre traidor e ingrato.
4585 Hombre chato, malicioso y falso.
4586 Hombre chico, con poco paño está vestido.
4587 Hombre chico, venenico.
4588 Hombre chiquito, no vale un pito.
4589 Hombre de buen juicio, hombre sin vicios.
4590 Hombre de buenos dichos, casi siempre mal bicho.
4591 Hombre de buen trato, a todos es grato.
4592 Hombre demasiado cortés, falso es.
4593 Hombre de oficios muchos, no gana el pan con ninguno.
4594 Hombre desbarbado, hombre sin cuidado.
4595 Hombre deslenguado, caballo desbocado.
4596 Hombre de verrugas, hombre de fortuna.
4597 Hombre de voz hueca, cántaro vacío.
4598 Hombre difamado, peor que ahorcado.
4599 Hombre enfermo, hombre eterno.
4600 Hombre viciado, hombre encadenado.
4601 Hombre grandón, no vale un cañamón.
4602 Hombre granducho, hombre blanducho.
4603 Hombre harto, hombre manco.
4604 Hombre largo, para coger nidos, ni de encargo.
4605 Hombre lisonjero, falso y embustero.
4606 Hombre mañoso sirve para todo.
4607 Hombre mariquilla, afilada la tijerilla.
4608 Hombre muy armado, de miedo va cagado.
4609 Hombre muy escrupuloso, siempre será menesteroso.
4610 Hombre muy parlero, no escapa de embustero.
4611 Hombre ni mujer sin pero, no los hay dos en el mundo entero.
4612 Hombre osado, afortunado.

4613 Hombre palabrero, de raza embustero.
4614 Hombre pequeño, frasquito de veneno.
4615 Hombre pequeño, pocas veces risueño.
4616 Hombre peyondo, hombre jeyondo.
4617 Hombre no afortunado, nada envidiado.
4618 Hombre poco discreto es el que a su mujer dice un secreto.
4619 Hombre preguntón, de mala educación.
4620 Hombre que fía, ciego sin guía.
4621 Hombre que mucho bebe, tarde pagará lo que bebe.
4622 Hombre que no mienta, ¿quién lo encuentra?
4623 Hombre que no trabaja, ándese roto y sin capa.
4624 Hombre refranero, medido y certero.
4625 Hombre rico, mal enemigo.
4626 Hombres de muchos pareceres, más que hombres son mujeres.
4627 Hombres hay con tal desdicha, que suspiran más por abajo que por arriba.
4628 Hombres hay ruínes, aunque midan el oro por celemines.
4629 Hombre sin vicio ninguno escondido tendrá alguno.
4630 Hombres matiegos, del mejor reniego.
4631 Hombres mirados, no juegan dados.
4632 Hombres que recíprocamente se alaban, burros que se rascan.
4633 Hombres sin defecto alguno, ninguno.
4634 Hombres sin peros no hubo dos; hubo uno era hombre y Dios.
4635 Hombre todo vanidad y fantasía, el rey de la tontería.
4636 Hombre velloso, hombre rijoso.
4637 Hombre velludo, hombre corajudo.
4638 Hombre viejo, no necesita consejo.
4639 Hombre cabezudo, poco sesudo.
4640 Hombre cansado y tendido, enseguida dormido.
4641 Hombre celoso, hace de una pulga un oso.
4642 Hombre chico, más que hombre, es mico.
4643 Hombre chiquito, anda a brinquitos.
4644 Hombre encogido, siempre desvalido.
4645 Hombre envinado, hombre desatinado.
4646 Hombre es de buen tino, el que bebe aguado el vino.
4647 Hombre grande, patas de alambre.

4648 Hombre hombronazo, perezoso y bellacazo.
4649 Hombre infortunado el por nadie es envidiado.
4650 Hombre mezquino, no pida ayuda a su vecino.
4651 Hombre muerto, mal encuentro.
4652 Hombre muy grandón, poco varón.
4653 Hombre muy morrilludo, de vergüenza desnudo.
4654 Hombre narigón, solapado burlón.
4655 Hombre narigudo, hombre sesudo.
4656 Hombre narigudo, ingenio agudo.
4657 Hombre o mujer, cada cual se juzga mejor de lo que es.
4658 Hombre perezoso, reloj parado.
4659 Hombre pobre, tracero; hombre rico, trapacero.
4660 Hombre poderoso, casi nunca dichoso.
4661 Hombre rico, tiene aduladores, pero no amigos.
4662 Hombre ruín acaudalado, piojo sobre brocado.
4663 Hombre solitario; o santo, o diablo.
4664 Hombres poco hombres, ni me los nombres.
4665 Hombres y mujeres, Dios les desenrede; que el diablo no quiere.
4666 Hombres y mujeres, sinsabores y placeres.
4667 Hombre tontoloco, para nada o para poco.
4668 Hombre tumbado, por nadie es derribado.
4669 Hombre vengado, corazón apaciguado.
4670 Hombre vil adinerado, por nadie es aguantado.
4671 Honesta torpeza es morir por buena empresa.
4672 Honesto es el temer cuando se ve a otro padecer.
4673 Honra que anda en lenguas, sufre mengua.
4674 Honra que se manosea, entre las manos se queda.
4675 Hora a hora, Dios mejora.
4676 Hora menguada, hora malhadada.
4677 Horno por navidad, no tiene descanso.
4678 Horón lleno, pan para el invierno.
4679 Hostia partida, amistad de por vida.
4680 Hoy aquí y mañana allí; no medrarás ni aquí ni allí.
4681 Hoy debiendo y mañana pagando, vamos trampeando.
4682 Hoy domingo y mañana fiesta, buena vida es ésta.
4683 Hoy en pie le ves, y mañana dio al través.
4784 Hoy es oro; mañana plomo.
4685 Hoy, *semos;* y mañana no parecemos.

4686 Huerta no cercada, no vale nada.
4687 Huerta sin agua, a redro vaya.
4688 Huerta sin cerco, no tiene dueño.
4689 Huerto no cercado, la fruta es de todos más que de su amo.
4690 Huèspedes de repente, ni me los mientes.
4691 Huevo puesto en Viernes Santo, nunca dañado.
4692 Huir cuando es menester, con honra se puede hacer.
4693 Huir de lo mal cernido es del hombre precavido.
4694 Humano es el errar, y divino el perdonar.
4695 Humildad y paciencia, ambas van por una senda.
4696 Hurtan muchos; pero restituir, pocos o ninguno.
4697 Hurtar es fustoso, restituir, penoso.
4698 Hurtar para dar a Dios, es ir del demonio en pos.
4699 Hurtar para dar a Dios, sólo el demonio lo aconsejó.
4700 Hurta y reparte, que es buen arte.

I

4701 Ido de la vista e ido del corazón, casi una cosa son.
4702 Idos y muertos, olvidados presto.
4703 Iglesia cerrada, ni culto ni nada.
4704 Ignorante y burro, todo es uno.
4705 Ignorar para preguntar y preguntar para saber, eso es aprender.
4706 Imite y supere el envidioso al envidiado, y más que él será elogiado.
4707 Impedir lo que ha de ser, no puede ser.
4708 Imposible es empezar a comer por la segunda cucharada.
4709 Incauto fui, hasta que cayendo aprendí.
4710 Industria, pluma y espada, si no hay estrella, no son nada.
4711 Injurias y blasfemias, por donde salen entran.
4712 Innovar, casi siempre para empeorar.
4713 Intimidad, con ninguno; trato, con todo el mundo.
4714 Invierno, buen tiempo para el herrero y el hornero.
4715 Ir a cazar con hurón muerto, es mal acierto.
4716 Ir a matar lobos no es para bobos.
4717 Iráse lo apetecido, y quedará lo aborrecido.
4718 Ira sin fortaleza, no vale ni media cereza.
4719 Ir a Talavera, ni pensarlo siquiera.
4720 Ir a trocar y no tener qué, a muchos suele acontecer.
4721 Ir bestia a Salamanca y volver asno, a muchos ha pasado.
4722 Ir contra la corriente, casi nunca es conveniente.

4723 Ida por ida, ir por ir, más vale a la taberna que a la botica.
4724 Idas sin vuelta, el hombre a la horca, el pan de pastores y los potros a la feria.
4725 Idos los ladrones, se toman mil precauciones.
4726 Imaginación suelta, en un instante anda mil leguas.
4727 Industria, riqueza, ocio y pobreza, una familia entera.
4728 Ingratos hacen recatados.
4729 Injuriada la paciencia, a veces en ira quiebra.
4730 Invierno frío, verano caluroso.
4731 Ira de mujer, trueno y rayo es.
4732 Ir de bien en mejor, no hay cosa mejor.
4733 Ir de mal en peor, no hay cosa peor.
4734 Irse bestia y volver más, muchas veces lo verás.
4735 Irse con la capa al toro, no es para todos.
4736 Irse uno bestia y volver asno, no es gran milagro.
4737 Ir y venir, y Mariquita, urdir.

J

4738 Jacinto, no te lo *consinto,* que mezcles blanco con tinto.
4739 Jactancia es mala del sambenito hacer gala.
4740 Jaén fino, excelente para vino.
4741 Jamás cerró una puerta Dios, sin que abriese dos.
4742 Jamás olvidó el que bien amó.
4743 Jamás se ha quejado el oro de ser robado.
4744 Jamón cocido en vino, hace al viejo niño.
4745 Jáquima puesta, entiéndase vendida con la bestia.
4746 Lo accesorio sigue a lo principal.
4747 Jarabe de pico, a muchos hizo rico.
4748 Jarra nueva hace el agua fresca.
4749 Jarro de cristal o de plata, no refresca el agua; el mejor jarro, el de barro.
4750 Jarro que anda a todos cabos, o sin asa, o desbocado.
4751 Jerez amontillado, mérito doblado.
4752 Jerezano, algo fanfarrón, pero sano.
4753 Jerezano fino, al pan, pan, y al vino, vino.
4754 Jerez a todo pasto y no repares en el gasto.
4755 Jerez de años tres, buen vino es; y mejor, de tres veces en tres.
4756 Jerez de años tres, excelente vino es; y mejor si tiene diez.
4757 Jerez, la tierra del buen vino es.
4758 Jilgueros y ruiseñores, buenísimos cantores.
4759 Jinete chico en caballo grande, una pulga sobre un elefante.

4760 Jornada emprendida, medio concluida.
4761 Joven es quien está sano, aunque tenga ochenta años, y viejo el doliente, aunque tenga veinte.
4762 Jóvenes y viejos, todos necesitamos consejos.
4763 Joven que nada duerme y viejo que siempre duerme, cercana tienen la muerte.
4764 Joya en una fea, la adorna, pero no la hermosea.
4765 Joyas falsas, vanidad barata.
4766 Juanes y burros, en cada casa suele haber uno.
4767 Juan e Isabel, él es ella, y ella él.
4768 Juanica la pelotera, casarás y amasarás y andarás queda.
4769 Judas no muere nunca.
4770 Judías manchegas, muchas gordas y buenas.
4771 Judías todos los días, son mucha judería.
4772 Judío o mujer que jura, malicia segura.
4773 Judías y garbanzos son primos hermanos, y suelen caer en un mismo plato.
4774 Judías y habichuelas, habichuelas y judías, son una cosa misma.
4775 Judío que come tocino y jamón, tórnase cristiano sin dilación.
4776 Jueces necios y escribanos pillos, siempre los hubo a porrillo.
4777 Juego y bebida, casa perdida.
4778 Juez cohechado, debiera ser ahorcado.
4779 Juez mal informado, fallo desacertado.
4780 Juez muy riguroso, a todos se hace odioso.
4781 Juez que admite regalos, llevarlo al palo.
4782 Juez que de la equidad es amigo, ese quiero yo para mi litigio.
4783 Juez que dudando condena, merece pena.
4784 Juez que prevarica, pasarlo por las picas.
4785 Juez sin conciencia, mala sentencia.
4786 Jugandillo, se sueltan verdades a porrillo.
4787 Jugando a las verdades, descúbrense las puridades.
4788 Jugando a resto abierto, a todo lo gano, o todo lo pierdo.
4789 Jugando, jugando, se dicen agrias verdades de cuando en cuando.
4790 Juicio precipitado, casi siempre errado.

4791 Julio, triguero; septiembre, uvero.
4792 Junta de lobos, muerte de ovejas.
4793 Junta de pájaros, agua segura.
4794 Junta de tres, tribunal es.
4795 Junta lo malo con lo bueno, y malo se volverá todo ello.
4796 Junto a la muerte no hay cosa fuerte.
4797 Junto al pisotón, la exclamación.
4798 Junto a río ni convento, no hagas nada de fundamento.
4799 Junto a Trafalgar, o muy a la tierra, o muy a la mar.
4800 Junto el dinero bueno con el malo, todo ello se lo lleva el diablo.
4801 Juntos los galanes y las doncellas, así pasan ellas.
4802 Junto por el mundo van el bien y el mal.
4803 Juntos veinte ladrones, no pueden robar a quien no lleva ni calzones.
4804 Jura apasionada, ni obliga ni vale nada.
4805 Jurado ha el espejo no hacer lo blanco negro.
4806 Jurador, impostor.
4807 Jurado tiene el espejo no hacer bonito lo feo, ni nuevo lo viejo.
4808 Juramentos de amor y humo de chimenea, el viento se los lleva.
4809 Jurar es magaña; quien jura, te engaña.
4810 Justicia, Dios la conserve; pero de ella nos preserve.
4811 Justo es el mal que viene si lo busca el que lo tiene.
4812 Justo es que pierda lo suyo quien robar quiso lo tuyo.
4813 Juventud, calor y brío; vejez, tembladera y frío.
4814 Juventud con hambre quisiera yo, y vejez con hartura no.
4815 Juventud licenciosa, vejez penosa.
4816 Juventud que vela y vejez que duerme, signos son de muerte.
4817 Juventud, salud; larga edad, continua enfermedad.
4818 Juventud sin salud, llámala decrepitud.
4819 Juventud sin salud, más amarga es que la senectud.
4820 Juventud y sanidad, ¿qué mayor prosperidad?
4821 Juzga al hombre por sus acciones y no por sus doblones.
4832 Jamón de Aracena, es cosa buena.
4833 Jamón pidió el conde de Cabra: ¡gran palabra!
4834 Jarra de La Rambla *(Córdoba)* refresca el agua.

4835 Jeremías llora sus penas y no las mías.
4836 Jorobas y manías no las curan médicos.
4837 ¿Joven y calendario? No te casarás con mi hija.
4838 Juan de las Bragas, si no quieres que te lo digan, no las hagas.
4839 Juan Nuñeza, ¿a caballo vas y gruñes?
4840 Juegos de manos, ni a los piojos les son gratos.
4841 Juegos y risas, esas son mis misas; comidas y cenas, son mis novenas.
4842 Juez con deudas, injusticias sentencias.
4843 Juez limpio de manos, no acepta regalos.
4844 Juez muy pobre, a la justicia se come.
4845 Juez sospechoso es cada uno en su pleito propio.
4846 Jugador que gana, emplázolo para mañana.
4847 Jugando a daca y toma nadie se embroma.
4848 Jugar limpiar, bueno para la conciencia y malo para el bolsillo.
4849 Jugar y nunca perder, no puede ser.
4850 Juglares y putas, cuando envejecen nadie los busca.
4851 Jugué con quien no sabía y me llevó cuanto tenía.
4852 Julio, la carreta y el ubio.
4853 Juramento, juro y miento.
4854 Justicia, cosa muy buena; pero no en mi casa, en la ajena.
4855 Justicia es agravio, cuando no la aplica el sabio.
4856 Justo es que temas al que teme a la pobreza.
4857 Juzgué de ligero y arrepentirme presto.

L

4858 La abadesa más segura, la de edad madura.
4859 La abeja, de todas las flores se aprovecha.
4860 La abeja, unas flores coge y otras deja.
4861 La abundancia da arrogancia.
4862 La abundancia hace infelices a los ricos.
4863 La aceituna la da Dios; el aceite, no.
4864 La afición tapa los ojos a la razón.
4865 La alegría del vino hace rey al mendigo.
4866 La alegría, Dios la da, y el diablo la quita.
4867 La alegría, en el alma sana se cría.
4868 La alegría, rejuvenece; la tristeza, envejece.
4869 La alegría y la leche, agriarse suelen.
4870 La amistad no tiene edad.
4871 La aseada mujer, riega antes de barrer.
4872 La astuta raposa borra sus pisadas con la cola.
4873 La balanza no distingue el oro del plomo.
4874 La bandera vieja y rota, al regimiento da honra.
4875 La barba luenga honra a quien la lleva.
4876 La barba no da saber.
4877 La batata la hizo Dios; el boniato, no.
4878 La belleza de la jumenta, al asno tienta.
4879 La belleza es media dote.
4880 La belleza y la tontería, van siempre en compañía.
4881 La bien casada, sin suegra ni cuñadas.

4882 La bolsa del pobre, si alguna vez se llena, es de cobre.
4883 Labor bien empezada, casi mediada.
4884 Labra y siembra, y en Dios espera.
4885 La buena barbechera promete buena sementera.
4886 La buena borrachera ha de durar una semana entera.
4887 La buena capa encubre al ladrón.
4888 La buena compañía, Dios la amó.
4889 La buena estatura es media hermosura.
4890 La buena jornada empieza muy de mañana.
4891 La buena lavandera, menos fía del jabón que de sus muñecas.
4892 La buena lectura, alivia la tristura.
4893 La buena lectura, distrae, enseña y cura.
4894 La buena solera hace el vino de primera.
4895 La buena suerte, durmiendo al hombre le viene.
4896 La buena suerte se pasa, y el saber se queda en casa.
4897 La burla, para el que le gusta.
4898 La calle es camino de todas partes.
4899 La campana dice lo que nos da la gana.
4900 La campana no va a misa, pero avisa.
4901 La capa abriga y disfraza.
4902 La capa del diablo, lo que por un lado tapa, por otro destapa.
4903 La capa del diablo nunca tapa por todos lados.
4904 La cara bonita y la intención maldita.
4905 La caridad es silenciosa, pero no ruidosa.
4906 La caridad y el amor, no quieren tambor.
4907 La carita de buen año, y el culito de mucho daño.
4908 La carita, de santo; y los hechos, de diablo.
4909 La casada hermosa, ni a misa vaya sola.
4910 La casada, o sin compañía, o de su marido acompañada.
4911 La casta Susana, que enterró a tres maridos y aún le quedó gana.
4912 La ciencia es locura, si no gobierna la cordura.
4913 La ciencia hace soberbios; la fortuna, necios.
4914 La claridad conserva la amistad.
4915 La compañía de la alpargata, que cuando hay que correr, se desata.
4916 La compañía del ahorcado; que sólo los acompañantes han tornado.

4917 La conciencia es a la vez, testigo, fiscal y juez.
4918 La cordura es lengüicorta.
4919 La cosa más baladí, para algo puede servir.
4920 La cosecha colmada, más que al campo se debe a la añada.
4921 La costumbre de la grey tiene más fuerza que la ley.
4922 La costumbre sólo es ley donde se usa.
4923 La costumbre y las tetas, mandan mucha fuerza.
4924 La criada indolente hace a su ama valiente.
4925 La cruz de más excelencia es la cruz de la paciencia.
4926 La cuenta de jerez; cuatro quince y cuatro diez.
4927 La cuenta del pastor, sólo él y el monte lo saben; el amo, no.
4928 La culpa del burro no la eches a la albarda.
4929 La curiosidad anda en busca de novedad.
4930 La Chata, mil planes desbarata.
4931 La chatedad es del cuerpo fealdad y del alma enfermedad.
4932 La chocha y la perdiz, a la nariz.
4933 La desgracia a la puerta vela, y en la primera ocasión, se cuela.
4934 La desgracia mayor es la enemistad con Nuestro Señor.
4935 La discreción tuvo por hija a la previsión.
4936 La doncella recatada será buena casada.
4937 Ladrar en barbecho, es ladrar necio.
4938 Ladridos de perro no llegan al cielo.
4939 Ladrones roban millones, y son grandes señorones.
4940 Ladrón que hurta un doblón, merece ir a presidio por tonto, y no por ladrón.
4941 Ladrón que roba poco, es tonto o loco.
4942 La ebriedad es amiga de la verdad.
4943 La enfermedad del tordo: la carita flaca y el culito gordo.
4944 La envidia sigue al mérito, como la sombra al cuerpo.
4945 La erisipela, ni mata ni pela.
4946 La escasez levanta el precio.
4947 La esperanza alegra el alma.
4948 La esperanza es larga y ancha.
4949 La espina, ya nace con la punta fina.
4950 La excepción, confirma la regla.
4951 La excepción no hace regla, sino que está fuera de ella.
4952 La excusa del lerdo: «Ahora que te veo me acuerdo».
4953 La experiencia no se fía de la apariencia.

4954 La fama hace al nombre mucho mayor que al hombre.
4955 La fama no tiene carro ni yegua, pero a todas partes llega.
4956 La fama tiene cien bocas y doscientas alas.
4857 La fama todo lo agranda.
4958 La fama va más allá de la muerte.
4959 La flor de la belleza es poco duradera.
4960 La fortuna, a unos lo da todo, y a otros, cosa ninguna.
4961 La fortuna es de vidrio y se quiebra con cualquier golpecillo.
4962 La fortuna es una veleta; nunca está quieta.
4963 La fortuna es un montoncillo de arena; un viento la trae y otro se la lleva.
4964 La furiosa borrasca, pronto pasa.
4965 La gallina, después de beber,. mirando al cielo lo sabe agradecer.
4966 La ganancia y la lacería corren de feria en feria.
4967 La gata, cuando ha comido, se lava.
4968 La gata *perdía*, a la putería.
4969 La gente que bien lo pasa, al anochecer en casa.
4970 La gloria humana no vale una avellana.
4971 La gota es mal de ricos, libre de ellas están los chicos.
4972 La gracia del niño, tanto va en la comadre como en la que lo ha parido.
4973 La grey purga las locuras de su rey.
4974 Lágrimas con pan pronto se secarán.
4975 Lágrimas de heredero, nunca llegarán al suelo.
4976 Lágrimas de heredero, poco mojan el pañuelo.
4977 Lágrimas, piedras ablandan.
4978 Lágrima someras, dolorcito al corazón no llega.
4979 La guerra, a muchos da vida, y a muchos entierra.
4980 La guerra asola la tierra.
4981 La guerra, levanta a muchos hombres del polvo de la tierra.
4982 La guerra mil males engendra.
4983 La guerra sólo tiene una cosa buena; la paz que trae en pos de ella.
4984 La guerra, todo lo malo trae, y lo bueno se lo lleva.
4985 La guerra y el fuego, sofocarlos al comienzo.

4986 La hacienda bien ganada, con afán se guarda.

4987 La hacienda del eclesiástico, dála Dios y se la come el diablo.

4988 La hacienda del pleitista, se va en apelaciones y vistas.

4989 La hambre mató a poco, la hartura a muchos.

4990 La hambre no mira en regalo, y para ella no hay pan malo.

4991 La harina del bobo, vase toda en tortas y bollos.

4992 La holgazanería vieja, el sábado recoge la rueca.

4993 La holgazanería, de todos los vicios es portería.

4994 La honra que se perdió, tarde o nunca se recobró.

4995 La honra y el provecho no duermen en un mismo lecho.

4996 La ira es locura el tiempo que dura.

4997 La justicia es una señora, que el que ante ella canta, pronto llora.

4998 La juventud se pasa presto; y pasada, parece un ensueño.

4999 La labor de la viña, ella lo paga en la vendimia.

5000 La labranza es hermana gemela de la crianza.

5001 La langosta hace la tripa angosta.

5002 La larga experiencia más que los libros enseña.

5003 La lavandera mala, mucho jabón gasta.

5004 La lengua, aunque no tiene huesos, los quiebra.

5005 La leña muy seca, arde como yesca.

5006 La leña verde, mal se enciende.

5007 La letra con sangre entra; y el renglón, con el cucón.

5008 La letra, mata; su sentido, sana.

5009 La ley bien se entiende con el auxilio de otras leyes.

5010 La ley no tiene entrañas.

5011 La libertad es una alhaja que con ningún dinero se paga.

5012 La liebre, en la carretera; el conejo, a la rastrera.

5013 La limosna callada es la que a Dios agrada.

5014 La lumbre, para los viejos; el aire y la calle, para los mancebos.

5015 La lumbre y el hecho, ¡cuántos pobres han hecho!

5016 La lumbre y la paja, estén bien apartadas.

5017 La Luna suele ser embustera; sucederá siempre lo que Dios quiera.

5018 La luz apagada y la boca callada, la hija de Picio no se distingue de la diosa Diana.

5019 La llave, es de la paz la clave.

5020 La llave poco guarda, si ella no está bien guardada.
5021 La mala costurera, larga la hebra.
5022 La mala fama, al hombre mata.
5023 La mala palabra, más que un guijarro descalabra.
5024 La mala vida, arrugas cría; la buena, las quita.
5025 La malicia hace sucias las cosas limpias.
5026 La mancebez sólo se vive una vez.
5027 La mancha de aceite, paso a pasito se extiende.
5028 La mejor mesa, la atraviesa.
5029 La mancha de la morita, con otra verde se quita.
5030 La mano derecha es la que se afana; que la izquierda, poco hace y poco gana.
5031 La mano es una fiel criada, así para cosa buena como para cosa mala.
5032 La mano trabajadora, nada señora; la que no trabaja, casi en cada dedo una alhaja.
5033 La mansa cordera, mama de su madre y de la ajena; la brava, ni de su madre mama.
5034 La maravilla de ayer, pocos hoy la van a ver.
5035 La más pintarrajeada tela, preñadas la llevan.
5036 La mayor ventura, menos dura.
5037 La medida postrera es la menos hechidera.
5038 La medida postrera, nunca está bien llena.
5039 La mejor de la cosas que hubieres de decir, quédese sin salir.
5040 La mejor lotería es una buena economía.
5041 La mejor presa, no va a la mesa.
5042 La mejor presa, se la zampa la cocinera.
5043 La mejor tierra, para legumbres y cereales; la mediana, para viñas y olivares.
5044 La mejor vecina, la cocina.
5045 La memoria es el talento de los tontos.
5046 La memoria es la tabla; la atención, la gubia que talla.
5047 La menta el amor aumenta.
5048 La mentira anda con muletas, y la verdad, sin ellas.
5049 La mentira busca el rincón, la verdad, la luz del sol.
5050 La mentira es animal de corta vida.
5051 La mentira es un anzuelo, la verdad, un pez; te meto mentira y lo pescaré.

5052 La mentira te hará vivir, la verdad, morir.
5053 La mentira tiene muchos amadores, la verdad, muchos aborrecedores.
5054 La mesa mata más gente que la guerra.
5055 La mesa pobre es madre de la salud rica.
5056 Lame y no muerdas, si quieres levantar cabeza.
5057 Lamiendo culos, a la cumbre subieron muchos.
5058 Lamiendo culos subió Miguel, y ahora le lamen el culo a él.
5059 Lamiendo culos y besando manos, se empingorota el villano.
5060 La misa, dígase y óigase sin prisa.
5061 La mocedad es gozo, dejad divertirse al mozo.
5062 La moza es siempre mona, aunque la vistan de real persona.
5063 La moneda falsa pasa, y la puta se casa.
5064 La moza buena en la casa está y en la calle suena.
5065 La moza vana, menos culto rinde a Dios que a su cara.
5066 Lampiño, cara de niño.
5067 Lampiño o raso de barba, de ése te guarda.
5068 La mucha abundancia da hastío y náusea.
5069 La mucha alegría y la mucha tristeza, muerte acarrean.
5070 La muerte es la gran igualadora.
5071 La muerte es redentora.
5072 La muerte es una; pero sus maneras de matar son muchas.
5073 La muerte, ni la temas ni la desees; ella viene cuando quiere.
5074 La muerte siempre es traidora; nunca dice el día ni la hora.
5075 La muerte, sin tener llaves, todas las puertas abre.
5076 La muerte y el amor, igualadores son.
5077 La muerte y el juego, no respetan privilegios.
5078 La muerte y los buenos jueces, no dejan que los cohechen.
5079 La mujer a nada debe oler; y si huele a algo, huela a mujer.
5080 La mujer ángel es algún rato, y diablo, el resto del año.
5081 La mujer buena es a la vez perlas, plata y oro; pero... ¿dónde se encuentra ese tesoro?
5082 La mujer buena es inapreciable prenda.
5083 La mujer buena, leal y con decoro, es un tesoro.
5084 La mujer con su marido, en el campo tiene abrigo.
5085 La mujer chica, con poca tela está vestida.

5086 La mujer de bien, ni debe oler mal ni debe oler bien.
5087 La mujer desenvuelta, franca te tiene la puerta.
5088 La mujer deshonesta, cuando envejeció, ya que dio al diablo la carne, da los huesos a Dios.
5089 La mujer deshonesta, en mostrarlo tiene su fiesta.
5090 La mujer, cuando está sola, no piensa en buenas cosas.
5091 La mujer holgazana, sólo el sábado se afana.
5092 La mujer lo hace, y el marido no lo sabe.
5093 La mujer que lo sabe ser, tres galanes ha de tener; uno para el gusto, otro para el gasto, y otro para que lleve los cuernos al rastro.
5094 La mujer que no huele a nada es la mejor perfumada.
5095 La mujer que pare, si no cría, es poco madre.
5096 La mujer que solamente pare, no es más que media madre; y la otra media, la que le da al niño la teta.
5097 La mujer que tiene barbas en la cara, suele tenerlas en el alma.
5098 La mujer repompullada, hasta en la cama suda.
5099 La mujer sabia, levanta su casa; la recia, la derrueca.
5100 La mujer y el horno por la boca se calientan.
5101 La mujer y la avispa, con el rabo pican.
5102 La mujer y la mentira, nacieron el mismo día.
5103 La mula en el trigo, el amo a voces, y la mula a coces.
5104 Lana caprina, ni larga ni fina.
5105 Lana juardosa, lana merdosa.
5106 La naranja y la granada, antes que nada.
5107 La naturaleza y las mujeres, lo vacío aborrecen.
5108 La nave está más segura con dos anclas que con una.
5109 Lanceta, receta y escopeta, trinidad completa.
5110 La niña, entre niñas; la viña, entre viñas.
5111 La noche, para lobos y ladrones.
5112 La noche para pensar, el día, para obrar.
5113 La noticia mala llega volando; la buena, cojeando.
5114 La novedad de hoy es lo antiguo de mañana.
5115 La novedad es flor de un día; hoy ya no luce lo que ayer lucía.
5116 La nuez llena, menos que la vana suena.
5117 La nuez y la mujer, a golpes se han de vencer.
5118 La obra bien acabada, agradecida sobre pagada.

5119 La obra bien hecha a su autor recomienda.
5120 La obra dice quien la hizo.
5121 La ocasión es madre de la tentación.
5122 La ocasión y la vergüenza, cuando se van, no tienen vuelta.
5123 La ortiga, desde que aflora pica.
5124 La oveja del pastor, siempre pare dos.
5125 La paciencia es buena ciencia.
5126 La paciencia es una hierba que no nace en todas las tierras.
5127 La pala de la panadera no tiene pena.
5128 La paz a todos, el pecho a pocos.
5129 La paz es la madre del pan.
5130 La pereza, la cosa más sencilla la hace eterna.
5131 La pereza, nunca levanta cabeza; y si se la ves levantar, es para volverse a echar.
5132 La persona que es curiosa, tiene un refrán para cada cosa.
5133 La pimienta es chica, pero escalenta.
5134 La pimienta es chica, pero pica.
5135 La pluma es ligera; pero lo que escribe, a muchos pesa.
5136 La ponzoña nunca se dio en unas sopas.
5137 La posesión del oro, hace el corazón de plomo.
5138 La práctica vale más que la gramática.
5139 La prenda y la doncella, en el que más dé por ella.
5140 La presencia del dueño, vale tanto como el estiércol.
5141 La pretensión de don Facundo; no podía gobernar a su mujer y quería gobernar el mundo.
5142 La primavera pasa ligera, al revés que el invierno, que se hace eterno.
5143 La primavera, que cante o que llore, no viene nunca sin flores, ni el verano sin calores, ni el otoño sin racimos, ni el invierno sin nieves y fríos.
5144 La primera lluvia de agosto, apresura el mosto.
5145 La primera nuera se parece a su suegra.
5146 La primera se perdona por primilla; la segunda, se castiga.
5147 La puerta y la ventana son encanto de la moza holgazana.
5148 La pulga nace saltando, y el hombre llorando.
5149 La que con viejo rico va a matrimoniar, más piensa en el enviudar, que en el casar.
5150 La pulga tiene su muerte entre dos uñas.
5151 La pulga ya nace picando, y la espina, punzando.

5152 La pulguita moza, con sangre se encalostra.
5153 La puta y la trucha asoman por donde menos se buscan.
5154 La que al diablo su carne dio, ofreció sus huesos al Señor.
5155 La que a los veinte no se contenta sino con un señorón, se casa a los treinta con Juan Azadón.
5156 La que a mí no me quiere, por otro se muere que a otra prefiere, y ésta, no le quiere.
5157 La que anduvo de fiesta en carnaval, en noviembre llorará. (A los 9 meses).
5158 La que a su marido ha de servir, no puede mucho dormir.
5159 La que a todos parece hermosa, es para su marido peligrosa.
5160 La que a tu casa viene, viene a saber lo que tienes y lo que no tienes.
5161 La que a vestirse de verde se atreve, por guapa se tiene.
5162 La que carnavalea, teresea.
5163 Las chatungas, feas pero con sandunga.
5164 Las de Alcázar de San Juan *(Ciudad Real),* antes de que les pidan, dan.
5165 Las enfermedades, poco a poco se hacen.
5166 Las firmes amistades se hacen en las mocedades.
5167 Las malas noticias llegan aprisa.
5168 Las malas nuevas, corren que se las pelan.
5169 Las morenas tienen sal, y las rubias *ná.*
5170 Las nieblas de marzo, serán heladas en mayo.
5171 Las ocasiones hacen a las putas y a los ladrones.
5172 La sopa hervida, cuestión concluida.
5173 Las orejas nunca son viejas.
5174 Las palabras no tienen alcabala.
5175 Las palabras son cosa hueca, si con obras no se rellenan.
5176 Las palabras son de pluma, y las obras son de plomo.
5177 Las penas, con cuchillo de palo degüellan.
5178 Las tres razones de Matías: una vana y dos vacías.
5179 Las uvas hebenes se comen y se huelen.
5180 Las uvas mejores se las comen el guarda y los vendimiadores.
5181 La trompeta de la fama se oye en todo el mapa.
5182 La uva hebén, sabe y huele bien.
5183 La uva piñuelo, como el caramelo.

5184 La uva tiene dos sabores divinos: como uva y como vino.
5185 La uva torrontés, cagarriosa es.
5186 La variedad place a la voluntad.
5187 La vecindad es casi parentesco.
5188 La vecindad es fuente de amistad.
5189 La ventura es paño que poco dura.
5190 La verdad aborrece la oscuridad.
5191 La verdad a medias es mentira verdadera.
5192 La verdad y la mocita, desnudita.
5193 La vergüenza es un estorbo.
5194 La vergüenza, una vez perdida, se perdió para toda la vida.
5195 La vida es corta, y pasarla alegre es lo que importa.
5196 La vida es gran libro abierto para el que vive despierto; mas sin ningún contenido para el que vive dormido.
5197 La vida, larga o corta, que sea buena es lo que importa.
5198 La vieja tórnase moza, al recordar la noche de su boda.
5199 La viña preciada, en la solana.
5200 La virtud hace nobles y el vicio innobles.
5201 La virtud hace santos y el vicio, bellacos.
5202 La virtud por esos suelos anda, y el vicio, en andas.
5203 La viuda joven en su cama, al muerto llora y por un vivo clama.
5204 La voz del culo no admite remedo ni disimulo.
5205 La voz que el culo emite no hay arrastra de sillas que la imite.
5206 La zamarra y la vileza, al que se la aveza.
5207 Lección bien aprendida, tarde o nunca se olvida.
5208 Lecciones quieren dar los cojos para bien andar.
5209 Leche bien cocida, tres veces subida.
5210 Leche desnatada, alimenta poco o nada.
5211 Leche desnatada es poco más que agua blanca.
5212 Leche después del vino, veneno fino.
5213 Leche, vino y huevos, hacen mozos a los viejos.
5214 Le dijeron los nabos a la col: «En la olla nos juntará Dios».
5215 Le dijo la rana al pez: «No me pillarás otra vez».
5216 Lee antes de firmar, y cuenta antes de guardar.
5217 Leer sin entender, no es leer.
5218 Leer sin hacerse cargo de lo leído, tiempo perdido.
5219 Lengua malvada corta más que espada.

5220 Leña sin humo, ni la hay, ni nunca la hubo.
5221 Leña seca, poco humea.
5222 Leña y matanza, según la que hay se gasta.
5223 Letras y canas, a cuál más sabias.
5224 Leve es la pluma, pero escribiendo abruma.
5225 Ley desusada, como derogada.
5226 Libra de uvas, purga segura.
5227 Libro bueno, no es para necios.
5228 Libro cuya lectura no te mejore, quizá te empeore.
5229 Libro que pensar no hace, no me place.
5230 Libros, días y ollas, hacen sabias las chollas.
5231 Libros y años hacen al hombre sabio.
5232 Linda cara y gordo culo, dote ninguno.
5233 Loa la fama a quien muere por su patria.
5234 Lo amargo es provechoso y lo dulce dañoso.
5235 Lo bien aprendido, nunca es perdido.
5236 Lo bien aprendido, para siempre es sabido.
5237 Lobo no come lobo.
5238 Lo bueno, a todos da contento.
5239 Lo bueno cansa y lo malo daña.
5240 Lo común no se prohíbe a ningún.
5241 Lo convenido debe ser cumplido.
5242 Lo diferido, dalo casi por perdido.
5243 ¿Lo dijo Blas? Paso atrás.
5244 ¿Lo dijo Blas? Punto redondo.
5245 ¿Lo dijo Blas? Pues ya no hay que decir más.
5246 Lo fiado, rara vez pagado.
5247 Lo hermoso, a todos da gozo.
5248 Lo imposible, en vano se pide.
5249 Lo inútil nunca es barato.
5250 Lo inútil, siempre es caro, aunque cueste barato.
5251 Lo mal adquirido se va como ha venido.
5252 Lo mío, mío; y lo de entrambos, también mío.
5253 Lo muy caliente, tomadlo a sopla y suerbe.
5254 Lo negro es serio, lo blanco risueño.
5255 Lo pasado, al olvido sea dado.
5256 Loa pasado, para siempre ausentado.
5257 Lo pasado vuelve.
5258 Lo peor de la cazuela es guisarla y no comerla.

5259 Lo poco es poco; pero nada, es menos.
5260 Lo prestado es primo hermano de lo dado.
5261 Lo principal y primero, es salvar el comedero.
5262 Lo que a cobre no sabe, es dulce como el jarabe.
5263 Lo que de Dios está, sin duda se cumplirá.
5264 Lo que de Dios esté, en la mano lo tendré.
5265 Lo que dejas llevas, Juan Cuevas.
5266 Lo que del corazón rebosa, sálese por la boca.
5267 Lo que dieres te darán, y lo que hicieres te harán.
5268 Lo que el diablo no puede, la mujer lo hace fácilmente.
5269 Lo que el médico curar no puede, lo cura la muerte.
5270 Lo que el pobre desea, nunca le llega.
5271 Lo que en los libros no está, la vida te enseñará.
5272 Lo que es de muchos, es de pocos.
5273 Lo que ha de ser no puede faltar.
5274 Lo que ha de ser tiene mucho poder.
5275 Lo que ha de ser, por fuerza tiene que suceder.
5276 Lo que ha de suceder, lleva en sí mucho poder.
5277 Lo que ha de suceder, no pude dejar de ser.
5278 Lo que hoy es, mañana no es.
5279 Lo que hoy parece, mañana perece.
5280 Lo que la mujer no consigue hablando, lo logra llorando.
5281 Lo que la vieja quería, soñando lo tenía.
5282 Lo que más escasea, más se desea.
5283 Lo que me gusta, procurarlo es cosa justa.
5284 Lo que me parezca bien, cantando lo haré; lo que me parezca mal, ni cantando ni sin cantar.
5285 Lo que me place es lo bueno, aunque sea malo y feo.
5286 Lo que me place, me place; que en mi gusto no manda nadie.
5287 Lo que mucho se usa, poco dura.
5288 Lo que nadie quiere, que le dé el aire y se refresque.
5289 Lo que no cura el acero, cúrelo el cauterio.
5290 Lo que no quieras que digan, no lo digas.
5291 Lo que no se empieza, no se acaba.
5292 Lo que obres, con lo que te sobre, y así no vendrás a ser pobre.
5293 Lo que obtener no puedo es lo que más deseo.
5294 Lo que pasa por la mente, se viene a los dientes.

5295 Lo que pasó, pasó, y el viento se lo llevó.
5296 Lo que pica, sana.
5297 Lo que poco cuesta, en menos se aprecia.
5298 Lo que se estrena, siempre alegra.
5299 Lo que quema cura.
5300 Lo que se había de echar en lino, echémoslo en vino.
5301 Lo que se hace a la caraja, no vale una paja.
5302 Lo que se hace a macha martillo dura siglos.
5303 Lo que se oyó contar en el corrillo, fuerza es *referillo.*
5304 Lo que sin tiempo madura, poco dura.
5305 Lo que te han dado, recíbelo con agrado.
5306 Lo que tengo bonito y a los hombres gusta, que luzca.
5307 Los mejores bienes, en tí mismo los tienes.
5308 Los melones del Copero, no tienen pero.
5309 Los muchachos no son hombres, sino diablos.
5310 Los muertos mandan.
5311 Los muertos no vuelven pero siguen influyendo en nuestra suerte.
5312 Los negocios no quieren ocio.
5313 Los niños, no beban vino.
5314 Los niños son hijitos de Dios y testiguitos del diablo.
5315 Los niños y las niñas deben hablar cuando meen las gallinas.
5316 Los novios son como los mozos, se van unos, y vienen otros.
5317 Los números nones son los mejores; y el número tres, el mejor de todos es.
5318 Los ojos disfrutan de todo.
5319 Los ojos honestamente de todo gozan: todo lo ven y nada tocan.
5320 Los ojos lo curiosean y el corazón lo desea.
5321 Los ojos todo lo ven y a sí mismos no se ven.
5322 Los ojos y los oídos siempre son niños.
5323 Los osados llegan a ser ricos, si no perecen en el camino.
5324 Los pájaros te dirán cuando en sazón las frutas están.
5325 Los pecados de los abuelos, los pagan los nietos.
5326 Los pecados son cadena, unos eslabones a otros se agregan.
5327 Los peores catarros se cogen ya entrado el verano.
5328 Los pesares envenenan la sangre.

5329 Los peores ladrones no roban con trabucos, si no con levitones.

5340 Los pesares envenenan la sangre.

5341 Los pies del hortelano no estropean lo plantado.

5342 Los pobres nunca ahítos y siempre aflitos.

5343 Los pobres te hicieron rico, y no das a los pobres tantico.

5344 Los pobres tienen más coplas que ollas, y más refranes que panes.

5345 Los que de señores nos preciamos, o cenamos tarde o no cenamos.

5346 Los que dicen lo que no sienten, mala gente.

5347 Los que miden el oro porcelemines, suelen ser los más ruínes.

5348 Los refranes no engañan a nadie.

5349 Los regüeldos son pedos frustrados, que salen por arriba, porque no supieron salir por abajo.

5350 Los sargentos son los amos del regimiento.

5351 Los señoritos son tan rumbosos, que por guardar, guardan hasta los mocos.

5352 Los viejos son codiciosos y maliciosos.

5353 Lo tardío, vacío medio vacío.

5354 ¿Lo trataste o lo avecindaste?

5355 Lo variadito es lo mejorcito.

5356 Lo ya juzgado es sagrado.

5357 Luego que tu pan comí, no me acorde de ti.

5358 Luna que sale colorada, próxima ventada.

5359 Lunar en el bezo, pide besos.

5360 Luz de lina, ni enjuga ni madura.

5361 La alabanza del malo es vergonzosa.

5362 La alegría es víspera del pesar.

5363 La antigüedad es un grado.

5364 La veteranía, otro.

5365 La avaricia es mar sin fondo y sin orillas.

5366 La bonita sólo es buena para el pintor.

5367 La carga cansa, la sobrecarga, mata.

5368 La duda ofende.

5369 La escasez hace volar los precios.

5370 La esencia fina viene en el frasco chico.

5371 La honra del marido la mujer la guarda..., o no.

5372 La ignorancia es atrevidísima; la que más.
5373 La justicia no corre, pero atrapa.
5374 La ley del embudo; para mí lo ancho y para ti lo agudo.
5375 La mentira general pasa por verdad.
5376 La mierda, contra más se menea, más apesta.
5377 La monja y el fraile, oren y callem.
5378 La mujer en casa, y la pata quebrada.
5379 Las mujeres nunca son del que las quiere, sino del último que viene.
5380 La mujer y la ensalada, sin aderezo no es nada.
5381 La puta y el fanfarrón tienen poca duración.
5382 La que de comer con su marido rehúsa, no está en ayunas.
5383 Las abreviaturas dificultan la lectura.
5384 La sangre del pobre el rico se la come.
5385 La sangre tira.
5386 Las cosas de palacio, van despacio.
5387 La vejez no viene sola.
5388 La viuda que se arrebola, por mi fe que no duerme sola.
5389 Ley puesta, trampa hecha.
5390 La zorra suele predicarle a las gallinas: «Hermanas mías...»
5391 Loen tus obras otros y tú las de otros.
5392 Lo mismo da a pie que andando.
5393 Lo que de prisa se hace, despacio se llora.
5394 Lo que fuere, sonará.
5395 Los hombres convengan, por la ley lo tengan.
5396 Lo que se piensa cuerdo, se ejecuta borracho.
5397 Los valientes y el buen vino, duran poco.
5398 Los viejos, a la vejez, se tornan a la niñez.
5399 Lo viejo enfada y lo nuevo agrada.

LL

5400 Llanto de mujer, engaño es.
5401 Llegada la ocasión, el más viejo, el más ladrón.
5402 Llega lo inesperado y malogra todo lo pensado.
5403 Llegar y besar es mucho lograr.
5404 Lleva a Roma un asno, y lo traerás mitrado.
5405 Llorar a boca cerrada, por no dar cuenta a quien no sabe nada.
5406 Llaga incurable, vida miserable.
5407 Llagas hay que no se curan y toda la vida duran.
5408 Llagas viejas tarde curan, o no curan nunca.
5409 Llagas y cuentas viejas, malas llagas y malas cuentas.
5410 Llama a lo fiado regalado, que es el nombre más apropiado.
5411 Llámala puta, aunque no lo sea; per no vieja ni fea.
5412 Llámale al vino, vino, y al pan, pan, y todos te entenderán.
5413 Llámame gorrion y échame trigo.
5414 Llámame perro judío, pero no te lleves nada mío.
5415 Llámame puta mostrenca, pero no me llames vieja.
5416 Llámame puta, pero no vieja, pues me falta mucho para los cuarenta.
5417 Llamar al toro desde la barrera, eso lo hace cualquiera.
5418 Llamé a una mujer *loca,* y ¡lo que echó por aquella boca!
5419 Llámome Carrasco, y donde me pica me rasco.

5420 Llámome Diego y ni pago ni niego.
5421 Llámome Velasco, y de nada hago asco.
5422 Llaneza en el trato, y de todos te harás grato.
5423 Llaneza, sin pecar de bajeza.
5424 Llanto de mujer y lluvia de verano, pasan volando.
5425 Llanto del que ni el pañuelo, se entera, llanto no era.
5426 Llanto de viuda y aguaceros de abril, no llenarán barril.
5427 Llave bien guardada, bien guarda.
5428 Llave de oro, lo abre todo.
5429 Llave que no siempre está echada, no guarda nada.
5430 Llega lo inesperado y malogra todo lo pensado.
5431 Llegan a ser ricos los osados, y los ladrones; y en llegando, ya son nobles.
5432 Llegando mayo, turroneros a caballo.
5433 Llegar de bajos principios a altos fines, no es para hombres ruines.
5434 Llegar y pegar, Matías, no es para todos los días.
5435 Lléguese a la raya, pero más lejos no se vaya.
5436 Llena o vacía, casa que sea mía.
5437 Lleno de pasión, vacío de razón.
5438 Lleno y ajeno, dos veces bueno.
5439 ¿Lleva camisa con trenzas? Pues más es de lo que piensas.
5440 Llevando y trayendo se pasa el tiempo.
5441 Llevar cuenta de lo que ganas y lo que gastas, arreglará tu casa.
5442 Llevar y traer, mal oficio suele ser.
5443 Llévase el tiempo los días que ya partieron, y vaya trayendo otros, preñados de misterios.
5444 Llora, necio, llora tus perdidas horas.
5445 Llora tus penas y deja las ajenas.
5446 Llueva o nieve, cuando tengas hambre, come; y cuando tengas sed, bebe.
5447 Llueva, pero no diluvie; que el diluviar todo lo destruye.
5448 Lluvia de verano y llanto de puta, poco duran.
5449 Lluvia esperé y tarde sembré;¡sabe Dios si algo cogeré!
5450 Lluvia por San Cipriano, quita mosto y no da grados.
5451 Lluvia por San Miguel, poco tiempo la has de ver.
5452 Lluvias con helada, traen buena añada.
5453 Lluvias de enero alegran al cosechero.

5454 Lluvias en marzo, hierbas en los sembrados.
5455 Llaga ajena no da pena.
5456 Llama el dinero al dinero, y el holgar al caballero.
5457 Llámame cortés, pero no: «corto es».
5458 Llanto de heredero, llanto placentero.
5459 Llanto de heredero no moja el pañuelo.
5460 Llanto de heredero, poco duradero.
5461 Llanto de niño, lluvia de estío; llanto de viejo, lluvia de invierno.
5462 Llanto de viuda, ligera lluvia.
5463 Llanto de viuda, presto se enjuga.
5464 Llanto por padre pobre, largo, porque no deja plata ni cobre; llanto por padre rico, dura tantico.
5465 Llave echada hace a tu vecina honrada y a ti bien guardada.
5466 Llegadas las golondrinas, el verano encima.
5467 Lléganse bienes a bienes, y más males a quien males tiene.
5468 Llegar y besar, suerte es singular.
5469 Llegó el loco, y adobólo.
5470 Llegue a maduro el agraz, y hayamos la fiesta en paz.
5471 Llena el vientre, más no tanto que revientes.
5472 Lleva con ánimo igual lo que es bien y lo que es mal.
5473 Llevando lo que todos llevan, no harás moda nueva.
5474 Llévanse los beneficios los asnos, y los caballos se revientan por alcanzarlos.
5475 Llevar aceite a Andalucía, necedad sería.
5476 Llevar las cosas muy por el cabo no es de hombre serio.
5477 Llevar y traer, de todo ha de haber.
5478 Llorando, engañó la mujer al diablo.
5479 Llorando, la mujer, hace del hombre lo que quier.
5480 Llorando nacen todos; riendo, ni uno solo.
5481 Llora por de fuera el heredero, y por dentro está riendo.
5482 Llorar en la plaza, y reír a socapa.
5483 Llora y cantarás; canta y llorarás.
5484 Llora y cantarás; pierde y ganarás.
5485 Llueve a cargas, que hecho está donde caigas.
5486 Llueva Dios sobre mi ero, y el del vecino quede seco.
5487 Llueva, llueva; que hecho está donde quepa.
5488 Llueva por abril y mayo, y no llueva en todo el año.

5489 Llueva sobre su dueño; no sobre mí, que nada tengo.
5490 Llueva y no pare, hasta que los cuernos de los toros se ablanden.
5491 Lluvia fina y caladera, en toda la primavera.
5492 Lluvias en junio, infortunio.
5493 Lluvioso abril si mayo ventea, ya te puedes reír.

M

5494 Machacando y más machacando, se hace el gazpacho.
5495 Madera que para cruz ha de ser, nadie la verá podrecer.
5496 Madrastras, la mejor, a rastras.
5497 Madre, al vasar llego; marido quiero.
5498 Madre, casarme quiero; que dormir sola me da miedo.
5499 Madre, casarme quiero, que ya sé freír un huevo.
5500 Madre, la que lo pare; que la que no, no es madre.
5501 Madre, la que lo pare; y más madre todavía, la que lo pare y lo cría.
5502 Madre, marido quiero; que ya lo tiene la del pellejero.
5503 Madre que no cría el hijo que pare, no es más que media madre.
5504 Madre, si usted no me casa, con el culo tumbo la casa.
5505 Mal acierta quien sólo el interés se lleva.
5506 Mal acomodo es desnudar un santo para vestir a otro.
5507 Mala guardería es la de doncellas, si no se guardan ellas.
5508 Malagueños, o muy listos o muy leños.
5509 Malagueño, y del Perchel, mucho cuidado con él.
5510 Malaguita, al de los boquerones y la de los vinos superiores.
5511 Mala hierba, nunca muere.
5512 Mal ajeno, a nadie le importa un bledo.
5513 Mala madre me diera Dios y buena madrastra no.
5514 Mal añejo es no tener dinero.

5515 Mal aparejo es no tomar el parecer que da el viejo.
5516 Mal aprende quien no prende.
5517 Malas nuevas, como el rayo llegan.
5518 Malas o buenas, mira todas las cosas como ajenas.
5519 Malas razones se pagan con mojicones.
5520 Malas son de guardar, la viña en setiembre y las doncellas siempre.
5521 Mala tierra, a su amo entierra.
5522 Mala vida pasa, quien tiene al enemigo en casa.
5523 Mala y engañosa ciencia es juzgar por las apariencias.
5524 Mal canta el grillo, pero gusta «oíllo».
5525 Mal carpintero, buen virutero.
5526 Mal cazador, buen mentidor.
5527 Mal comer, ayunar viene a ser.
5528 Mal compañero es el miedo, que hace del mosquito un caballero.
5229 Mal de locura, sólo la muerte lo cura.
5530 Mal de rico, poco daño y mucho trapico.
5531 Maldiciones de putas viejas, por do salen entran.
5532 Maldito el diente que se come la simiente.
5533 Mal enemigo es el vino, si el tomarlo se hace vicio.
5534 Mal escribir sabe quien mucho trae.
5535 Mal es sufrir; pero sufrirlo mal es mayor mal.
5536 Mal está nuestra, cuando al barbero llama.
5537 Malas tengas, y bien te avengas.
5538 Males y bienes, en que duran poco, se parecen.
5539 Males y bienes se van y se vienen.
5540 Mal haber por bien hacer, mil veces se suele ver.
5541 Mal hace quien no hace bien, aunque mal no haga.
5542 Mal hace quien no hace bien, y quien hace mal, también.
5543 Mal haya la pila do pica el gallo, y no la gallina.
5544 Mal haya y más mala haya la que no tiene quien le compre el manto ni la saya.
5545 Malicia por malicia; y pues de tuno a tuno jugamos, en paz estamos.
5546 Mal labrador el que para abril no barbechó.
5547 Mal ladra el perro cuando ladra de miedo.
5548 Mal lo aliña quien en sus tiempos no labró su viña.
5549 Mal los pies sostienen cuando la cabeza duele.

5550 Mal muy recio es tener que servirse de bobos y necios.
5551 Mal o bien, dinero ten.
5552 Malo el rey, mala la grey.
5553 Malo eres; pero alabarte he, porque si no, no te venderé.
5554 Malo es callar cuando conviene hablar.
5555 Malo es pasarse y malo no llegar; en un buen medio te debes quedar.
5556 Mal oledor, mal catador.
5557 Malo o bueno, cada cosa tiene su asidero.
5558 Malos y buenos, todos andamos revueltos (y juntos).
5559 Mal piensa el que piensa que otro no piensa.
5560 Mal piensa el que no rumia lo que piensa.
5561 Mal que se hizo viejo, se suelta con el pellejo.
5562 Mal que se tiene porque se quiere, no duele.
5563 Mal de muchos consuelo de bobos.
5564 Mal regaña el amo a la moza, si a veces, con ella retoza.
5565 Mal retoza el viejo con la moza.
5566 Mal se aconseja la pulga que pica detrás de la oreja.
5567 Mal se puede lavar con agua sucia.
5568 Mal se sienta y mal se siente quien almorranas tiene.
5569 Mal su bolsa defiende quien al fiado vende.
5570 Mal sus cuentas echó quien con Dios y con el diablo no contó.
5571 Mal te quiere quien con lisonjas te viene.
5572 Mal te quiere quien siempre te alaba y nunca te reprende.
5573 Mal tu viña labras, si esperas a que la hierba nazca.
5574 Manca, manca, pero no del anca.
5575 Mancha en honra, más pronto se echa que se borra.
5576 Mandar y mondar, muchas veces van a la par.
5577 Manda y está sobre ello, por si lo que mandaste está mal hecho.
5578 Manda y haz, y así a los torpes enseñarás.
5579 Manda y haz; buen ejemplo darás.
5580 Manda y haz, y buenos criados tendrás.
5581 Mande la razón y obedezca la pasión.
5582 Mande quien deba, y los demás obedezcan.
5583 Manjar bueno y rebueno, el que sale bien y es ajeno.
5584 Manjar que se allegó al fuego, a ese me allego.
5585 Manjar recalentado, para el gato.

5586 Mano cerrada no da nada, y debiera ser cortada.
5587 Manos callosas, manos honrosas.
5588 Manos de dama no sirven para nada; manos de oficial valen un caudal.
5589 Manos de herrero, y espaldas de molinero.
5590 Manos encallecidas, más valen que con sortijas.
5591 Manos enguantadas, ni hacen nada, ni valen nada.
5592 Manos liberales, manos angelicales.
5593 Manos muy cuidadas, manos holgazanas.
5594 Manos ochentonas, manos temblonas.
5595 Manos que trabajan, no son manos, sino alhajas.
5596 Mantener un vicio cuesta más que criar dos hijos.
5597 Mañana, cosa lejana, cuando no cosa vana.
5598 Mañana es la palabra de la malgana.
5599 Maña y saber, para todo es menester.
5600 Maravedí a maravedí llena mi bolsa vi.
5601 Marido cazolero, no lo quiero.
5602 Marido celoso, el cuerno al ojo.
5603 Más blanquea la ropa el sol que el jabón.
5604 Marido mal casero, canta en otro gallinero.
5605 Marisincasa, siempre de plaza en calle y de calle en plaza.
5606 Mártir es de su pecado quien por la envidia está esclavizado.
5607 Marzo y setiembre el tiempo revuelven.
5608 Más aina con aguja sale la espina.
5609 Más alimenta el pan casero, que el que vende el panadero.
5610 Más alimenta la mala pitanza que una buena esperanza.
5611 Más sufre el albéitar que el físico.
5612 Más arde la leña cuando está más seca.
5613 Más barato estaría el pan si no lo comiera tanto holgazán.
5614 Más bien duerme el deudor que su acreedor.
5615 Más buen pastor es el que cura la roña que el que toca la zampoña.
5616 Más calienta la pata de un varón que diez arrobas de carbón.
5617 Más come en una semana un gato que cien ratones en todo el año.
5618 Más come la osura que la oruga.
5619 Más conocemos a los otros que a nosotros.

5620 Más cura el tiempo que soles y vientos.
5621 Más daño suele hacer una plumada que una estocada.
5622 Más daño te hace el que te adula que el que te injuria.
5623 Más deberás al buen amigo que al mal hermano y al mal hijo.
5624 Más deberás a un mal hermano que a un buen cuñado.
5625 Más de cenas que de penas están las sepulturas llenas.
5626 Más descansado estaría el campo si no mantuviese tantos vagos.
5627 Más de un bribón no se casa por la oveja sino por el vellón.
5628 Más en cuenta toma el mundo el parecer que el ser.
5629 Más hombres mata la bragueta que la guerra.
5630 Más honran buenos vestidos que buenos apellidos.
5631 Más matan las recetas que las escopetas.
5632 Más meditada debe ser la salida que no la entrada.
5633 Más sabe un torrezno que doctores ciento.
5634 Más vale poco y bien allegado que mucho y robado.
5635 Más vale poco y bien tenido que mucho y mal atendido.
5636 Más vale quedar con gana que estar enfermo mañana.
5637 Más vale que un dedo se pierda que no la mano entera.
5638 Más vale riqueza de corazón que riqueza de posesión.
5639 Más vale rodear que mal andar.
5640 Más vale rodear que rodar.
5641 Más vale ser envidiado que amancillado.
5642 Más vale ser rico labrador que marqués pobretón.
5643 Más vale ser un buen pobre que un mal rico.
5644 Más vale tener buenos enemigos que malos amigos.
5645 Más vale tener que dar, que tener que mendigar.
5646 Más vale tener que decir *¡so!*, que *¡arre!*
5647 Más vale tener un ingenio qué mucho ingenio.
5648 Más vale una abeja sola que mil moscas.
5649 Más vale una cuarta de buen paño que dos varas del malo.
5650 Más vale un «se hará» que diez «quizás».
5651 Más vale viejo asentado que mozo desatinado.
5652 Más vale viejo con plata que joven con zaragata.
5653 Más vuela la mala fama que la buena.
5654 Matad el hambre, y no déis lugar a que la hartura os mate.
5655 Mátame, pero antes págame.
5656 Matar la cabra para destetar el chivo, es desatino.

5657 Matrimonio sin patrimonio, dóilo al diablo.
5658 Mayo fresquito, bien gana el trigo.
5659 Mea claro, pee fuerte, y cágate en la muerte.
5660 Mear en una alcuza una mujer, no puede ser.
5661 Mear, sin peer, rara vez.
5662 Medicina que todo lo cura, locura.
5664 Médico bien pagado, no querría ver a su enfermo enterrado.
5665 Médico ebrio, *¡vade retro!*
5666 Médico nuevo, en dos años le echa una solería al cementerio.
5667 Médico pronostiquero, médico embustero.
5668 Médico sin ciencia, médico sin conciencia.
5669 Mejor arte es bien callar que bien hablar.
5670 Mejor curada está la herida que no se dio que la que bien se curò.
5671 Mejor es resignarse que lamentarse.
5672 Mejor es un incendio que un vilipendio.
5673 Mejor maestra es la pobreza que la riqueza.
5674 Mejor que rematar cuentas es no tenerlas.
5675 Melindre vano es decir que no, si pones la mano.
5676 Melones y criados, búscalos.
5677 Melón por calar, ¿quién sabe como saldrá?
5678 Mendigo que si oficio sabe, más bien morirá de ahíto que de hambre.
5679 Menguilla y Pascual, tal para cual.
5680 Menos correr, y más hacer.
5681 Menos de tres, poco es.
5682 Menos vive el que más duerme, porque el sueño es como muerte.
5683 Mentiras de día y pedos de noche, los hay a troche y a moche.
5684 Mentiras y roscones, contra más grandes, mejores.
5685 Meras palabras son ruido; envueltas en ella está el sentido.
5686 Mesa sin vino no vale un comino.
5687 Mesura es cordura.
5688 Mete al ruín en tu pajar y te querrá heredar.
5689 Mete la mano en tu seno, y no te tendrás por tan bueno.
5690 Meter en tu casa albañiles, sólo si te sobran miles.

5691 Meter tu hoz en mies ajena, maldita faena.
5692 Miel de abejas sabe bien y alimenta.
5693 Miel de abejas, mejor que fresca, añeja.
5694 Miel en la boca y hiel en el corazón, es de falso hipocritón.
5695 Miel bien presentada dos veces regalada.
5696 Moscón de oreja, antes gusta que molesta.
5697 Miembro doliente, reposo quiere.
5698 Mientras comas bien y peas fuerte, ríete de la muerte.
5699 Mientras el cuerdo duda, el loco emprende y termina la aventura.
5700 Mientras el deudor no muera en pie está la deuda.
5701 Mientras el deudor tiene vida la deuda no está perdida.
5702 Mientras el galgo mea, la liebre está a media legua.
5703 Mientras el gato muerde, ni roba, ni araña, ni muerde.
5704 Mientras gane algo, algo más valgo.
5705 Mientras higos haya, no pienses que tu amigo se vaya.
5706 Mientras menos seamos, mejor estamos.
5707 Mientras mis mentiras cuento, no me parece que miento.
5708 Mientras mi vecina sea boba paso sin usar mi escoba.
5709 Mientras no es preguntado, el libro está callado.
5710 Mientras pasa el nublado, aquí agachado.
5711 Mientras puedo, ¿quién dijo miedo?
5712 Mientras vengo y voy, vivo estoy.
5713 Mientras voy y vengo, en pie me tengo.
5714 Mindolo, todo se lo hacía solo.
5715 Mi nuera es tan elegante, que hasta para fregar usa guantes.
5716 Mi patria es mi casa, y no tengo más patria.
5717 Mira bien de quien te fías; que hay en el mundo mucha falsía.
5718 Mira bien hacia atrás y autor de tus desventuras te hallarás.
5719 ¡Mirad quién dijo a quién: la caldera a la sartén!
5720 ¡Mira quién habla de buen pelo: la más pelona!
5721 Mira tus cosas como ajenas, y las perderás sin pena.
5722 Mira y verás; busca y hallarás.
5723 ¡Mire usted que dicha: perder el asno y hallar la cincha!
5724 Mies harbada, o es media misa o no es nada.
5725 Mi tiempo es el campo en que yo siembro.
5726 Modestia exagerada, modestia falsa.

5727 Molinero y ladrón, dos cosas suenan y una son.
5728 Molinero y no ladrón, sería caso de admiración.
5729 Molletes crían mofletes.
5730 Morir es renacer.
5731 Morir es volver a vivir.
5732 Moza asturiana, tetas y nalgas.
5733 Moza catada, ni doncella, ni viuda, ni casada.
5734 Moza franca bien juega del anca.
5735 Moza manoseada de nada se espanta.
5736 Moza mesonera más tentada que breva.
5737 Moza que con todos bromea, no sé sí lo es, pero quizás lo sea.
5738 Mozas y frutas, a pulgaradas se maduran.
5739 Mozas y mozos lo que quieren es retozo.
5740 Moza ventera, ni casada, ni casera.
5741 Mozo rondador no puede ser madrugador.
5742 Mozo sermonero, o no tiene novia o no tiene dinero.
5743 Mucha carga, la bestia mata.
5744 Mucha ciencia y poca conciencia, mala ciencia.
5745 Mucha familia, hambre continua.
5746 Mucha gente, todo es bulla; con poca, nada se embarulla.
5747 Mucha mecha y poco pico, te harán sabio y quizás rico.
5748 Mucha parola, poca obra.
5749 Muchas avispas matan un asno.
5750 Muchas veces, lo que flotan son las heces.
5751 Muchas veces no son las cosas lo que parecen.
5752 Mucha tierra es poca; poca tierra es mucha.
5753 Mucho alegra lo que sin trabajo se allega.
5754 Mucho apretar, pronto aflojar.
5755 Mucho beber y andar derecho, no es hecho.
5756 Mucho ofrecer y poco dar, juntos suelen andar.
5757 Mucho o poco, todos somos locos.
5758 Mucho pan y poco queso, es de hombre de seso.
5759 Mucho pelo, poco cerebelo.
5760 Mucho saber, menos ignorar es.
5761 Muchos a comer del mismo puchero, adiós mi dinero.
5762 Muchos a Dios y a ventura lograron hacer figura.
5763 Muchos a disponer, ninguno a obedecer.
5764 Mucho se gasta y con poco basta.

5765 Muchos galgos a una liebre, pronto muere.
5766 Muchos locos empezaron creyéndose sabios.
5767 Muchos oficios y ninguno, todo es uno.
5768 Muchos que parecen corderos, son lobos carniceros.
5769 Muchos que se dicen desdichados, son castigados.
5770 Muchos que viven cantando, mueren llorando.
5771 Muchos se ufanan, pero pocos se afanan.
5772 Muchos sujetos deberían estarlo además de serlo.
5773 Muda de cielo y mudarás de pelo.
5774 Muera quien matar quiere, y así, nada bueno muere.
5775 Muerta la gata, los ratones bailan.
5776 Muerte con penitencia es verdadera ciencia.
5777 Muerte por muerte, la de mi padre que es viejo; yo soy joven y fuerte.
5778 Muerto el hombre más celebrado, a los diez días, olvidado.
5779 Muerto me sospeché, ¡y qué cosas vislumbré!
5780 Muertos y ausentes, no tienen amigos ni parientes.
5781 Muertos y ausentes van pronto de las mientes.
5782 Muerto yo, todo murió.
5783 Mujer alta y bigotuda, sargentona.
5784 Mujer ataviada, ballesta armada.
5785 Mujer ataviada, escopeta montada.
5786 Mujer barbona, mala persona.
5787 Mujer bella con exceso, mucho sexo y poco seso.
5788 Mujer bella, o loca o necia.
5789 Mujer bigotuda, mujer corajuda.
5790 Mujer brava, cada día terremoto en tu casa.
5791 Mujer con barbas, ¡Dios nos valga!
5792 Mujer con barbas, más las tiene en el alma que en la cara.
5793 Mujer con pero, no la quiero.
5794 Mujer contenciosa, tómela otro por esposa.
5795 Mujer coqueta, para otro; que a mí no me peta.
5796 Mujeres con voz hombruna nunca me fié de ninguna.
5797 Mujeres y querellas, huye de ellas.
5798 Mujeres y vidrios son quebradizos.
5799 Mujer graciosa, vale más que hermosa.
5800 Mujer hermosa, engreída y vanidosa.
5801 Mujer hermosa y buena espada, de muchos son codiciada.
5802 Mujer muy carnal, nunca la hartarás.

5803 Mujer codiciada, pocas veces no lograda.
5804 Mujer, noria y molino, requieren uso continuo.
5805 Mujer vinosa, desastrosa.
5806 Mujer vinosa, no hay en el mundo peor cosa.
5807 Mujer y firmeza, mal congenian.
5808 Mula lerda, tarde a la posada llega.
5809 Mula que no sufre ancas, sufre carga.
5810 Mundo, inmundo.
5811 Muriendo y aprendiendo.
5812 Muy malo es ser bueno.

N

5813 Nabos helados, para los guarros.
5814 Nacer de ovejas blancas, corderos negros, con frecuencia lo vemos.
5815 Nacer es empezar a morir, y morir, empezar a vivir.
5816 Nacer ya con pluma es dicha suma.
5817 Nace ya criado el que de padre rico es engendrado.
5818 Nación dividida, nación destruida.
5819 Nada a otros teme quien a sí se teme.
5820 Nada complicado da buen resultado.
5821 Nada con nada, total nada.
5822 Nada creas si no lo que veas.
5823 Nadadores quiere el agua.
5824 Nada en demasía, ni en la tristeza ni en la alegría.
5825 Nada hay tan odioso como un envidioso.
5826 Nada me debe Dios y todo se lo debo yo.
5827 Nada sabe de cuentas quien sin Dios las echa.
5828 Nadie le reza a un santo sino para pedirle algo.
5829 Nadie sabe casi nada; pero entre todos sabemos poco.
5830 Naranjos agrios, uno debía haber en cada patio.
5831 Navarro, ni de cera ni de barro.
5832 Navegar contra el viento es perder el tiempo.
5833 Necesidad disimulada es necesidad doblada.
5834 Necio con estudios, necio rabudo.
5835 Necio es quien con necios anda.

5836 Necio es, y más que necio, quien a necios pide consejo.

5837 Necio es, y más que necio, quien lo pasa mal, para que mañana lo pasen bien sus herederos.

5838 Necio será quien se meta en el colmenar sin careta.

5839 *Negocio* acaba en *ocio;* pero *ocio* no acaba en *negocio.*

5840 Negocio que no deja, se deja.

5841 Ni abril sin flores, ni juventud sin amores.

5842 Ni adobo sin ajo, ni campanas sin badajo, ni viudita sin majo.

5843 Ni amigo que no sea fiel, ni pestiños a media miel.

5844 Ni arroyo sin piedras, ni oficio sin quiebras.

5845 Ni a todos dar, ni de todos tomar.

5846 Ni aun la mortaja es nuestra, sino de la tierra.

5847 Ni aventar sin viento, ni partir antes de tiempo.

5848 Ni caldo frío, ni vino caliente.

5849 Ni callejón sin revueltas, ni puta que no acabe en alcahueta.

5850 Ni camino sin atajo, ni campana sin badajo.

5851 Ni casa cantonera, ni mujer ventanera.

5852 Ni casamiento sin engaño, ni viudo sin su apaño.

5853 Ni compres borrico viejo, ni hagas favores al concejo.

5854 Ni con eso ni con otro tanto te digo lo del cilantro.

5855 Ni con ruines, ni con hombre que eche latines.

5856 Ni corral sin basura, ni estercolero sin pulgas.

5857 Ni correr por el muro ni escopeta que va del seguro.

5858 Ni chocolate que no tiña, ni tela que se destiña.

5859 Ni da virtud la riqueza, ni la quita la pobreza.

5860 Ni de hombre sin barbas ni de mujer con ellas.

5861 Ni de paño ni de lino trae bragas el vino.

5862 Ni de tu alma ni de tu bolsa muestres el fondo a ninguna persona.

5863 Niebla en diciembre, lluvia o solano viene.

5864 Niebla ratera buen día espera.

5865 Ni el mal tiempo ni el buen tiempo duran mucho tiempo.

5866 Ni el ciego juzga de colores ni el sordo de razones.

5867 Ni el libro cerrado da sabiduría, ni el título por sí solo da maestría.

5868 Ni el más ni el menos hacen lo malo bueno.

5869 Ni el prometer empobrece, ni el dar enriquece.

5870 Ni en botica probar, ni en herrería tocar.

5871 Ni en la mocedad virtud ni en la vejez salud.
5872 Ni en la mujer confiar, ni en las olas del mar.
5873 Ni en parte pública ni en secreta, hagas del culo trompeta.
5874 Ni en parte secreta hagas del culo trompeta; porque después no te acordarás, y en público trompetearás.
5875 Ni en su propia casa sabe el hombre todo lo que pasa.
5876 Nieves en enero y soles en febrero.
5877 Ni feria sin putas, ni mujer sin pulgas.
5878 Ni fianza sin daño, ni casamiento sin engaño.
5979 Ni fruta sin desperdicio, ni hombre sin vicio, ni romería sin fornicio.
5880 Ni granero sin ratones, ni usurero sin doblones.
5881 Ni haza cabe río, ni viña cabe camino.
5882 Ni hermosura sin pero, ni fealdad sin algo bueno.
5883 Ni herrería sin fragua, ni viento sin agua.
5884 NI herrero, ni molino, ni señor por vecino.
5885 Ni hombre que mira al suelo, ni mujer que mire al cielo.
5886 Ni la verdad halla albergue, ni la pobreza parientes.
5887 Ni leñador sin hacha, ni mulo sin tacha.
5888 Ni liebres en el monte ni perdices en la campiña.
5889 Ni lo dulce ni lo amargo dura tiempo largo.
5890 Ni malas armas, ni malas mañas.
5891 Ni manada sin perros, ni olla de congrio sin puerros.
5892 Ni mar sin espumas, ni ave sin plumas.
5893 Ni monja sin velo, ni borrico sin pelo.
5894 Ni mozo Pedro, ni burro negro.
5895 Ni moza fea, ni vieja que no lo sea.
5896 Ni mucho rato con rico, ni cuenta con pico.
5897 Ni mujer de otro, ni criar potro.
5998 Ni mujer junto a varones, ni estopa junto a tizones.
5899 Ni mujer que fue, ni caballo que aún no es.
5900 Ningún ladrón quiere ser robado.
5901 Ningún loco rompe a pedradas sus tejas, sino las ajenas.
5902 Ninguno de su saber se ufane, pues a todo hay quien gane.
5903 Ninguno es tan anciano, que no pueda vivir un año.
5904 Ninguno ganó gran fama dándole las doce en la cama.
5905 Ninguno acarreó fama retrepado en la solana.
5906 Ninguno más fama tiene que la que darle quieren.
5907 Ninguno nace maestro, pero se hace con el tiempo.

5908 Ninguno puede dar lo que no tiene.
5909 Ninguno sea loado hasta después de enterrado.
5910 Ninguno regala nada a humo de pajas.
5911 Ninguno sabe el mal de la cazuela sino la cuchara que la menea.
5912 Ninguno se cae con los pies de otro, sino con los suyos propios.
5913 Niño que llora de mear se ahorra.
5914 Niños viejos y viejos niños, mal aliño.
5915 Niños y gente loca, la verdad en la boca; cuerdos y sabios, la mentira en los labios.
5916 Niños y locos lo cuentan todo.
5917 Niños y mujeres, dan más disgusto que placeres.
5918 Niños y orates dicen las verdades.
5919 Ni para buenos ganar, ni para malos dejar.
5920 Ni perlas ni diamantes hacen una vieja elegante.
5921 Ni perro con cencerro, ni mujer con yerro.
5922 Ni perro sin pulgas, ni linaje sin putas.
5923 Ni pleitos con potentados, ni amistades con criados.
5924 Ni rico necio, ni pobre discreto.
5925 Ni rudo, ni muy agudo.
5926 Ni saltes por barranco, ni firmes en blanco.
5927 Ni seas rufián, ni hagas el ademán.
5928 Ni sin yunque el herrero, ni sin banco el carpintero.
5929 Ni tan aprisa que te mates, ni tan despacio que no andes.
5930 Ni tan corto que no alcance, ni tan largo que se pase.
5931 Ni tan peludo que le tape los ojos el pelo, ni tan calvo que se le vean los sesos.
5932 Ni tanto, ni tanto calvo.
5933 Ni tan rudo que rebuzne, ni tan agudo que despunte.
5934 Ni tanto ni tan poco dello, señor Tello.
5935 Ni tejado sin gorrión, ni español sin don.
5936 Ni todos los que tienen libros son lectores, ni todos los que tienen escopeta, cazadores.
5937 Ni trabajo sin falta, ni muchedumbre sin canalla.
5938 Ni tu propio camisón debe saber tu intención.
5939 Ni una sola paja hace lumbre, ni una sola vez, costumbre.
5940 Ni uno de cada ciento de su suerte está contento.
5941 Ni virtud en la juventud, ni en la vejez salud.

5942 No alabes tu vino, que acudirán a él muchos mosquitos.
5943 No al sol poniente, sino al naciente, adora la gente.
5944 No alumbremos tanto, que quemaremos el santo.
5845 No amengua el daño el ser muchos a llorarlo.
5946 No andes al lado de ningún piojo resucitado.
5847 No a pocos el amor ha vuelto locos.
5948 No a todas las mejillas les sienta bien la toquilla.
5949 No duerma bajo tu techo el que sólo es amigo de su provecho.
5950 Noble improvisado, plebeyo endiosado.
5951 Noble rancioso, hombre orgulloso.
5952 Nobles y plebeyos, de un mismo barro fuimos hechos.
5953 Nobleza ganada, vale mucho más que heredada.
5954 Nobleza, obliga; y agradecimiento, liga.
5955 No busques el nudo al junco, pues no tiene nudo.
5956 No cabíamos al fuego, y entró mi suegro.
5957 No cabíamos de pie, y llegaron otros tres.
5958 No comas judías cuando hayas de andar entre gentes de cortesía.
5959 No cuentes los polluelos antes de que salgan los huevos.
5960 No dejes lo viejo por lo nuevo.
5961 No des sillas para rencillas.
5962 No dejes para mañana lo que puedas hacer hoy.
5963 No descubras a nadie tu secreto y serás.
5964 No des ni un dedo al villano, que se tomará la mano.
5965 No desprecies a quien poco es, que algún día mucho podrá ser.
5966 No dormir mucho por haber sesteado, no es mal de cuidado.
5967 No es amistad la que siempre pide y nunca da.
5968 No es buen catalán el que no mea cuando ve a otro mear.
5969 No es buen médico el que desahucia al enfermo.
5970 No es bueno quien cree malos a los demás.
5971 No es buen recado hacer de un diablo dos condenados.
5972 No es de hombre prudente nadar contra la corriente.
5973 No es dichoso el que lo parece, sino el que por tal se tiene.
5974 No es el diablo tan feo como pintado lo vemos.
5975 No es más limpio el que más limpia sino el que menos ensucia.

5976 No es fácil ganar; pero es más difícil conservar.
5977 No es habilidad poca saber nadar y guardar la ropa.
5978 No es harto ruin lo ruin, si pronto se le ve el fin.
5979 No es hombre discreto quien a hembra confía su secreto.
5980 No es lo mismo hambriento que hambrón.
5981 No es lo mismo una que ciento una.
5982 No es lo peor el beso, sino el vezo.
5983 No es mal pastor el que conoce la roña.
5984 No es más sabio el que más sabe, sino el que oportuno sabe.
5985 No es más sabio el que más sabe, sino el que mejor lo sabe.
5986 No es mucho perder un boquerón, para pescar un salmón.
5987 No es nada sano bromear con Venus en el verano.
5988 No es poca la lana que hila, la mujer que a sus hijos cría.
5989 No es poco rico el que es dueño de sí mismo.
5990 No es sabio del todo quien no tiene algo de loco.
5991 No está el yeso para eso.
5992 No es talento poco hacerse alguna vez el loco.
5993 No están puras la nobleza y el agua cuando por mucho atanores pasan.
5994 No estorbar, casi es ayudar.
5995 No es verdadera mancha la que sale con agua.
5996 No fíes en castañas, que tienen malas mañas.
5997 No fíes en niebla ni en promesas de suegra.
5998 No fuera malo dar un beso, si quedara en eso.
5999 No haber peoría, es mejoría.
6000 No hablemos de los perros hasta salir del cortijo.
6001 No hace perder amigos el prestar, sino el cobrar.
6002 No hacer nada, a todos nos agrada.
6003 No hace sola una nuez sola, sino junto con otras.
6004 No ha de faltarnos ni rey que nos mande, ni Papa que nos excomulgue.
6005 No hagas caso, María, de pedos de noche y mentiras de día.
6006 No hagas juicio a montón, sino tras buena información.
6007 Ni hagas ni seas lo que en otros afeas.
6008 No ha nacido el hombre para sí solo, sino para todos.
6009 No hará casa con azotea quien en cazar o pescar se emplea.
6010 No hará casa ni plantará huerto el que se le pasea el alma por el cuerpo.
6011 No hay amor cobarde.

6012 No hay amor sin dolor.
6013 No hay animales peores de conocer que el hombre y la mujer.
6014 No hay bachiller que no luzca en todo su parecer.
6015 No hay bicho tan raro como el hombre avaro; para más guardar y tener, se muere por no comer.
6016 No hay bien probada amistad sin haber comido con ella una fanega de sal.
6017 No hay buena olla sin un casco de cebolla.
6018 No hay burla tan leve, que aguijón no lleve.
6019 No hay caballo bueno cuando se le muda el freno.
6020 No hay calabaza que no sea calva.
6021 No hay Carnaval sin luna, ni Semana Santa a oscuras.
6022 No hay clara que no sea puta, ni puta que no sea clara.
6023 No hay cocinera que sepa hacer un guiso de esperanzas lisonjeras.
6024 No hay contento sin su descuento.
6025 No hay cosa como las carneros, para hacer dineros.
6026 No hay cosa de tan buen sabor como engañar al engañador.
6027 No hay cosa más ejemplar que deber y no pagar.
6028 No hay cosa más sana que comer en ayunas una manzana.
6029 No hay cosa peor que servir a mal señor.
6030 No hay cosa que bien salga cuando se tiene el santo de espaldas.
6031 No hay cosa que no tenga su contra.
6032 No hay cosa tan baladí, que para algo no pueda servir.
6033 No hay cuento desgraciado si el que lo cuenta sabe contarlo.
6034 No hay derecho contra el derecho.
6035 No hay dinero tan bueno como el ajeno.
6036 No hay disparate que antes no lo haya dicho otro orate.
6037 No hay dos glorias.
6038 No hay en el mundo cosa, que para algo no sea provechosa.
6039 No hay en el mundo poder que evite lo que ha de ser.
6040 No hay fachoso ruin que no se tenga por hombre gentil.
6041 No hay faena tan mala como moler de pala.
6042 No hay fandangazo si vinazo, ni trifulca sin estacazo.
6043 No hay feria que para todos sea mala, pues lo que unos pierden, otros lo ganan.
6044 No hay flor que no pierda su olor.

6045 No hay gallina gorda por poco dinero.
6046 No hay hermosura sin gordura.
6047 No hay hierba, por chica que sea, que alguna virtud no tenga.
6048 No hay hombre sin defectos, sólo Dios es perfecto.
6049 No hay hombre tan bien servido como el que se sirve a sí mismo.
6050 No ames a quien amó, ni sirvas a quien sirvió, porque te hará pasar las penitas que pasó.
6051 No hay mala cocinera con tomates a la vera.
6052 No hay mala yunta cuando un buen gañán se le junta.
6053 No hay mal que no tenga peor, ni bien que no tenga mejor.
6054 No hay mal que tanto dure, que el tiempo no lo cure.
6055 No hay mandado como el que hace el mismo amo.
6056 No hay más que una muerte, pero mil formas tiene.
6057 No hay matador en la plaza, sin su banderillero de confianza.
6058 No hay mayor tiranía que la que nos obliga a comer tres veces al día.
6059 No hay médico como el tiempo, para todos los males tiene remedio.
6060 No hay medio en las aceitunas: o gustan a perder, o repugnan.
6061 No hay mejor ahorrar que poco gastar.
6062 No hay mejor amigo ni hermano que el dinero en la mano.
6063 No hay mejor ciencia que paciencia y penitencia.
6064 No hay mejor gozo que aprender de todo.
6065 No hay mejor reloj ni campana que comer cuando no hay gana.
6066 No hay mejor salsilla que la hambrecilla.
6067 No hay mocita fea, ni viejecita que no lo sea.
6068 No hay forma de agradar a todos.
6069 No hay moza fea que presumida no sea.
6070 No hay mujeres sin pero, pero las francesas tienen peros y camuesas.
6071 No hay mujer sin pero, ni sin tacha caballero.
6072 No hay nada más barato que lo fiado, si el comprador es hombre avispado.
6073 No hay nada más pertentóreo que lo accesorio.

6074 No hay negocio sin quiebras.
6075 No hay noche vacía, cada noche pare un día.
6076 ¿No hay noticias...? Buenas noticias.
6077 No hay novia fea.
6078 No hay peor aparejo que remendar el viejo.
6079 No hay peor cosa que servir de toda broza, ni peor trote que andar siempre al estricote.
6080 No hay peor regalo que el de un libro malo.
6081 No hay peor tirano que un pobre bien alimentado.
6082 No hay peor yerro que andarse a la flor del berro.
6083 No hay placer tan regalado como verse uno vengado.
6084 No hay plazo demasiado largo.
6085 No hay provecho propio sin daño para otro.
6086 No hay que tener miedo al ratón cuando está quedo; pero cuando corra, ¡Dios nos socorra!
6087 No hay quien más rico sea que el que serlo no desea.
6088 No hay ruin tan cuerdo, que no se tenga por bueno.
6089 No hay sábado sin sol, ni doncella sin amor; ni Clara que no sea puta, ni Juan que no sea cabrón.
6090 No hay sabor tal como la sal.
6091 No hay santo como San Bruno, que da ciento por uno.
6092 No hay tal beleño como unos vasitos de vino malagueño.
6093 No hay tal bien como el que me convién.
6094 No hay tal cocinera como la hambre.
6095 No hay tal cosa para quitarse los pesares, como el mosto de los lagares.
6096 No hay tal documento como el escarmiento.
6097 No hay tal dolor como no tener que asar y ver el asador.
6098 No hay tal dolor como servir a ruin señor.
6099 No hay tales vienes como los que a la vista tienes.
6100 Nadar y nadar, y a la orilla ahogar.
6101 Nadie sabe lo que tiene si tiene quien lo mantiene.
6102 Nadie se muere hasta que Dios quiere.
6103 Nariz larga y poco culo, vasco seguro.
6104 Náufrago que vuelve a embarcar y viudo que reincide, castigo piden.
6105 Ni aun al diablo ha de temer quien no teme a una mujer.
6106 Ni carbón, ni leña, no los compres cuando hiela.
6107 Ni da ni toma, como judío en sábado.

6108 Ni en disputas, ni con putas.
6109 Ni en la cama ni en la mesa es útil la vergüenza.
6110 Ni lugar sin taberna, ni puta sin alcahueta.
6111 Ni mote que escueza ni burla que duela.
6112 Ninguno tiene más edad de la que representa.
6113 Ni seas fraile en tu tierra, ni te cases fuera de ella.
6114 No cabíamos en casa y parió la abuela.
6115 No cantes gloria, hasta el fin de la victoria.
6116 No críes hijo ajeno que no sabes si te saldrá bueno.
6117 No desesperes de auxilio divino, ni de la de mujer de tu vecino.
6118 No des paso sin provecho.
6119 No por mucho madrugar amanece más temprano.
6120 No es el mejor camino el más corto.
6121 No es mal ardid entrar riñendo donde te han de reñir.
6122 No tengas trampa en que caigas.
6123 No hay amor como el de madre, que los demás son humo y aire.
6124 No hay amor que no harte, ni manjar que no empalague.
6125 No hay asqueroso que no sea escrupuloso.
6126 No hay beata que no sea lagarta.
6127 No hay burlas con el amor.
6128 No hay caballo tan viejo que no dé un relincho a su tiempo.
6129 No hay cosa oculta que no se descubra.
6130 No hagas lo que no deseas que se sepa.
6131 No hay dientes sin cámaras.
6132 No hay enemigo pequeño.
6133 No hay gobierno que perdure (afortunadamente), ni mal que cien años dure.
6134 No hay hombre tan manso que quiera ser mandado.
6135 No hay majadero que no muera en su oficio.
6136 No hay mal piloto con tiempo bueno.
6137 Ni buen piloto al que asuste la mala mar.
6138 No hay mayor desprecio que el no hacer aprecio.
6139 No hay moneda que no pase, ni *pendón* que no se case.
6140 No hay muchos años sin muchos daños.
6141 No hay mujer vieja de la cinta para abajo.
6142 No hay nada nuevo bajo la capa del cielo.
6143 No hay olla sin algún garbanzo negro.

6144 No hay peor ciego que el que no quiere ver.
6145 Ni peor sordo que el que no quiere oír.
6146 No hay peor gente, que hombres y mujeres.
6147 No hay pesares ni regocijos en la casa donde no hay hijos.
6148 No hay pesar que no se vaya.
6149 ¿No es lo mismo de culpar, aunque cualquier mal haga, el que paga por pecar que el peca por la paga?
6150 No hay plazo que no se cumpla ni deuda que no se pague.
6151 No hay quien en sus cosas sepa tanto como en las ajenas.
6152 No hay quien mal haga que se libre de la paga.
6153 No hay tal razón como la del bastón.
6154 No existe un tonto que no sea admirado por otro tonto.
6155 No hay tonto que no se tenga por listo.
6156 No hay virtud ninguna que la pobreza no destruya.
6157 No la hagas y no la temas.
6158 No leas muchas cosas, lee pocas y ahonda.
6159 No llames virtud a lo que te hace perder la salud.
6160 No me hagas reír que tengo el labio partido.
6161 No mezcles dos vinos, que harás «venino».
6162 No perder, ganancia es.
6163 No pidas peras al olmo.
6164 No querer tras querer, bien puede suceder.
6165 No sabéis de la misa a la media.
6166 No sabe lo que es descanso quien no sabe lo que es trabajo.
6167 No sabe mandar quien no sabe obedecer.
6168 Nos comió el pan y nos cagó el morral.
6169 No se acuerda el cura de cuando fue sacristán.
6170 No seas juez entre dos amigos.
6171 No se fragua un casamiento sin que haya mentiras ciento.
6172 No se ganó Zamora en una hora.
6173 No se ha de poner toda la carne en el asador.
6174 No se debe ser más papaísta que el Papa.
6175 No se ríe ningún hombre sin que otro llore.
6176 No siempre los que más saben son los que más valen.
6177 No tanto estirar que se rompa la cuerda.
6178 No te avergüences del oficio que tienes.
6179 No te cases con mujer que te gane en el saber.
6180 No te digo que te vistas; pero ahí tienes la ropa.
6182 ¿No quieres caldo? Toma un par de tazas.

6183 No te metas donde salir no puedas.
6184 No todo el monte es orégano.
6185 No todos los días son fiesta.
6186 No todos los que llevan espuelas tienen caballo; ni son caballeros.
6187 No va a pelo la vieja con el mozuelo.
6188 No vendas la piel del oso sin haberlo muerto.
6189 Novia bien dotada, esposa mal criada.
6190 Noviazgo que mucho dura, no dará dinero al cura.
6191 Nuera, cuñada y suegra, palabras negras.
6192 Nueras y yernos, tenerlos lejos. Cuando más, mejor.
6193 Nuestro gozo en un pozo.
6194 Nunca amarga el manjar, por mucho azúcar echar.
6195 Nunca está uno tan acompañado como cuando está solo.
6197 Nunca falta quien dé un duro para un apuro.
6198 Nunca falta un roto para un descosido.
6199 Nunca fue desdichado amor que no fue conocido.
6200 Nunca te acostarás sin saber una cosa más.
6201 No hay tal poder como el de unas lágrimas de mujer.
6202 No hay tal vencedor como el tiempo.
6203 No hay tan buen compañero como el dinero.
6205 No hay trabajo sin reposo.
6206 No hay trabajo sin faltas.
6207 No hay tragedia sin comedia.
6208 No hay vieja marrullera que no desee correr una carrera.
6209 No lo diré al que me escuche, pero no se me quedará en el buche.
6210 No me acoséis, que diré lo que oír querréis.
6211 No metas los ojos en la carta de otro.
6212 No muchas cosas mal aprendidas, sino pocas y bien sabidas.
6213 No nos falten sopas, y que no sean pocas.
6214 No olvide su humilde cuna quien conquistó la fortuna.
6215 No ostentes tu lujo ante la pobreza, que le darás dentera.
6216 No pidas un cañón para matar un gorrión.
6217 No pisará el sapo quien ha mediodía no se ha levantado.
6218 No por cojear deja el cojo de andar.
6219 No presuma de tener ciencia quien no tiene experiencia.
6220 No procures parecer singular, sino en el bien decir y en el bien obrar.

6221 No quieras mucho averiguar, que a veces, quien escarba, encuentra lo que no quería hallar.
6222 Nordeste con lluvia, poco dura.
6223 Norte claro y Sur oscuro, aguacero seguro.
6224 Norte oscuro y Ceuta clara, agua mañana.
6225 No sabe estimar el buen bocado aquel que no lo comió malo.
6226 No saques espinas de donde no hay espigas.
6227 No sea la canción antes que el don.
6228 No te pongas el parche antes de que te hagan la herida.
6229 No digas, *no,* sin saber por qué *no.*
6230 No sea de miel ni de hiel; de un suave agridulce has de ser.
6231 No seas cicatero en convidar; convida en diciembre a tomar el sol, y en julio, a tomar el fresco.
6232 No seas tú quien debe, sino quien debes.
6233 No sé lo que me pasa, no se me tienen los pies en casa.
6234 No sé, comadre, lo que me pasa, que se me cae encima la casa; calle, calle quiero; que en la casa me muero.
6235 No se dé a otro quien puede ser suyo propio.
6236 No se engrían por su origen los nobles; su abuelo Adán, fue destripaterrones.
6237 No sé es burro para un día, sino toda la vida.
6238 No se adquiere gloria y fama, metidito en la cama.
6239 No se hacen tortillas sin tocar los huevos.
6240 No se llame a engaño por el mal que le venga, aquel que vive engañado.
6241 No sentencies, alcalde, sin oír las dos partes.
6242 No siempre anda la risa por un mismo barrio.
6243 No siempre en las novenas se hacen cosas buenas.
6244 No siempre son más señalados los que mandan que los mandados.
6245 No siento que me llames Juana, sino el retintín con que me lo llamas.
6246 No sólo es malo ser malo, sino también el aparentarlo.
6247 No basta con ser, hay que aparentar.
6248 No sólo serlo, sino parecerlo.
6249 No son ases todos los naipes.
6250 No son herederos cuantos quieren serlo; pero no los son los que no quieren serlo.

6251 No son iguales los días; los más traen penas, los menos alegrías.
6252 No son todos locos los que tienen poco seso.
6253 No son todos los que se compran con oro.
6254 No sueltes una rama, hasta tener otra de mejor bien agarrada.
6255 No tanto te entones, que de todos desentones.
6256 No te caes, pero si te casas, no te descases.
6257 No te dejes mal pasar, aunque rabien los que te han de heredar.
6258 No te duela el bien de los mejores, y echarás buenos colores.
6259 No te fíes de la fortuna que es mudable como la luna.
6260 No te fíes de quien de ti desconfíe.
6261 No te muestres pobre a quien no te ha de dar de lo que le sobre.
6262 No tener nada es cosa angustiosa y desairada.
6263 No tengas amistad con la persona que si te ve en peligro te abandona.
6264 No tengas deudas con ausentes ni cuentas con parientes.
6265 No tengas trato ni con beata ni con beato, ni con quien parece que se le cae el ato.
6266 No tengo más Dios ni más Santa María, que salirme con la mía.
6267 No te pese de ser algo lo que reces.
6268 No te quites la ropa hasta la Ascensión, y después, quita y pon.
6269 No te sientes en escalera, ni te cases con hija de pupilera.
6270 No te ufanes de tu bien ante los chicos; pero al envidioso, paseáselo por los hocicos.
6271 Noticia mala, vuela como una bala.
6272 No todo lo escrito es para leído.
6273 No todo lo hace la suerte.
6274 No todo puede pasar a gusto de nuestro paladar.
6275 No todo se alcanza a punta de lanza; con palabras melosas, se consiguen las más de las cosas.
6276 No todos los que dan son buenos, sino los menos.
6277 No todos los que van a la feria compran o venden en ella.
6278 No todos ser ricos podemos; pero sí podríamos ser buenos.

6279 No todos tienen cuerpo para chaleco.
6280 No trabajar y comer, no debiera suceder.
6281 No vayas a la fiesta de quien no te ruega.
6282 No vayas con burlillas al que tiene malas cosquillas.
6283 No vayas donde no te llaman y no te sacarán los colores a la cara.
6284 Novelas buenas, son las que te hagan mejor de lo que eras; las demás, engendros de Satanás.
6285 Novelas, no verlas.
6286 Noventa y nueve cabezas de ganado, y el que las cuida, cien bestias justas.
6287 No verás peregrino sin su bota de vino.
6288 Novio se llamó al desgraciado que *no vio;* porque si viera, *novio* no fuera.
6289 No vuelven los que se mueren; pero las cosas sucedidas, de nuevo suceden.
6290 Nubes cruzadas, o nieve o agua.
6291 Nubes en maraña, cerca el agua.
6292 Nueces con pan, ricas están.
6293 Nueras y yernos, para los hijos, gloria; para el suegro, infierno.
6294 Nuera y suegra, gata y perra.
6295 Nueva cosa, casi siempre dañosa.
6296 Nunca cierra el Señor una puerta sin antes haber abierto un portón. Qué grande es su misericordia, demasiado, para darnos con la puerta en las narices; aunque casi siempre lo merezcamos.
6297 Nunca de nadie mal digas, ni mal escribas.
6298 Nunca eches sobre el vino la leche.
6299 Nunca es mal año de putas.
6300 Nunca está el sordo más aislado que cuando está acompañado.
6301 Nunca fue el privado más privado que cuando hasta de la vida fue privado.
6302 Nunca hará nada quien todo lo deja para mañana.
6303 Nunca los MAS fueron los MEJORES.
6304 Nunca mea solo quien va con otros.
6305 Nunca miente el bostezo: o se forma por hambre, o se produce por sueño.

6306 Nunca prometas con lo que cumplir no cuentas.

6307 Nunca prometas cosa de que te arrepientas.

6308 Nunca prometas que no has de dar, ni compres lo que no puedas pagar.

6309 Nunca se vuelven atrás tres *erres*: rayos, ríos y reyes.

6310 Nunca vi a un necio que no estuviese contento; ni a un sabio contemplé que contento esté.

O

6311 O al puente o al vado, si no hemos de pasar a nado.
6312 Obedecer es merecer.
6313 Obedecer, ¡al máximo!
6314 Obediencia y paciencia son la mejor ciencia.
6315 Obediencia y penitencia, ponen paz a la conciencia.
6316 O bien, o mal, pero que te entienda, Pascual.
6317 O bien, o mal, va a lo suyo cada cual.
6318 Obra acabada, a Dios agrada.
6319 Obra bien terminada, a su autor alaba.
6320 Obra con peso y compás, y contento te hallarás.
6321 Obra de chapucero cuesta poco, pero vale menos.
6322 Obra de niños, mal hecha con poco aliño.
6323 Obra errada al principiar, errada ha de acabar.
6324 Obras buenas, hazlas a manos llenas; malas, ni una hagas.
6325 Obras hace el hombre y obras hacen al hombre.
6326 Obras hacen a los hombres, pues por ellas ganan renombre.
6327 Obras hacen linajes, no nombres ni trajes.
6328 Obras hacen linajes, y obras los deshacen.
6329 Obras, hechos son; las palabras, vana conversación.
6331 Obras la casta honran, y obras la deshonran.
6332 Obras quiero, que de vanas palabras estoy hasta el pelo.
6333 Obras vea yo; palabra no.
6334 Ocasión desaprovechada, necedad probada.

6335 Ocasión que dejaste escapar, para ciento y un años perdida está.
6336 Ocasión que se pasó, pájaro que voló.
6337 Ocasión que se va, ¿quién sabe si volverá?
6338 ¿Ocioso estás? Ten sarna y trabajarás.
6339 O con el mundo, o con Dios; pero no a la par con los dos.
6340 O con verdades o con trampas, preciso es mantener la casa.
6341 O corte, o cortijo; sabio era el que lo dijo.
6342 Ocho bocas y una morcilla, caben a rodajilla.
6343 O caja, o faja.
6344 Ofensillas de nonada, no han de vengarse a banderas desplegadas.
6246 Oficial diestro, pronto se hace maestro.
6347 Oficio que no mantiene a su amo, vaya al diablo.
6348 Ofrecerse a Venus el viejo, es cumplir mal y arriesgar el pellejo.
6349 Ofrecer y no dar, es deber y no pagar.
6350 Oído, es el rey mayor que he visto.
6351 Oídos que bien oyen, consejos encierran.
6352 Oigote piar, pajarillo, pero no doy con tu nido.
6353 Oír a todos; creer, a pocos.
6354 Oír misa es ocupación precisa.
6355 Oír por saber; mirar por conocer.
6357 Oír, ver y callar, para con nadie tropezar.
6358 Oír, ver y leer, aumentan el saber.
6359 Oír y ver son padres del saber.
6360 ¡Ojo con el que de natura es cojo!
6361 Ojo que no ve, hombre que no cree.
6362 ¡Ojo, que viene corriendo el cojo!
6363 Ojos que demasiado ven ladrillazo que les den.
6364 ¡Ole con ole! Dormir de día y juerga de noche.
6365 Oledor de ollas ajenas, en su casa las tiene buenas.
6366 Oledor de ollas ajenas, ¡que tu olla se quema!
6367 O lo bebes, o lo viertes.
6368 Olla buena y reposada, pueda comerla el Papa.
6369 Olla con jamón, tocino, vaca y gallina, alimento y medicina.
6370 Olla con jamón y gallina, canela fina.
6371 Olla con jamón y gallina, los muertos resucita.

6372 Olla con vaca, coles y nabos, olla de villanos.
6373 Olla con vaca y carnero, olla de caballeros.
6374 Olla de media hambre, muchas berzas y poca carne.
6375 Olla de nabos y coles con tocino añejo, fortaleza a los mozos y remoza a los viejos.
6376 Olla de tres vuelcos, tres manjares diversos.
6377 Olla escasa, no sufre ancas.
6378 Olla que hierve arrebatada, olla malograda.
6379 Olla reposada y mantenida, con lento hervor bien cocida.
6380 Olla sin berzas, no la quiero ver en mi mesa.
6381 Olla sin sal, ni el gato la comerá.
6382 Olla sin tocino es como bota sin vino.
6383 Olla sin zarandejas, olla sin gracia.
6384 O muy borracho, o no probarlo.
6385 O no haber empezado, o darlo por acabado.
6386 Oración de ciego, mal rezada y peor pagada.
6387 Oradores de cartapacio, muchos pasan por sabios.
6388 Orgullo, riqueza y hermosura, son nada en la sepultura.
6389 Orgullo y migas, contradicción implican.
6390 Orgullo y migas, ¡vaya una liga!
6391 Oro enlodado, enloda a quien lo ha robado.
6392 Oro y orujo, no es todo uno.
6393 Orozco, pues no te he tratado, no te conozco.
6394 Otoño e invierno, malas estaciones para los viejos.
6395 ¡Otra te pega, Diego!
6396 Oveja con roña, toda la piara hace roñosa.
6397 Oye bien lo que te digo: que no prestes harina a quien no tiene trigo.
6398 Oye los consejos de todo el mundo, y sigue el tuyo.
6399 Orden y medida, pasarás bien la vida.
6400 Oigo mi gallo cantar, pero no sé en qué corral.

6401 Paga el tiro con el tiro, y el palo con el palo.
6402 Pagan justos por pecadores.
6403 Palabra dad, escrita y firmada.
6404 Palabras melosas, siempre engañosas.
6405 Palos con gusto no duelen.
6406 «Palpo, pues no veo», decía a la moza el ciego.
6407 Pan con pan, comida de tontos.
6408 Pan y cebolla, con gusto y buena compañía, saben a gloria puritita.
6409 Pan y vino para el camino.
6410 Para aprender es menester padecer.
6411 Para conservar amistad, pared en medio.
6412 Para el culo de una mujer y las manos de un barbero, es siempre enero.
6413 Para el tiempo que debo estar en este convento, me cago dentro.
6414 Para hacer las cosas bien, guarda en todo un ten con ten.
6415 Para la mujer borracha, la mejor terapia es la estaca.
6416 Para luego es muy tarde.
6417 Para olvidar un querer, tres meses de no ver.
6418 Para pleitos, putas y juegos, nunca faltan dineros.
6419 Para tan poca salud, mejor morirse.
6420 Para pronto medrar o heredar, hurtar.
6421 Para prosperar, vender y comprar.
6422 Para quedar mal, no es menester ayuda.

6423 Para que el vino sepa a vino, se ha de beber con buen amigo.
6424 ¿Para qué quieres mirar lo que no conviene desear?
6425 Para recibir dinero todo tiempo es bueno.
6426 Para saber mandar, es preciso saber obedecer.
6427 Para ser puta y no ganar nada, mejor mujer honrada.
6428 Para tener, retener.
6429 Para torear y para casarse, hay que arrimarse.
6430 Para una vez que maté a un perro, *mataperros* me llamaron.
6431 Para volver a la buena senda siempre es tiempo.
6432 Patria, santa palabra, sino fuera tan profanada.
6433 Pelillos a la mar, y lo pasado olvidar.
6434 Para hoy, justo a tiempo.
6435 Penas solas no matan, pero ayudan a morir.
6436 Perdonar al malo es dar al bueno un palo.
6437 Pereza, llave de pobreza.
6438 Perro ladrador, poco mordedor.
6439 Perro muerto, ni muerde ni ladra.
6440 Pesar ajeno no quita el sueño.
6441 Pesar compartido, pronto es ido.
6442 Piano piano se anda lejos.
6443 Pican más los celos que las pulgas.
6444 Pide mucho y obtendrás algo.
6445 Piensa el bobo que él lo sabe todo.
6446 Piensa el ladrón que todos son de su condición.
6447 Piensa el mentiroso que así es el otro.
6448 Piensa mal y acertarás.
6449 Pieza tocada, pieza jugada.
6450 Placer no comunicado, no es bien logrado.
6451 Placer para los curas, abrir cada día la sepultura.
6452 Pobre alegre sea yo, y rico triste, no.
6453 Pobre inoportuno, saca mendrugo.
6454 Poco a poco llegaremos antes.
6455 Poco a poco se anda todo.
6456 Poco vale ganar sin guardar.
6457 Poderoso caballero Don Dinero.
6458 Ponte en lo peor, y acertarás de tres veces, dos.
6459 Por besos y abrazos a nadie han ahorcado.
6460 Pero crucificaron a Dios por el beso de un traidor.

6461 Por buen trabajo, mal galardón.
6462 Po detrás, del mismo rey te burlarás.
6463 Por donde entra la cabeza todo el cuerpo entra.
6464 Por donde más ha pecado es el hombre castigado.
6465 Por do pasa, moja.
6466 Por echar una cana al aire, no se perdió nadie.
6467 Por el arenal, se anda poco y mal.
6468 Por el baile suele la doncella resbalar.
6469 Por el hilo sacarás el ovillo, y por lo pasado lo no venido.
6470 Porfía mata venado, que no venablo.
6471 Porfiar para alcanzar.
6472 Por hacer rico a mi yerno, por poco no fui al infierno.
6473 Por el color se vende el paño.
6474 Por la ley de Mahoma, tan maricón es el que da como el que toma; pero por la de Cristo, el que da es el más listo.
6475 Por el puente no hay corriente.
6476 Por los ojos entran los antojos.
6477 Por más jabón que se dé, la negra, negra es.
6478 Por medios poco nobles buscan el mando los hombres.
6479 Por mucho que un hombre se afane, siempre hay quien le gane.
6480 Por mucho trigo, nunca mal año.
6481 Por poco dinero, poca manteca.
6482 Por probar, nada se pierde.
6483 Porque otro se tire por un balcón, no voy a tirarme yo.
6484 Porque un borrico te dé una coz, ¿vas tú a darle dos?
6485 Por un «quítame allá esas pajas», los hombres se hacen rajas.
6486 Por San Juan, suelta el gabán.
6487 Por santos o por diablos, hágase el milagro.
6488 Por sol que haga, no dejes tu capa en casa.
6489 Por todas partes se va a Roma.
6490 Portero de frailes no pregunta al que llega «¿Qué quiere?», sino «¿Qué trae?».
6491 Por tu vestido te harán honra, no por tu persona.
6492 Por una paja se pega fuego al molino.
6493 Por un mal chiste un buen amigo perdiste.
6494 Por un oído me entra y por otro me sale.
6495 Por virtud el bueno no peca, y el malo, por la pena.

6496 Prado común, hierba corta.
6497 Predicar en desierto sería gran desacierto.
6498 Predicar en desierto, sermón perdido.
6499 Preguntas suele haber a las que no se debe responder; ni que te las haga la juez.
6500 Primero es dios que los santos.
6501 Primero es la obligación, que la devoción.
6502 Primero pensar, y despacio; luego hablar, lentamente.
6503 Primero son los que están que los que se fueron.
6504 Primero son los presentes que los ausentes.
6505 Principio quieren las cosas.
6506 Prometer es por saber.
6507 ¿Prometiste? Deudor te hiciste.
6508 Pronto y bien rara vez juntos se ven.
6509 Prueba primero al amigo antes de buscar su abrigo.
6510 Puerta abierta, al santo tienta.
6511 Pues que mil mal deseas, antes ciegues que tal veas.
6512 Putas en cuaresma, mal comen, pero bien rezan.
6513 Puta siempre a la puerta, mal anda la tienda.
6514 Puta y chata, con lo segundo basta.
6515 Putos y putas por el olor se buscan.
6516 Puta que hila, de hambre se ahíla.
6517 Puta que hila de noche y de día, con mal anda la putería.
6518 Putas de feria, no hay tal miseria.
6519 Puta sentada no gana nada.
6520 Puta vieja, si no sirve de olla, sirve de cobertera.
6521 ¿Puterías en mi horno? De pensarlo me abochorno.
6522 Puta primaveral, alcahueta otoñal y beata invernal.
6523 Putas y bretones no hacen caso de razones, sino de mojicones.

Q

6524 ¡Qué aliño de enamorado: el pañal fuera y cagado!
6525 Que bien que mal, pan candeal y vino de Madrigal.
6526 Quebrarle a la mujer la herencia, es buena ciencia.
6527 Quede para majadero quien se fía de ligero.
6528 Que de pera, que de manzana, mi hija siempre tiene gana.
6529 ¡Qué dolor de madre: tres hijas y las cuatro putas!
6530 ¡Qué donaire, empeñarse un tonto del aire!
6531 Que el de antaño, que el de hogaño, nunca falta mal año.
6532 ¿Qué es lo que conoces si a ti no te conoces?
6533 ¿Qué es lo que sabe quien despreciar no sabe?
6534 ¡Qué habilidad de asno, que tiene el culo redondo y caga cuadrado!
6535 ¿Qué hay más mudable que el viento? De la mujer el pensamiento.
6536 Quéjese de la muela aquel al que le duela.
6537 Quien al pobre da sus sobras, en la otra vida las cobra.
6538 Quien abrevia, alevia.
6539 Quien acertó en el casar, ¿en qué no acertará?
6540 ¿Quién acierta si una puerta ha sido abierta?
6541 Quien a muchas fiestas lleva a su mujer, puta la quiere hacer.
6542 Quien a decir agrias verdades se pone, agrias verdades oye.
6543 Quien a Dios quiera prestar, al pobre ha de dar.
6544 Quien administra tus bienes, por suyos los tiene.

6545 Quien a dos señores sirve a ambos traiciona.
6546 Quien desprecia, comprar quiere.
6547 Quien a fuerza de ruegos alcanza, bien lo paga.
6548 Quien al escoger mucho titubea, lo peor se lleva.
6549 Quien fiado vende, la mitad de lo vendido pierde.
6550 Quien algo apetece, algo arriesgue.
6551 Quien algo quiere ser, algo ha de comprender.
6552 Quien algo te da, algo de ti querrá.
6553 Quien algo te da, algo te pedirá.
6554 Quien al ingrato favorece, su buena acción pierde.
6555 Quien al malo regala, ¿para el bueno, qué guarda?
6556 Quien al mear no hace espuma no tiene fuerza en la pluma.
6557 Quien al molino va, enharinado saldrá.
6558 Quien a los suyos se parece, de su casta no desmerece.
6559 Quien a los veinte no es valiente, ni a los treinta prudente, ni a los cuarenta rico, ¡arre borrico!
6560 Quien a lo verde se atreve, gran hermosura tiene.
6561 Quien a muchos pregunta, poco averigua.
6562 Quien a nadie le debe y nada le deben, tranquilo duerme.
6563 Quien anda con buenos, parece uno de ellos.
6564 Quien anda deprisa es el que tropieza.
6565 Quien anda en malos pasos, en uno queda atascado.
6566 Quien antes nace, primero pace.
6567 Quien a otro quiere juzgar, por sí ha de comenzar.
6568 Quien a otro teme, menos le respeta que le aborrece.
6569 Quien a pobreza viene, amigos no tiene.
6570 Quien a pobreza viene, los amigos pierde.
6571 Quien apura, bebe cieno.
6572 Quien a putas se da, mucho no vivirá.
6573 Quien asnada hace, hombre nació y asno renace.
6574 Quien asno nació, asno murió.
6575 Quien atara las lenguas de los maldicientes, será omnipotente.
6576 Quien aumenta ducados, aumenta cuidados.
6577 Quien ayudó a criarlo, debe ayudar a gastarlo.
6578 Quien bien ama, siempre teme.
6579 Quien bien aprende, aprende de por vida.
6580 Quien bien aró, bien segó.
6581 Quien bien atiende, bien aprende, si además de oír, entiende.

6582 Quien bien dice, mejor oye.
6583 Quien bienes administra, o la boca se enjuaga, poco o mucho, traga.
6584 Quien bien me quiere me da y no dice: ¿Quieres?
6585 Quien bien quiere, cien males teme.
6586 Quien bien recibe y mal corresponde, no es buen hombre.
6587 Quien bien te quiere en la boca te tiene.
6588 Quien bien te quiere, te hará sufrir; y quien mal, reír.
6589 Quien bien te quiere te hará llorar.
6590 Quien bien vive, bien espere.
6591 Quien buen pedo da a su culo se atiene.
6592 Quien canta, su miedo espanta.
6593 Quien come, inventa.
6594 Quien calla y obedece, es cabrón dos veces.
6595 Quien come olla sin espumar, come mierda sin pensar.
6596 Quien come picante, granos tendrá al instante.
6597 Quien comiendo canta, si no está loco le falta poco.
6598 Quien compra diablos no puede vender santos.
6599 Quien con Dios cuenta, tiene buenas rentas, sin compras ni ventas.
6600 Quien con Dios no contó, que mal contó.
6601 Quien con el diablo haya de comer larga cuchara ha de menester.
6602 Quien con toros anda, a torear aprende.
6603 Quien contrata, a engañar tira.
6604 Quien copia, lee dos veces.
6605 Quien corre en zancos, cae a los primeros trancos.
6606 Quien corre tras dos liebres, ninguna prende.
6607 Quien crió a sus hijos y cría a sus nietos, es asno completo.
6608 Quien cuenta tiene, de rico a pobre viene.
6609 Quien daba limosna y la quita, a sí se la quita.
6610 Quien dé bien por bien y mal por mal, es hombre leal.
6611 Quien dádivas emprende, su libertad vende.
6612 Quien da lo suyo antes de morir, caro compra el arrepentir.
6613 Quien da algo, por algo da.
6614 Quien da y no besa, no peca.
6615 Quien da y quita lo dado, es villano desalmado.
6616 Quien dejó abierta su arca no se queje de lo que le falta.
6617 Quien del alacrán fue picado, aún de su sombra vive espantado.

6618 ¿Quién dijo miedo? Habiendo clínicas y hospitales. Y cementerios.

6619 Cuando de las hierbas nace, a las hierbas pace.

6620 Quien del juez huye, contra sí arguye.

6621 Quien del pagar habla, de su bolsa paga.

6622 Quien de más se está, silbando mea.

6623 Quien de mozo anda a caballo, de viejo, a pie y descalzo.

6624 Quien de otro mal hable, a escuchar se prepare.

6625 Quien de otro se fía ya llorará algún día.

6626 Quien de paja su casa a hecho, témale al fuego.

6627 Quien de potro no corrió, de caballo galopea.

6628 Quien de servilleta pasa a mantel, ¡Dios nos libre de él!

6629 Quien destruye una colmena, no espere cosa buena.

6630 Quien destruye un hormiguero, destruye un pueblo.

6631 Quien destruye un hormiguero no es hombre bueno.

6632 Quien de su honra no cura, muerto está sin sepultura.

6633 Quien dineros no tiene, sólo a Dios teme.

6634 Quien dineros tiene, compra y vende.

6635 Quien dineros *tié,* no mea bien.

6636 Quien dio, la cagó.

6637 Quien echa en cara el favor hecho, lo está cobrando con réditos.

6638 Quien no tiene vergüenza, ventaja lleva.

6639 Quien no toma buenos consejos, no llega a viejo.

6640 Quien no trabaja de pollinejo, trabajará de burro viejo.

6641 Quien no venda, que quite la tienda.

6642 Quien tenga tienda y no atienda, mejor que no la tenga.

6643 Quien no arriesga, nunca sale de laceria.

6644 Quien nunca tuvo un apuro, no sabe lo que vale un duro.

6645 Quien nunca vio ni quiso ver al rey, ése es el rey.

6646 Quien pan come, hace migajas.

6647 Quien prestó no cobró, y si cobró, mal enemigo se echó.

6648 Quien prestó, perdió.

6649 Quien prestó, presto se arrepintió.

6650 Quien quiera medrar, ni dar ni prestar.

6651 Quien quiera ser siempre mozo, coma poco.

6652 Quien quiere a la doncella, por ella atropella.

6653 Quien desea aprender, pronto llegará a saber.

6654 Quien quiere caballo sin falta, sin él se pasa.

6655 Quien quiere ser servido, quiere ser sufrido.
6656 Quien quiere y no puede, gran mal tiene.
6657 Quien se ahoga no mira lo que bebe.
6658 Quien sabe más, mayores dudas ha.
6659 Quien se alegra del mal del vecino, el suyo le viene de camino.
6660 Quien se duerme, no coge peces.
6661 Quien se encoge, nada coge.
6662 Quien se enoja, no negocia.
6663 Quien se casa con una fea lleva su idea.
6664 Quien se hace esquina, los perros le mean encima.
6665 Quien se mete en lo que no tiene que ver, el diablo se ríe de él.
6666 Quien se mete en obras, se empobra.
6667 Quien se paga por su mano, tan ladrón es como Caco.
6668 Quien se para a pensar, no se quiere equivocar.
6669 Quien se pee en el campo se peerá en palacio.
6670 Quien se quema, debajo lo lleva.
6671 Quien se traga un ajo, se tragará una ristra.
6672 Quien se va lejos, vivo está, y lo tienen por muerto.
6673 Quien se viste de mal paño, más de un vestido gasta al año.
6674 Quien sin Dios echa la cuenta, fallida le sale.
6675 Quien sirve al diablo, tal será el pago como el amo.
6676 Quien sólo quiere ser, nadie hace caso de él.
6677 Quien solo se aconseja, solo se mesa.
6678 Quien solo vive, solo muere.
6679 Quien supo esperar llega a triunfar.
6680 Quien su propio bien busca, mi alma con la suya.
6681 Quien tarde viniere que coma de lo que trajere.
6682 Quien tasa, es de todos tasado, por lo alto o por lo bajo.
6683 Quien te administra, a tu costa se suministra.
6684 Quien te adula, algo busca.
6685 Quien te adula, mal te quiere y bien se quiere.
6686 Quien te cuenta las faltas de otro, las tuyas tiene al ojo.
6687 Quien te da lo que tiene, algo de lo tuyo quiere.
6688 Quien te canta la copla, ése te hace la mala obra.
6689 Quien te envidia, te conoce mejoría.
6690 Quien te envidia, te enaltece y te achica.
6691 ¿Quién te hizo puta? Buenas palabras y malas lecturas.

6692 Quien te mantiene, por hijo te tiene.
6693 Quien teme su conciencia, cada día cumple su sentencia.
6694 Quien templa la guitarra deprisa hacer saltar la prima.
6695 ¿Quién te perdió, hermana? El que me dijo hermosa en vez de marrana.
6696 Quien te pregunta, a calarte apunta.
6697 Quien te pregunta sobre lo que sabe, espía es y sonda trae.
6698 Quien tiene celos tiene duelos.
6699 Quien tiene colmenas tiene miel y cera.
6700 Quien tiene compañero, tiene amigo y consejero.
6701 Quien tiene ovejas, tiene queso, lana y pellejas.
6702 Quien tiene pies, de cuando en cuando da traspiés.
6703 Quien tiene pleito, pierde el sueño.
6704 Quien tiene poco que ponerse, rápido está engalanado.
6705 Quien tiene sospechas, rincones y curvas busca, en rayas derechas.
6706 Quien tiene vergüenza, ni come, ni almuerza, ni yace con hembra buena.
6707 Quien tinto lo bebe y blanco luego lo mea, algo le *quea.*
6708 Quien todo lo comió junto, todo lo cagó a punto.
6709 Quien peces quiera que se moje el culo.
6710 Quien todo lo tiene en poco, o es necio o le falta poco.
6711 Quien toma, a dar se obliga.
6712 Quien acepta un presente, su libertad compromete.
6713 Quien trata y contrata, a cumplir se ata.
6714 Quien truchas ha de pescar, las bragas se ha de mojar.
6715 Quien tuvo y ahorró, para la vejez guardó.
6716 Quien una vez te engañó, que no lo haga dos.
6717 Quien un mal hábito adquiere, esclavo de él vive y muere.
6718 Quien usos nuevos pone, a muchas censuras se expone.
6719 Quien va a hacer mal medio herido va.
6720 Quien va a la bodega, pues van a decir que bebió, ¡que beba!
6721 Quien va a la feria, cuenta de ella.
6722 Quien va a la feria lo cuenta a su manera.
6723 Quien va a mear y no pee, es como el que va a la escuela y no lee.
6724 Quien vale mucho, hace mucho.
6725 Quien va pasito a pasito llega descansado.

6726 Quien varias capas usa, a ninguna se acostumbra.

6727 Quien venga detrás hará bueno al que se va. Sobre todo en política.

6728 Quien vengarse quiere, calle y espere.

6729 Quien ventaja da, no le quedará.

6730 Quien vino no tiene, agua bebe.

6731 Quien virtudes siembra, fama siega.

6732 Quien virtud vende, en vicio la convierte.

6733 Quítale al labriego el ajo y lo conocerás en su trabajo.

6734 Quita hueso y quitarás peso.

6735 Quitando de unas partes y poniendo de otras, hace el escultor su obra.

6736 Quitando la piedra, se quita el tropezón.

6737 Quitar y poner, trampas hacer.

6738 Quiere y aborrece sin arrechucho; de nada mucho.

R

6739 Raído y roto, cerca está lo uno de lo otro.
6740 Rara es la mujer hermosa que no tiene su ramito de loca.
6741 Raro es el regalo tras el que no se esconde algo malo.
6742 Ratón que sólo conoce un agujero, pronto cae del gato en el garguero.
6743 Razones de carta rota, que a cada palabra le falta otra.
6744 Recibir mal por hacer bien, todos los días se ve.
6745 Recipes de médicos, opiniones de abogados, sandeces de mujeres y etcéteras de escribanos, son cuatro cosas que doy al diablo.
6746 Regalo de pobrezuelo no es regalo sino anzuelo.
6747 Regidor y mierda de culo, todo es uno.
6748 Regla para bien vivir, callar después de ver y oír.
6749 Reír y llorar suele ser casi a la paz.
6750 Religión y limpieza, cada cual la entienda a su manera.
6751 Religión y limpieza, cada cual la que la interesa.
6752 Reloj, papagayo y mona, acreditan a la persona.
6753 Recomendar unos calzones viejos con paño fino, es gran desatino.
6754 Remendar viejo con nuevo, no lo apruebo.
6755 Renglones tuertos, dedos puercos.
6756 Repara en la casa ajena, y hallarás chica tu pena.
6757 Repartiendo de lo ajeno, ninguno es cicatero.
6758 Reprende al vicioso y se te encogerá de hombros.
6759 Resbalón de pie, si me caí, me levanté; pero resbalón de lengua, mal se remedia.

6760 Rezar y amara no son cosas de forzar.
6761 Responde a quien te llama, y ama a quien te ama.
6762 ¿Rico y rumboso? Haz una cruz en el pozo.
6763 Ríese el roto del desharrapado, y el sucio del mal lavado.
6764 Riñas de enamorados, paran en besos y abrazo.
6765 Riña y querela, ni *oílla,* ni *vella.*
6766 Riqueza con tristeza, peor que pobreza.
6767 Riqueza y pobreza, son accidentes y no esencia.
6768 Risa de perro, nunca de dientes adentro.
6769 Rocín de halconero, flaco y hambriento.
6770 Rocín de hidalgo, seco como un galgo.
6771 Rogado y pagado, dos veces comprado.
6772 Rojo bermejo, mal pelo.
6773 Romero que deja atrás su bordón, no es borracho, si no borrachón.
6774 Romero, romerón, gran bota de vino y bien provisto el zurrón.
6775 Romero, romerón, no deja atrás la bota; primero el bordón.
6776 Ropa de parienta no calienta.
6777 Ropa que mucho se cepilla, pronto raída.
6778 Ropa soleada, dos veces colada.
6779 Rozadura de cura, paliza segura.
6780 Rubicundo era Judas el traidor: ni mujer ni hombre, ni perro ni gato, de aquel color.
6781 Ruego y pecho, y saldrás con ello.
6782 Ruin que se convida, deja a todos sin comida.
6783 Ruin sea quien por una mujer pelea, estando el mundo lleno de ellas.
6784 Rústico sin malicia no lo hallé en la vida.
6785 Recibir beneficio es vender la libertad.
6786 Remedios por fuera no hacen daño. Ni bien, a veces.
6787 Reniego del amigo que se come solo lo suyo y lo mío conmigo.
6788 Reniego del caballo que no relincha al ver la yegua.
6789 Rico eres de bienes si te bastan los que tienes.
6790 Riñas de enamorados, amores doblados.
6791 Riñen los amantes, y quiérense más que antes.
6792 ¿Riñen los amos? Mal augurio para los criados.
6793 Rogamos a Dios por santos; mas no por tantos.

6794 Rosa que muchos huelen, su fragancia pierde.
6795 Rubias y morenas sacan a un hombre de penas.
6796 Rábanos huecos, para los cerdos.
6797 Rábanos sin pan, poco o nada te alimentarán.
6798 Rabote oscuro, ábrego seguro.
6799 Rabo y cola no son una misma cosa: el rabo es pelado; la cola, pelosa.
6800 Racimo de moscatel, ninguno como él.
6801 Racimos de moscatel, pocos dan su zumo al tonel.
6802 Rajuelas pequeñas encienden el fuego, y troncos robustos lo alimentan luego.
6803 Ramo en la puerta, cualquiera lo acierta.
6804 Rana que canta, señal de agua; la de su charca.
6805 Raras veces muy mal año en campo bien sembrado.
6806 Realidades son verdades y no esperanzas falaces.
6807 Rebanada o tajada, grande es como me agrada.
6808 Recordar es desandar, y lo que antes se vivió, volverlo a contemplar.
6809 Recordar es revivir.
6810 Recordar es vivir al revés.
6811 Recuerdo es el tiempo, y con su recua trae y siempre lleva.
6812 Refranes antiguos, evangelios chicos.
6813 Refranes viejos, recortes del evangelio.
6814 Refranes y consejos, todos son buenos.
6815 Relámpagos en el cénit, pronto el agua ha de venir.
6816 Relámpagos por el norte, viento del sur.
6817 Reliquias de diversiones son aquestos costurones.
6818 Reloj de muchachos, cuerda para rato.
6819 Remediado está de suyo lo que no tiene remedio alguno.
6820 Remedios por fuera no dañan.
6821 Remendado, por honrado, y por eso remendado.
6822 Remendando, remendando, vamos la vida pasando.
6823 Remendando y zurciendo, vamos viviendo.
6824 Remendar no es más que deletrear; zurcir, leer y escribir.
6825 Remienda, remienda, y dos higas para la tienda.
6826 Remos y velas llevan galeras.
6827 Rendir cuentas lo hace todo el que lo intenta; pero rendir cuentas con pago, ahí está el mal trago.
6828 Repetido y a la larga, lo más dulce amarga.

6829 Resbalada no es caída, pero es cosa parecida.
6830 Resbalón y tropezón, avisos de caída son.
6831 Resfriado cocido, dalo por ido.
6832 Resolución bien tomada, la que se consagra.
6833 Rico, tuyo es lo superfluo; pero debía ser ajeno.
6834 Rico verás al lisonjero, y pobre al hombre sincero.
6835 Rico y sabio, términos implicados.
6836 Ríete de lo de que aquí abajo y manda el mundo al carajo.
6837 Riña de amantes, agua refrescante.
6838 Riñas de sobrinas con tías, riñas de arpías; riñas de suegras con nueras, riñas de fieras.
6839 Riñe cuando debas, pero no cuando bebas.
6840 Río que corre callado, río atraidorado, y con muchos hombres comparado.
6841 Riqueza aparente y sabiduría fingida, pronto se sabe que son mentira.
6842 Risa liviana, cabeza vana.
6843 Risa y llanto, andan por el mundo alternando.
6844 Robar mucho es pillería; robar poco, tontería; y honradez es trabajar, y ni mucho ni poco robar.
6845 Rodar para abajo no cuesta trabajo; rodar para arriba, eso sí que cuesta fatiga.
6846 Ropa lavada, sol aguarda.
6847 Ropa vieja, bien se asienta.
6848 Ropa vieja, más abriga que la nueva.
6849 Roto el jarro, pide otro cacharro.
6850 Rufianes y putas, pronto se husman.

S

6851 Sábado Santo, ahorcan a Judás todos los años.
6852 Saber baladí, saber para otros y no para sí.
5853 Saber de pobre hermosura de puta y fuerza de guanapán, nunca valdrán.
6854 Saber de pobre, moneda de cobre.
6855 Saberlo ganar y saberlo gastar, eso es disfrutar.
6856 Saber mucho y decir tonterías, lo vemos todos los días.
6857 Saber por solo saber, cosa vana viene a ser; saber para ser mejor eso es digno de loor.
6858 Sabiduría probada, no dársele a uno nada por nada
6859 Sabio no llames sino al que obrar bien sabe.
6860 Sabios conocí; sabios para los otros y necios para mí.
6861 ¿Sabio sois? Pobre moriréis.
6862 Saca el arte limpiamente y no perderás gañivete.
6863 Sacando y no echando al fin se va llegando.
6864 Saca, pero pon, y siempre habrá en el bolsón.
6865 Sacar dinero a un avariento es dar con el puño en el cielo.
6866 Sacar el ascua con mano ajena no es acción buena.
6867 Sacar las cosas de quicio no es sin perjuicio.
6868 Sacristán que cera vende, que es hurtada bien se entiende.
6869 Salamanca, media plaza, medio puente y medio claustro de San Vicente.
6870 Sal quiere el huevo, que asadito y en la huevera lo tengo.
6871 Salud, dinero y buen vino, e irme a la gloria de camino.

6872 Salud perdida, velas encendidas; salud cobrada, velas apagadas.
6873 Salud y alegre ánimo, a cualquier costo es barato.
6874 Salud y dinero haya, que lo demás no vale dos habas.
6875 Sal y cal y potra, tábanos mosca, para quien no acude cuando dicen «toma».
6876 San Antonio da novio, y San José matrimonio.
6877 San Ciruelo es uno de los santos que no han ido al cielo.
6878 San Ciruelo es un santo; pero su día se quedó fuera del calendario.
6879 Santo de hueso y carne, no fío de él ni un saco de alacranes.
6880 Santo era Pedro y negó a su Maestro.
6881 Santo que come y bebe, a más se atreve.
6882 Santo que no milagrea, a oscuras se *quea.*
6883 Sapos cantando, buen tiempo barruntando.
6884 Sastre cornudo, ¿cuántas puntadas pierdes por no echar nudo?
6885 Satanás a redro vaya, y nada suyo nos traiga.
6886 Sea benévolo el que está en alto, y si cayere, caerá en blando.
6887 Seamos tú y yo buenos, y habrá dos pillos menos.
6888 Sea quien fuere, y dé donde diere.
6889 Sea yo el que bebo, aunque no el que debo.
6890 Sebo de burjaca, la ira del juez aplaca.
6891 Secreto bien guardado, pliego lacrado y sellado.
6892 Secreto de dos, guardado; de más de dos en la calle echado.
6893 Secreto de dos, secreto de Dios; secreto de tres, el diablo es.
6894 Secreto que saben tres, secreto de Lucifer.
6895 Según con quien te encontré, así te traté.
6896 Según es el soldado, así se le da la boleta de alojado.
6897 Según lo que leas serán tus ideas.
6898 Según sea el dinero, será el panadero.
6899 Según serás, así merecerás.
6900 Según te verás, así te tratarán.
6901 Se hiere pronto y se cura tarde.
6902 Seis, aunque sean seises.
6903 Se llama araña, y no araña: ¡cosas de España!
6904 Sembrar poco y mucho coger, no puede ser.

6905 Sementera muy temprana, sólo en forraje es lozana.
6906 Se olvida una buena acción, y no un buen bofetón.
6907 Sé osado y serás afortunado.
6908 Ser bachiller y ser nada, todo es nada.
6909 Ser bueno lo manda Dios, y aparentarlo es mejor.
6910 Ser casta y de buena pasta, para buena mujer no basta.
6911 Ser desagradecidos es ser mal nacidos.
6912 Ser envidiado, caso loado; ser envidioso, caso bochornoso.
6913 Ser pobre no es deshonra.
6914 Ser rico y salvarse, caso notable.
6915 Ser pobre y rico en un día, milagro es de Santa Lotería.
6916 Ser sin tener, apenas es ser.
6917 Servir a Dios es reinar.
6918 Ser y a la vez no ser, no puede ser.
6919 Seso de gallo que canta porque no se acuerda de que ha cantado.
6920 Si adelante no vas, atrasarás.
6971 Si a la abeja ves beber, muy pronto verás llover.
6922 Si alabas mucho tu caballo, te lo pedirán.
6923 Si de madrugada truena, a la mañana, sal de la venta.
6924 Si alguno te cuenta entre los muertos, cuéntales tú entre ellos.
6925 Si el que no trabaja no comiera, barato el trigo estuviera.
6926 Si el tahúr se retirara, otro gallo le cantara.
6927 Siembra los favores con la mano, no los siembres con el saco.
6928 Siembra temprana es la que bien grana.
6929 Siempre aflige quien corrige.
6930 Siempre ayuda la verdad.
6931 Siempre da Dios más de lo que hay.
6932 Siempre dan las nueces al que menos las merece.
6933 Siempre le dan habas al que no tiene muelas.
6934 Siempre es pobre el codicioso.
6935 Siempre fue antaño mejor que hogaño.
6936 Siempre fue lo que había de ser.
6937 Siempre habla un cojo cuando hay que correr.
6938 Siempre que ha de hablar un lisiado, en la puerta un jorobado.
6939 Siempre pan tierno, casa sin gobierno.

6940 Siempre que lo desea, la mujer llora y el perro mea.
6941 Siempre se vio el «quítate tú para que me ponga yo».
6942 Si entre burros te ves, rebuzna alguna vez.
6943 Si envidias a un hombre, por inferior te tienes.
6944 Si eres yunque, aguanta; si eres mazo, aplasta.
6945 Si es doncella o no lo es, a los nueve meses se sabrá.
6946 Si estás bien, mudarte no *convién,*
6947 Siete veces al día peca el justo, y setenta el injusto.
6948 Siete vidas tiene el gato, y la mujer tres o cuatro.
6949 Si fueres a Hervás *(Salamanca),* mira por *dó* vas.
6950 Si no fuera la campana hueca, ¿cómo sonara?
6951 Sin comer no hay placer.
6952 Sin dedal la costura, poco aprieta.
6953 Sin dinero, no hay gusto entero.
6954 Sin dudar, no hay acertar.
6955 Sin enemigo viví, porque a nadie favorecí.
6956 Sin paz no hay pan.
6957 Sin pecunia, no lograrás cosa alguna.
6958 Sin peligro no se huye de un peligro.
6959 Sin sacarlo al mercado se vende el buen caballo.
6960 Sin segundo, no hay primero.
6961 Sin tacha ninguna, no hay mujer ni mula.
6962 Si nuestra voluntad hacemos nos, no podemos hacer la de Dios.
6963 Sin un ramito de locura no hay humana criatura.
6964 Si ofreciera, no echarían al perro de la iglesia.
6965 Si oyes un solo trueno, ten por seguro el mal tiempo.
6966 Si palabra diste, por esclavo te vendiste.
6967 Si paras en venta, procura que la mujer sea tu parienta.
6968 Si poco se gana hilando, menos holgando.
6969 Si por bueno te tienes, haz lo que debes.
6970 Sí por sí y no por no, como Cristo nos enseñó.
6971 Si puta la viste años atrás, ahora alcahueta la verás.
6972 Si quien bien gasta bien gana, bien haya su alma.
6873 Si miedo tienes, a nadie lo reveles.
6874 Si quieres ser rico no te des mucho a los libros.
6975 Si quieres un reloj barato, compra un gallo; y no lo mates por Navidad.
6976 Si quieres verte obedecer, manda poco y bien.

6977 Si quieres vivir sano, no te importe un bledo todo lo humano.
6978 Si salud tienes, hartos bienes.
6979 Si se vierte el salero, faltará la sal pero no el agüero.
6980 Si tanta hambre tienes, ¿cómo el pan se te endurece?
6981 Si te envidia el chico, eres menos chico; más si te envidia el grande, tú eres muy grande.
6982 Si te fuiste, haz cuenta que moriste.
6983 Si te sobra con lo que tiene, lo de los demás, ¿para qué lo quieres?
6984 Si te vieres en prosperidad, acuérdate de tu adversidad.
6985 Si tus dineros se van, tus amigos también.
6986 Si tuviese lana, hilaría una manta; pero como no tengo, descanso y me huelgo.
6987 Si una mujer no se guarda, ¿quién la guarda?
6988 Si unos no tuviesen más ánimos que otro, iguales seríamos todos.
6989 Si ves las estrellas brillar, sal, marinero a la mar.
6990 Si vives alegre, rico eres.
6991 Sólo Dios hace todo lo que le place.
6992 Sólo el que nunca firmó, de haber firmado no se arrepintió.
6993 Sólo el rico tiene amigos... Pero, ¿son amigos?
6994 Sólo en la batalla del pan tierno, contarás con tus nueras y yernos.
6995 Sólo no da traspiés el que no tiene pies.
6997 ¿Soltero y renegado? ¿Qué harías de casado?
6998 Sol y lluvia, año de hartura.
6999 Son más los días que las alegrías.
7000 Soñar con un huevo, mal agüero.
7001 Sopa en vino no emborracha, pero alegra a la muchacha.
7002 Soplando, soplando, el odre se va hinchando.
7003 Sudor de pobre, para el pobre es cobre; más para el rico, oro escondido.
7004 Suegras y nueras, en una era, al sol de la siesta.
7005 Sufre callando lo que no puedes remediar hablando.
7006 Su mal busca quien busca a la pelandusca.

T

7007 Tabernero diligente, de quince arrobas hace veinte.

7008 Tablilla de mesón a los demás hospeda, y ella, al raso se queda.

7009 Tahúr que no tiene dinero que jugar, sus orejas jugará.

7010 Tal cosa deshecherás, que mañana la desearás.

7011 Tal cosa no mandó Dios, como a dos perdices, dos.

7012 Tal el hombre debe ser como quiera parecer.

7013 Tal o cual vez parece el diablo hombre de bien.

7014 Tal pago merece quien a ruin se ofrece.

7015 Tal pago recibe quien al hombre ruin sirve.

7016 Tal para cual, la puta y el rufián.

7017 Tal para cual; ruin casa y ruis portal.

7018 Tan mala memoria tengo, que si te vi no me acuerdo.

7019 Tan mala parece la silla en el asno como la albarda en el bolsillo.

7020 Tanto ganado, tanto gastado.

7021 Tanto gastado cuando ganado no es buen recado.

7022 Tanto hace por tu fama quien te envidia como quien te alaba.

7023 Tanto la lima mordió, que sin dientes se quedó.

7024 Tetas, culo, pelo y cantar, no componen ajuar.

7025 Tetas y culo son puro lujo; porque con culo y tetas nadie come ni almuerza. (Pero a muchas las ayuda).

7026 Tetas y culo, todo es uno.

7027 Tiempo al pez, que él picará alguna vez.

7028 Tiempo aprovechado, cada mes vale por un año; pero si desaprovechado es, cada año no vale por un mes.
7029 Tiempo no aprovechado, viento que ha pasado.
7030 Tiempo pasado, con pena recordado.
7031 Tiempo presente, al mentarlo ya es ausente.
7032 Toda demasía enfada y hastía.
7033 Toda mudanza desasosiega el alma.
7034 Toda verdad no es para dicha.
7035 Todo asunto requiere su punto.
7036 Todo dar es por tomar.
7037 Todo en la vida tiene su medida.
7038 Todo lo mudable es poco estimable.
7039 Todo reglo encubre engaño.
7040 Todo rezo esconde un miedo.
7041 Todo salmo acaba en gloria.
7042 Todo salto tiene riesgo.
7043 Tontos y locos nunca fueron pocos.
7044 Todos dan consejo y pocos lo toman.
7045 Todos de Adán somos hijos, aunque nos diferencia el vestido.
7046 Todos de Dios somos hijos, buenos y malos, grandes y chicos.
7047 Todos desnudos nacemos, aunque vestidos nos vemos.
7048 Todos los días se aprende algo.
7049 Todos los días son días de aprender; y de enseñar también.
7050 Toquilla hace mejillas.
7051 Todos somos tierra y para tapias no buena.
7052 Tormenta por la mañana no quita pan ni jornada.
7053 Toro sabio, de capas no hace caso.
7054 Trae contigo y comerás conmigo.
7055 Tragasantos, cagadiablos.
7056 Tragando avemarías de iglesia en iglesia, y la olla pegada a la hora de poner la mesa.
7057 Traición bajo amistad, es doble maldad.
7058 Trampa adelante: otros lloren y yo cante.
7059 Trampeando y mintiendo, vamos viviendo; mintiendo y trampeando, vamos pasando.
7060 Trance peligroso es tener por las orejas al lobo.
7061 Tras buen soplo, buen sorbo.

7062 Tras buen taco, buen trago.
7063 Tras el casar viene el renegar.
7064 Tras el plegar largo, viene lo amargo.
7065 Tras lo peor suele venir lo más peor.
7066 Tras mucho gozar, eterno penar.
7067 Trasnochar y madrugar no puede ser a la par.
7068 Tras un tiempo otro vendrá, y Dios dará.
7069 Tratando con un hombre tuerto, ten los ojos muy abiertos.
7070 Tratando con villanos, no tengas el corazón en la mano.
7071 Tronco de higuera, mala madera.
7072 Trompetera caridad, vanidad y no piedad.
7073 Tropezando y cayendo a andar va el niño aprendiendo.
7074 Tropezar no es caer, pero lo suele parecer.
7075 Truenos en invierno, pan para ocho días.
7076 Truenos en invierno, señal de año bueno.
7077 Tu boca a todos, tu bolsa a muy pocos.
7078 Tu deseo bueno sea, para quien bien te desea.
7079 Tu hacienda y tu mujer a la vista las has de tener.
7080 Tumbos de dado, ¡cuántos han matado!
7081 Tu montón y mi montón, cuando más separados mejor.
7082 Tu mujer en tu casa, y tus amigos en la plaza, si no está cerca de tu casa.
7083 Tu principal heredero, tú mismo debes serlo.
7084 Tú que me quieres mandar, y yo que no quiero ser mandado, ahí topa el arado.
7085 Tú que notas que me falta un botón; ¿no reparas en tu rasgón?
7086 Tú que tantas veces me convidas, hártame un día.
7087 Tu secreto en tu seno y no en el ajeno.
7088 Tu secreto, ni al más discreto.
7089 Tus hijos harán contigo lo que tú hicieres conmigo.
7090 Tu vieja viña, amugronando la harás niña.
7091 Tu vino, tu mujer y tu caballo, para ti solo el gozarlo; y por eso, no alabarlos.
7092 Tuyo sea el lozano huerto, y mía la ventana para verlo.

U

7093 Ubrique el petaquero, lleno tiene el mundo de petacas y monederos.
7094 Ufánate de tus hechos, y no pergaminos viejos.
7095 Una aguja en un pajar, es difícil de encontrar.
7096 Una a una, pronto se le acaban al racimo las uvas.
7097 Un abogado en el concejo, hace de lo blanco negro.
7098 Un abogado listo, te hará creer lo que nunca has visto.
7099 Un abogado y un asno, saben más que un solo abogado.
7100 Un abril del todo bueno, los antepasados no lo conocieron.
7101 Una buena bota, el camino acorta.
7102 Una buena bota y un buen amigo, hacen gustosos el camino.
7103 Una buena mano podadera no se encuentra ahí donde quiera.
7104 Una cabeza con lengua, vale el doble que sin ella.
7105 Una campanada que mucho suene vale más que veinte campanadillas de mala muerte.
7106 Una carita de pascua, ¡a cuántos engaña!
7107 Una cosa hay que vale más que el Perú: la salud.
7108 Una cosa piensa el jumento y otra el arriero.
7109 Una cosa rara sucedió en la muerte de mi tía: que un rato antes de morir aún vivía.
7110 Una cosa sólo puede ser buena de una manera; mala, de quinientas.
7111 Una cuenta no has de errar: la de te salvar.

7112 Una desgracia a cualquier le pasa.
7113 Una deuda veinte engendra.
7114 Una, dos y tres, y al nudo otra vez.
7115 Una equivocación cualquiera la tiene.
7116 Una escoba ataviada, por dama hermosa pasa.
7117 Una esquela de defunción es de mentiras un montón.
7118 Una flor no hace abril, sino mil y mil.
7119 Una fue, y solo, la limpia y pura.
7120 Una gota de tinta, ¡cuánta honra puede dar, y cuantos la puede quitar!
7121 Una gotera continua pone la casa en ruinas.
7122 Una hora de alegría, compensa diez malos días.
7123 Una hora de alegría es un año de buena vida.
7124 Una limosnita al que la cuenta erró: que le faltó dinero y vida sobró.
7125 Un alma tenemos: ¿qué haremos si la perdemos?
7126 Una madre con hijas tres, se comen al padre por los pies, y por la cabeza después.
7127 Una mala lengua, destruye un barrio y una villa entera.
7128 Una manzana cada día, de médico te ahorraría.
7129 Una maravilla, con otra se olvida.
7130 Una martillada parece que no hace nada; pero arrímale diez o doce, y verás como se conoce.
7131 Una misma boca calienta una vianda y enfría otra.
7132 Una morena con gracia vale más que diez blancas.
7133 Una, ninguna.
7134 Una notificación de escribano tiene, cuando menos, tres mentiras o cuatro.
7135 Un año bueno da para siete malos.
7136 Una obra acabada, otra empezada.
7137 Una obra mala, con una buena se paga.
7138 Una ola nunca viene sola.
7139 Una olla de coles con tocino añejo, resucita a un muerto.
7140 Una onza de alegría vale más que mil doblillas.
7142 Una onza de buen tinto vale más que una libra de talento.
7143 Una palabra del que sabe, dice más que el discurso de un ignorante.
7144 Una peca, poco peca; y si dos, buenas son, pues las mandó Dios; pero en pasando de tres o cuatro, mandólas el diablo.

7145 Una que hago y tres más que me apunto, son cuatro en junto.
7146 Una que hago y tres que las cago, apúntome cuatro.
7147 Una que hice y tres que pensé hacer, cuatro que me apunté.
7148 Una regla tiene el juego para siempre ganar: no jugar.
7149 Una salsilla de tomate, le sentaría bien hasta al chocolate.
7150 Unas cosas paren otras.
7151 Unas malas palabras tiran de otras que lo son más, y las manos van detrás.
7152 Una sola oveja, dondequiera encuentra hierba.
7153 Unas veces cayendo, y otras tropezando, vamos pasando.
7154 Unas veces comiendo, y otras ayunando, vamos pasando.
7155 Una uvita a cada rato, es pasatiempo grato.
7156 Una uvita a ratitos, abre el apetito.
7157 Una uvita de cuando en cuando, a ninguno hace daño.
7158 Una vez al mes, poco es; una vez a la semana basta para aplacar la gana.
7159 Una vez no hace costumbre, ni una gota azumbre.
7160 Una vez que te arremangaste, Lucas Gómez, la cagaste.
7161 Una vez un papel rompí, y cien veces me arrepentí.
7162 Una vieja revieja, poco a poco y hebra a hebra, hiló para cien varas de tela.
7163 Una viña tiene el Conde de Cabra, y él se la poda y él se la labra.
7164 Una visita larga, ¿a quién no carga?
7165 Un barbero es la crónica viva del pueblo entero.
7166 Un beso suele ser un incendio.
7167 Un buen balance, libra al mercader de un percance.
7168 Un buen callar, no tiene precio, y un mal hablar, lo da de balde cualquier necio.
7169 Un buen consejo no tiene precio.
7170 Un buen criado, con ningún dinero está bien pagado.
7171 Un buen libro es un tesoro; cada hoja, un pan de oro.
7172 Un buen libro y un entendido lector, tal para cual son los dos.
7173 Un buen manjar continuado, enfada al cabo.
7174 Un buen palmito de cara, alcahuetea todo el cuerpo de la dama.
7175 Un buen pedo puede hacer ruido largo tiempo.
7176 Un buen ten con ten, para todo está bien.

7177 Un buen zurcido no desdice el tejido.
7178 Un burro en celo, si no lo amarran, es el diablo suelto.
7179 Un burro tendrás, si quieres un criado más.
7180 Un casino donde hay juego, arruina un pueblo.
7181 Un ciego lloraba un día porque espejo quería.
7182 Un cigarro tras otro cigarro, los gañanes se fuman al amo.
7183 Un cobarde se peyó, y cuando el ruido oyeron, cuatro valientes huyeron.
7184 Un compañero alegre y decidor, para caminar no lo hay mejor.
7185 Un confite no hizo goloso a Gil, pero muchos sí.
7186 Un costal de pulgas guardaré yo, y una sola doncella no.
7187 Un cuartillo, apenas pasa el galillo.
7188 Un cuartillo de vino se lo bebe cualquier niño; cuartillo y medio, algo va siendo, dos, es lo que manda Dios.
7189 Un dedo no hace mano, pero sí con sus hermanos.
7190 Un diablo bien vestido, por un ángel es tenido.
7191 Un día que amanezca muy despacio, harás cien cosas el reacio.
7192 Un doblón y otro doblón, dos doblones son.
7193 Un dolor alivia otro dolor; y un amor cura de otro amor.
7194 Un, dos, tres: este pueblo nuestro es.
7195 Un duque mal vestido, en poco será tenido.
7196 Un duro y un vaso de buen vino son los mejores amigos, y en caso de apuro, si no tienes el vaso, ten a mano el duro.
7197 Un espejo roto no admite más remiendo que comprar otro.
7198 Un gallo en un estercolero desafía al mundo entero.
7199 Un garbanzo no hace puchero, pero ayuda a sus compañeros.
7200 Un gentil guardar sirve para un gentil gastar.
7201 Un gigante no podría quebrar de una vez cien juncos, y un niño los quiebra sin esfuerzo uno a uno.
7202 Un granito de pimienta, así en el guiso como en el habla, bien sienta.
7203 Un hijo o dos, no es lo que quiere Dios; pero ya tres, bastante es.
7204 Un hijo o dos son juego; cuatro o cinco, son fuego.
7205 Un hijo que nace, hace olvidar a tres que yacen.
7206 Un hombre con buen talento, vale por ciento.

7207 Un hombre de paja vale más que una mujer de plata.

7208 Un hombre de seso y peso no da en eso.

7209 Un hombre inteligente vale más que un millón de imbéciles.

7210 Un hombre vale por dos; y si muy forzado es, por tres.

7211 Un invierno en casa, pronto se pasa.

7212 Un jumento hace ciento.

7213 Un justo que morir bien quería, pensaba en la muerte siete veces al día.

7214 Un lobo a otro lame, y no come su carne.

7215 Un loco hace ciento; y ciento, un cuento.

7216 Un loco tira a un pozo una piedra y no la pueden sacar diez cuerdos con diez cuerdas.

7217 Un loco tira una piedra al mar, y cien cuerdos no la pueden sacar.

7218 Un mal compañero acorta el camino.

7219 Un mal cristiano es mal hijo y mal ciudadano.

7220 Un mal paso a veces dura hasta la sepultura.

7221 Un mal quita otro tal.

7222 Un mal remiendo es hierro viejo; un buen zurcido es oro.

7223 Un necio hay en casa, y otro a la puerta llama.

7224 Un niño es cera, y se hará de él lo que quiera.

7225 Un *no,* evita cien pesares; un *sí,* los trae.

7226 Un *no* puede salvarte; un *sí,* puede condenarte.

7227 Uno a meter y otro a sacar, el primero ha de llorar.

7228 Un obispo puede mucho; pero puede más el cucho.

7229 Uno con tesón lo gana, y otro sin sazón lo gasta.

7230 Uno, el del susto; dos, lo que quiera Dios; tres, mucho no es; cuatro, ya van pesando.

7231 Uno es ninguno; dos son uno; tres, así, así; cuatro o más de cuatro, dalos al diablo.

7232 Uno que roba y nueve consentidores, total, diez ladrones.

7233 Unos cascos de naranja agria en ayunas, la bilis arreglan y el estómago ayudan.

7234 Unos nacen para ser trigos, y otros para ser piedras de molino.

7235 Unos nacen para vendimiar, y otros, para sacar cestos.

7236 Unos, para comprar, grande medida; otros, para vender, medida chica; ¡ya vendrá el gran Medidor, que los mida a los dos!

7237 Un palo de punta y una mujer de culo, resisten medio mundo.
7238 Un pedo y un enojo duran poco.
7239 Un «peo» apaga la antorcha del himeneo.
7240 Un peso, un chivo; que es la cuenta del trillo.
7241 Un polvito de sal, en todo cae bien y en nada parece mal.
7242 Un pollo entre cuatro; caben a bocado; un pollo entre dos, lo que manda Dios.
7243 Un *quizá* ni ata ni desata.
7244 Un *quizá* no dice «ná».
7245 Un remedio no es deshonra, y lo es no pagar lo que se compra.
7246 Un sabio y un tonto, saben más que un sabio solo.
7247 Un saco de pulgas guardaré; pero a guardar una doncella no me obligaré.
7248 Un *sí* es un lazo que te echas; un *no,* suelto te deja.
7249 Un *sí* me caso; ¡quién hubiera dicho *no*!
7250 Un *sí* te liga; un *no,* te libra.
7251 Un solo golpe no derriba un roble; pero si muchos le dan, lo derribarán.
7252 Un solo trueno es aviso de mal tiempo.
7253 Un suspiro es poco alivio.
7254 Un terminante *sí* o un terminante *no* valen un millón.
7255 Un tonto no se hizo doctor en tontería, porque aún latín no sabía.
7256 Un traguillo de vino de cuando en cuando, y vamos tirando.
7257 Un vasillo de vino, al segundo le abre el camino.
7258 Un vasito tras otro se cuela, y el azumbre vuela.
7259 Un vasito de lo añejo, vuelve el alma al cuerpo.
7260 Un vaso de vino añejo, da alegría, fuerza y buen consejo.
7261 Uñas duras, larga vida.
7262 Un vicio pequeño es como una fuente en una pierna: que los malos humores destierra.
7263 Usando falsos apellidos muchos se han ennoblecido.
7264 Uso nuevo, melón a la cala.
7265 Uso nuevo, pocas veces bueno.
7266 ¿Usos nuevos que sean buenos? Los menos.
7267 Uva a uva, llenaba la vieja la cuba.

7269 Uva escasa, cómesela el guarda y cata la viña vendimiada.

7270 Uva jaén negra, el paladar me alegra, y más la moscatel, dulce como la miel.

7271 Uva mantúa, buena uva.

7272 Uva mojada no es buena para colgada.

7273 Uva mollar, alegra la vista y endulza el paladar.

7274 Uva mollar, para comer no tiene par.

7275 Uva moscatel, almizcleña y como una miel.

7276 Uva moscatel, riquísima para comer.

7277 Uva perruna, para vinagre la busca.

7278 Uva piñuelo, bien la cuelo; pero la lairén, la cuelo más bien.

7279 Uva piñuelo, como el caramelo.

7280 Uvas cabrieles, como unas mieles.

7281 Uvas cagalonas, o comes pocas, o no las comas.

7282 Uvas hebenes, se comen y se huelen.

7283 Uva torronés, cagarriosa es.

7284 Uva vijiriega, blanca o negra, el paladar alegra.

7285 Una artimaña, con otra se engaña.

7286 Una boca y dos orejas, tenemos; para que oigamos más que hablemos.

7287 Una borrachera gorda, cuatro ahorra.

7288 Una buena mujer, veinte cosas buenas ha de tener; y si le falta una, en algo le marró la fortuna.

7289 Una cosa en la boca y otra en el corazón, especie es de traición.

7290 Una cosa está más alta que el rey: la ley.

7291 Una de cal y otra de arena, hacen la plática amena.

7292 Una dura y tres maduras quería el bobo del cura.

7293 Una en clavo y dos en claro.

7294 Una en la boca, otra en el sobaco y otra en el saco, peor es de hartar que el sapo.

7295 Una Fe, un Cristo, un Bautismo; esto es cristianismo.

7296 Una higa para quien de mí mal diga, y dos para quien le contradiga.

7297 Una hora de contento vale por ciento.

7298 Una lengua con otra se aguza.

7299 Una ley vino de Roma; que quien no trabaje, no coma.

7300 Una mentira, madre es de cien hijas.

7301 Una, no es ninguna; dos, es una; tres, familia es.
7302 Una palabra tira de otra, y van saliendo todas.
7303 Una sola araña cien moscas apaña.
7304 Una sola hormiga arrastra un grano, mas no una espiga.
7305 Una sola puerta tiene el nacimiento, y la muerte, más de ciento.
7306 Unas ponen los huevos, y otras sacan los polluelos.
7307 Unas veces ganando y otras perdiendo, vamos viviendo.
7308 Unas veces riendo y otras llorando, vamos pasando.
7309 Una uva no hace bodega, pero ayuda a su compañera.
7310 Una vez al año, ni a los viejos hace daño; una vez al mes, es tratarse a lo marqués; una vez a la semana es cosa sana; dos veces a la semana ni mata ni sana; y una vez cada día, es una porquería.
7311 Una vez que se arremangó hasta el culo se le vio.
7312 Una ves se nace y una vez se yace.
7313 Una y buena, ¡es sí que suena!
7314 Un azumbre de vino tiene más palabras que el Calepino.
7315 ¿Un azumbre para dos? ¡Válganos Dios!
7316 Un buen libro es un buen amigo.
7317 Un buen modo lo granjea todo.
7318 Un buen *no* salva la bolsa y tranquiliza el corazón.
7319 Un buen yerno, un hijo más; un mal yerno, una hija menos.
7320 Un caso hace olvidar otro.
7321 Un clavo saca otro clavo sino tiene vuelto el rabo.
7322 Un criado es un criado; dos son medio; y tres criados, ningún criado.
7323 Un cuerdo entre locos, ellos se tienen por cuerdos, y a él le tienen por loco.
7324 Un dedo lava a otro, y todos juntos, el rostro.
7325 Un diablo saca otro.
7326 Un día de albañiles, un mes de escoba.
7327 Un día en cada año, ser loco el cuerdo no es daño.
7328 Un día perdiz y otro gazpacho, para que las perdices no den empacho.
7329 Un dolor se aplaca con otro mayor.
7330 Un engaño se engaña con otro engaño.
7331 Un espejo no sabe ser embustero.
7332 Un garbanzo no llena costal, pero lo ayuda a llenar.

7333 Un gazpacho por mí ganado, me sabe a piñones mondados.

7334 Un gusto bien vale un susto.

7335 Un hijo ata, y dos, desatan.

7336 Un hijo que tira y otro que desgaja, del canal paterno no dejan miaja.

7337 Un hombre solo está mal acompañado.

7338 Un huevo no es almuerzo para un mancebo: dale dos y un buen torrezno; aunque al mío, con medio huevo lo avío.

7339 Un ingrato daña a muchos necesitados.

7340 Un loco atiesta a otro.

7341 Un loco huye de otro.

7342 Un loco junto a un fuego, jamás lo deja quieto.

7343 Un medio es el trabajo, y un fin el descanso.

7344 Un mes de experiencia enseña más que diez años de ciencia.

7345 Uno a ganar y cinco a gastar, milagrito será ahorrar.

7346 Uno coge la liebre en el prado, y otro la coge en el plato.

7347 Uno, dos, tres, un burro me falta; uno, dos tres, voy montado en él.

7348 Uno es el que trabaja y otro el que se lleva la ganancia.

7349 Un ojo a una cosa, y otro a otra, y la mano a la de enmedio, y lo que quede, de gracia os lo dejo.

7350 Uno levanta la caza, y otro la mata; pero al que la guisa, lazos de plata.

7351 Uno mata al conejo, y otro se lo come al salmorejo.

7352 Uno para Dios, y nueve para nos.

7353 Uno piensa el jumento, y otro piensa el arriero.

7354 Uno que a redentor se metió, crucificado murió.

7355 Uno que en su casa la vergüenza se dejó, nunca más la recogió.

7356 Uno que no gastas, dos que te ahorras.

7357 Unos a otros, en el prado se rascan los potros.

7358 Unos con velas y otros con blandones, todos nos juntamos en las procesiones.

7359 Unos levantan la caza y otros la matan, y a otros se la llevan a sus casas.

7360 Unos por otros fían, y tu cabeza guarda la mía.

7361 Unos tener tanto y otros tan poco, propio es de este mundo loco.

7262 Unos trabajan, y otros los naipes barajan.

7363 Uno suele valer por muchos, y muchos, por ninguno.
7364 Un palo no es pez, y nada.
7365 Un pan con Dios, y no con el diablo dos.
7366 Un panecillo entre cuatro, apenas caben a bocado.
7367 Un pan entre muchos hijos, a bocado tocan los grandes y a medio bocado los chicos.
7368 Un peligro, con otro se vence.
7369 Un pie en Judea y otro en Galilea.
7370 Un piojo en la altura, ¡la locura!
7371 Un pobre alegre no envidia a duques ni marqueses.
7372 Un pobre estudiando y un rico durmiendo, éste va bajando y aquél va subiendo.
7373 Un pobre harto de pan es muy malo de aguantar.
7374 Un polvillo de acíbar echa a perder un perol de almíbar.
7375 Un potro se parece a otro potro, y un diablo a otro.
7376 Un secreto bien guardé: aciértalo tú, que yo lo diré.
7377 Un solo amigo te librará del abismo: tú mismo.
7378 Un solo testigo no vale un higo.
7379 Un tiempo ido, otro venido.
7380 Un tiempo ido sin otro venido, ¿quién lo «vido»?
7381 Un tiempo trae otro, como la yegua a su potro.
7382 Un tirano sostiene a otros, y llega otro tirano, y da al traste con todos.
7383 Un trabajador, un rico, un holgazán y un pordiosero, retratos son de padre, hijo, nieto y biznieto.
7384 Un veneno saca otro.
7385 Un yerro, padre es de ciento.
7386 Uñas largas, con guantes de seda se tapan.

V

7387 Vaca mal cocida o pollo crudo, y cátalo difunto.
7388 Valentía de portugués, que contra uno se juntan tres.
7389 Valentón y rufián, allá se van.
7390 Valiente por los pies, cualquier cobarde lo es.
7391 Valientes por el diente, conozco yo más de veinte.
7392 Valientes son muchos soldados, más por los pies que por las manos.
7393 Vanamente piensa quien sin Dios hace la cuenta.
7394 Vanas palabras, lanas de cabras.
7395 Vanse en la mocedad los días buenos, y para la vejez quedan los duelos.
7396 Variedad es causa de amenidad.
7397 Varonilmente soporta lo que la pobreza aporta.
7398 Váyanse otros casando; que yo a las casadillas y a las quesadillas me ando.
7400 Ve despacio y no llegarás cansado.
7401 Vejiga tenga en la lengua quien siempre habla para mengua.
7402 Vendimia en mojado y cogerás mosto aguado.
7403 Vengan a nos los bienes, y vengan por do vinieren.
7404 Venido un mal, otros vienen detrás.
7405 «Vergüenza es quedar atrás», y vendimiaba en agraz.
7406 Vergüenza y mocedad no vuelven cuando se van.
7407 Vergüenza y virginidad, cuando se pierden, para la eternidad.
7408 Vergüenza y virgo perdidos, para siempre idos.

7409 Ver para creer, y no toda vez.
7410 Ver pecar convida a pecar.
7411 Ver un buey volar, a muchos necios oí afirmar.
7412 Viaje de boca no hace costa.
7413 Viandante, vendimiante.
7414 Vida arreglada, vida larga.
7415 Vida bien concertada, vida holgada.
7416 Vida de estudiante, vida de canes.
7417 Vida holgada, comer de lo que te agrada, dormir a discreción, y que no se te dé nada por nada.
7418 Vida larga, mucha cuenta.
7419 Vida larga, vida desengañada.
7420 Vieja y fea, el demonio que la vea.
7421 Vieja y galana, no doy dos cuartos por ella y sus gafas.
7422 Viejo a caballo, no doy por su vida dos chavos.
7423 Viejo que buen vino bebe, tarde muere.
7424 Viejo que se casa con una mujer moza, o pronto el cuerno, o pronto la losa; si no son las dos cosas.
7425 Viejo que vino no bebe, cerca está de la muerte.
7426 Viejo viejiño, vuelve a ser niño.
7427 Viento, mujer y fortuna, mudables como la luna.
7428 Viento que sopla de tierra, en el mar da poca guerra.
7429 Vigilias y libros hacen oidores y obispos.
7430 Villano con mando, tieso como un ajo.
7431 Villano que se enriquece y piojo que resucita, no hay quien los resista.
7432 Vinieron los míos; comieron ellos, y yo no he *comío.*
7433 Vino, amigo, aceite y tocino, son mejores los más antiguos.
7434 Vino de peras, ni lo bebas, ni de tus ojos lo veas.
7435 Vino de peras, ni olerlo quieras.
7436 Vino de pregonero, en gustaduras vase presto.
7437 Vino fiado, cuando se quiera; bulda no, que sacan prendas.
7438 Vino por su amo alabado, llama convidados.
7439 Vino torcido, vinagre se hizo; mas nunca volvió a ser vino.
7440 Vino y amigo que se torcieron, sólo para vinagre fueron buenos.
7441 Vino y mujeres, dan más pesares que placeres.
7442 Viña de frailes, doila a la landre.
7443 Viña de orden religiosa, grande, mala y desastrosa.

7444 Viñadero, o me das un racimo, o me lo llevo.

7445 Viñador, bueno es que sepas que las cepas dan las uvas, y las uvas las cepas.

7446 Viñador mezquino, dales vino a los que te hacen el vino.

7447 Viña junto al camino, ¡la de los racimos!

7448 Virtud da la vida y el vicio la quita.

7449 Virtud no premiada, virtud desmayada.

7450 Visita anunciada, pocas veces efectuada.

7451 Virtud premiada, quilates gana.

7452 Visita anunciada quédase en palabras.

7453 Visitar y oler, una misma cosa viene a ser.

7454 Visitas, pocas y cortitas.

7455 Vista atravesada, vista atraidorada.

7456 Vista baja no es buena alhaja.

7457 Vista por la mañana, mala semana; a medio día, alegría; después de anochecido gozo cumplido.

7458 Viste de munición, come de mogollón, y moneda que pesques, vaya al bolsón.

7459 Viuda andariega, bien liga con el primero que llega.

7460 Viuda honrada, en su casa retirada.

7461 Viuda joven y rica, cásase aína.

7462 Viuda lozana, cabeza vana.

7463 Viuda moza que mucho llora, tiene llanto para una hora.

7464 Viuda moza que mucho se apena, llora algo por lo que se fue y mucho por lo que no llega.

7465 Viudita que mucho se arrea, ¡ea, ea!

7466 Vive como beato y cazarás como gato.

7467 Vive como viejo si quieres llegar a serlo.

7468 Vive de tal suerte, que halles tu vida en tu muerte.

7469 Vive quien Dios quiere, y quien no, se muere.

7470 Vive y morirás; muere y vivirás.

7471 Vivir sin pena ni gloria, como el burro de Vitoria.

7472 Vos contento y yo pagada, venid a menudo a casa.

7473 Vuela el tiempo y nos arrastra en su vuelo.

7474 Vuelta al cuidado; que canta el gallo.

7475 Vuelta de espada basto, al canasto.

7476 Vuelve a cantar el gallo porque no se acuerda de que ya ha cantado.

7477 Vuelve lo suyo a su dueño, y tendrás buen sueño.

7478 ¡Valiente puñado son tres moscas!
7479 Vas a Roma a buscar lo que tienes en tu umbral.
7480 Váyase lo perdido por lo ganado.
7481 Ve donde no te llaman y volverás con las orejas gachas.
7482 Veinte años de puta y dos de beata, y cátala santa.
7483 Vende al desposado, y compra al agobiado.
7484 Venga el bien, y venga por do quisiere.
7485 Vengas enhorabuena, si traes la cena.
7486 Venido el casar, huido el descansar.
7487 Vejez y hermosura nunca se vieron juntas.
7488 Vicio carnal puebla hospital.
7489 Vieja de tres veintes, no es raro que el diablo la tiente.
7490 Viejo que boca hace, *requiescat in pace.*
7491 Viejo que con moza se casa, de cornudo no escapa.
7492 Villano, terco y cazurro, nunca cae de su burro.
7493 Vino sacado, hay que gastarlo.
7494 Vino, tabaco y mujer, echan el hombre a perder.
7495 ¿Virgo la llevas, y con leche? Plegue a Dios que te aproveche.
7496 Virtud escondida, la de Dios preferida; virtud ostentada, ni es virtud ni es nada.
7497 Visita cada día, antes de la semana hastía.
7498 Visita que hacer no quieras, de noche y ligera.
7499 Vísteme despacio que tengo prisa.
7500 Vivirás dulce vida si refrenas tu ira.

Y

7501 Ya acaecido el hecho, tarde llega el consejo.
7502 Ya al mediar enero, todas las gallinas ponen huevos.
7503 Ya el dado echado, estemos a lo que diga el dado.
7504 ¡Ya es algo espulgar un galgo!
7505 «Ya escampa.» Y llovían piedras de a media libra.
7506 Ya has contado las hazañas de tus abuelos; cuenta ahora las tuyas, y nos reiremos.
7507 Ya hecho el daño, todos lo hubiésemos evitado.
7508 Ya la esperanza perdida, ¿qué queda que perder en esta vida?
7509 Ya los soldados se van: con el rataplán vinieron; vanse con el rataplán.
7510 Ya muerta la burra, vino la albarda.
7511 Ya muy viejo Salomón, de un niño tomó lección.
7512 Ya no era bueno que bebieses de mi vino; pero, ¿también has de pringar de mi tocino?
7513 ¡Ya no es poco bregar con tontos y locos!
7514 Ya no hay amigo para amigo, ni hijo para padre, ni padre para hijo.
7515 Ya pasado lo de atrás, lo de menos es lo demás.
7516 Ya que la oveja no sea, venga a lo menos, la zalea.
7517 Ya que me das el consejo, dame también el remedio.
7518 Ya que suene, que atruene.
7519 Ya secreto no es lo que saben tres.
7520 «Yaseshará» fue un tío guasón que nunca hizo *ná*.

7521 Ya viene mayo por esas cañadas, espigando trigos y segando cebadas.
7522 «Ya yaíta» cuidados quita; «mañana se hará», los da.
7523 ... Y como era el hombre un bolo, se arremangó, y adobólo.
7524 Yendo a paso y compás, bien vivirás.
7525 Y, a fin de cuentas, ¿qué más da cuatrocientas noventa y nueve que quinientas?
7526 Yernos y nueras a cien leguas; hermanos y hermanas a cien varas.
7527 Yernos y nueras, de mis hijos son familia; pero no familia mía.
7528 Yernos y nueras, empalmes son de extraña madera.
7529 Yernos y nueras, para el necio que los quiera; porque vivir con nueras y yernos es anticipar el infierno.
7530 Yerra, y no poco, quien contiende como un loco.
7531 ¿Y ésa? ¿Es coche, o calesa?
7532 Yesca, eslabón y pedernal, lumbre dan.
7533 Yesca resfriada, junto al fuego sea curada.
7534 Yo me atraco de jamón, y el envidioso sufre la indigestión.
7535 Yo me llamo Fontecha; mas ¿qué me aprovecha?
7536 Yo me morí, ¡y qué cosas vi!
7537 Yo me voy y ahí os quedáis, para que os entendáis.
7538 Yo nací primero, y a ti me prefiero.
7539 Yo os juro, señor hidalgo, que no mataréis más liebres con ese galgo.
7540 Yo por ti, tú por otro, y no por mí.
7541 Yo puta y tú también, démonos el parabién.
7542 Yo, que la armé, en mi casa me guardé; y tú, que no la armaste, con la tuya diste al traste.
7543 Yo que la buscaba, y ella que no se quiso esconder, se juntaron el hambre con las ganas de comer.
7544 Yo que lo hice, tú que lo harás, ras con ras.
7545 Yo que lo quiero duro, y vos que lo queréis duro, entrambos porfiando ¿quién llevará lo blando?
7546 Yo que nada sé y tú que tanto sabes: ¿a qué no aciertas cómo se llamaba mi padre?
7547 Yo que se lo proponía, y ella que lo apatecía...
7548 Yo te hice, Ferrer, ¿y tú me quieres deshacer?
7549 Yo y tú, tú y yo, el diablo nos juntó; tú y yo, yo y tú, nos juntó Belcebú.

7550 ¿Y qué fue lo que sobrevino...? Que sobre vino, vino: hasta que sobre vino.

7551 Yunta buena o yunta mala, el buen arador bien ara.

7552 Ya entre locos me metí, y lo que fuere de ellos será de mí.

7553 Ya están las migas en la poyata, y el que se descuide no las cata.

7554 «Ya llueve.» Y freían tocino.

7555 Ya metido en sospecha, no me echaréis falsa trecha.

7556 Ya no queden santos que se den en el pecho con un canto.

7557 Yantar sin vino, convite camino.

7558 Ya pareció el perdido, y más valía que no hubiera parecido.

7559 Ya puesta en afrenta, lo mismo da recibir ciento que ciento cincuenta.

7560 Ya que aprendiste a cobrar, aprende también a trabajar.

7561 Ya que nos lleve el diablo, que sea en coche, y no arrastrando.

7562 Ya que uno dé campanada, que suene y que sea sonada.

7563 Ya somos dos, ¿quién contra nos?

7564 Yendo dos en compañía, no es larga ninguna vía.

7565 Yendo y viniendo, lo que había de ser va siendo.

7566 Yendo y viniendo se va viviendo.

7567 Yerros por amores merecen mil perdones.

7568 Yo, aunque callo, cíngome esta honda de estallo.

7569 ¿Yo cantando? Todo el mundo bailando.

7570 ¿Yo contento? Todo el mundo contento.

7571 Yo dueña y vos doncella, ¿quién barrerá la casapuerta?

7572 Yo harto, *tó* el mundo harto; quita la mesa, muchacho.

7573 Yo la mato, y tú la tienes en el plato.

7574 Yo lo vi; pero yo no estaba allí.

7575 Yo llevo la contraria. Señores, ¿de qué se trata?

7576 Yo me albardaré; pero el pan de todos me comeré.

7577 Yo me comeré la polla; y tú, lo demás de la olla.

7578 Yo no duermo si tú velas; que los dos aprendimos en la misma escuela.

7579 Yo te diré que te vayas; y tú le descalzarás las bragas.

Z

7580 Zamarra vieja, más calienta que una nueva.
7581 Zanahoria y nabos, primos hermanos.
7582 Zapatazo que le duela a quien sin llamar se cuela.
7583 ¡Zapatero de obra prima, y morir a la derrería!
7584 Zapatero, a tus zapatos.
7585 Zapatero que no zapaterera, ¿en qué se emplea?
7586 Zapatero remendón, suela vieja y almidón.
7587 Zapateros y sastres que no fueran embusteros, no serían ni sastres ni zapateros.
7588 Zapatero de baldrés, cuchillo pamplonés y amigo cordobés, malas cosas las tres.
7589 Zapato de ramplón, de larga duración.
7590 Zozobra la verdad; mas nunca ahogada la verás.
7591 ¿Zurria la panza? Pide pitanza.
7592 Zafra *(Badajoz),* hermosa y rica, es la Sevilla chica.
7593 Zafra, Zafrilla, la pequeña Sevilla.
7594 Zamarras y sermones no son para el tiempo de los calores.
7595 Zanahorias, no; cosas que unten la barba quiero yo.
7596 Zanahoria y nabo, buenos casados.
7597 Zangamanga mal fraguada, sólo a los bobos engaña.
7598 Zanja tú cuestión por albedrío de buen varón.
7599 Zapatero en su banquilla, rey de Castilla.
7600 Zapatero remendón, ya en el oficio lleva el don.
7601 Zapatero soy de obra prima, y ha de tenérseme en estima.

7602 Zapateros; los lunes borrachos, y los demás días embusteros.
7603 Zapatero, zapaterón, más gusta del vino que del cambrellón.
7604 Zapatitos de charol, ni para el frío ni para el calor.
7605 Zaragata en Cádiz, toros en la Isla.
7606 Zaragata en Pinto, toros en Vallecas.
7607 ¡Zaragata; que hay plata!
7608 Zaragoza, Zaragoza, no sabe lo que se pierde quien no te goza.
7609 Zorra en viña, aligera la vendimia.
7610 Zorra que duerme de día, de noche anduvo de cacería.
7611 Zumo de limón, zumo de bendición.
7612 Zúñeme esta oreja; mal está diciendo de mí alguna puta vieja.
7613 Zupia de grandes y ricos, es regalo de pobres y chicos.
7614 Zurciendo y remendando, vamos tirando.
7615 Zurcir bien es más que tejer.
7616 Zurcir y remendar, y mejores tiempos esperar; y si no vinieren, será lo que Dios quisiere.
7617 Zurdos y cojos, danme en los ojos.
7618 ¡Zurra y más zurra, hasta que la vara se quiebre o caiga la burra!

ÍNDICE